D1735588

Wer ist Jesus für dich?

Zeitzeugen sagen aus

Karl-Heinz Fleckenstein

Heiligenkreuz 2021
www.bebeverlag.at
ISBN 978-3-903602-31-1

KARL-HEINZ FLECKENSTEIN

Wer ist Jesus für dich?

Zeitzeugen sagen aus

Be+Be-Verlag: Heiligenkreuz 2021

ISBN 978-3-903602-31-1

Umschlaggestaltung: Spotstone Agency, Digital Agentur, Kreativstudio, www.spotstone.agency

Kerngestaltung: AugstenGrafik, www.augsten.at

© Be+Be-Verlag Heiligenkreuz im Wienerwald,
www.bebeverlag.at
Direkter Vertrieb:
Be+Be-Verlag Heiligenkreuz
A-2532 Heiligenkreuz im Wienerwald
Tel. +43-2258-8703-400
www.klosterladen-heiligenkreuz.at
E-Mail: bestellung@klosterladen-heiligenkreuz.at

Wer ist Jesus für dich?

Zeitzeugen sagen aus

Karl-Heinz Fleckenstein

Heiligenkreuz 2021
www.bebeverlag.at
ISBN 978-3-903602-31-1

Zum Umschlagbild:
Während dreitägiger, geistlichen Exerzitien
über den Göttlichen Willen vom 23.–25. Mai 1998
in Leon, Guanajuato (Mexiko) schoß eine Nonne
während der Wandlung am 25. Mai ein Foto,
während der Priester gerade die geweihte Hostie erhob.
Als der Film entwickelt wurde, war auf den Abzügen
der lächelnde Jesus zu sehen.

Für meinen Enkel David-Gabriel.
So wie der Erzengel Gabriel
Maria den David-Sohn angekündigt hat,
so mögest auch du für viele Menschen
ein Hoffnungs-Träger sein.

Inhalt

VORWORT

Die Anregung zu diesem Buch kam mir, als meine Frau
Louisa und ich eine Pilgergruppe nach Banias, dem
Caesarea Philippi des Neuen Testaments, führten. An dem
gewaltigen Felsen beim ehemaligen Pantempel des Kaisers
Augustus lasen wir die Worte Jesus bei Lukas 9,20: „Für
wen halten mich die Menschen?" Ganz spontan begann
Louisa den Ball an jede und jeden einzelnen der Gruppe
zuzuwerfen: „Wer ist Jesus für dich?" Eine junge Frau begann etwas zögerlich: „Für mich ist Jesus ein guter Freund,
der mit mir im Leben schon durch dick und dünn gegangen ist." Ein Mann in den mittleren Jahren meinte ganz ehrlich: „Für mich ist dieser Jesus so etwas wie eine Service-
station. Ich brauche ihn zur Taufe, zur Firmung, zur Hochzeit. Auch in Krankheit und Tod wäre es nicht schlecht,
wenn er dabei wäre." Ein kritisch dreinblickender Jugend-
licher gab zu: „Für mich ist Jesus einer, dem ich nicht zu
nahekommen möchte. Sonst müsste ich in meinem Leben
womöglich noch etwas ändern." Eine Studentin erklärte:
„Für mich ist Jesus wie eine offene Tür, durch die ich eintreten kann. Ganz egal, wie es mir geht, wer ich bin, was ich
getan habe. Ich traue ihm zu, dass er mein Leben verwan-
delt." Eine Mutter sprach aus, was sie tief in ihrem Herzen
empfand: „Für mich ist Jesus wie das Brot, von dem ich
täglich lebe und nach dem ich mich sehne." Ein Pensionist

sagte: Für mich ist Jesus wie der Sauerstoff, ohne den ich nicht existieren kann." Wir hatten den Eindruck, dass es an diesem biblischen Ort keine Lippenbekenntnisse, sondern Lebensbekenntnisse waren.

Wer ist Jesus für mich? Diese Frage bleibt für uns Menschen bis heute aktuell. Es gibt ganz viele Antworten wie damals in Banias darauf. Von Jesus erzählt man den Kindern Geschichten, bevor sie ins Bett gehen. Oder an Weihnachten und Ostern gibt Jesus etwas Beiwerk für die bürgerliche Gemütlichkeit ab. Für einige trägt Jesus tolle Gleichnisse vor, wenn er vom Reich Gottes inspirierend spricht. Für andere ist Jesus sogar ein Geschäftsmodell. Christliche Unternehmer sehen mit Jesus-Beispielen eine Marktlücke und wollen diese ausfüllen. Jesus kann auch zur Karriereleiter werden, insbesondere in der Kirche. Dort laufen Mitarbeiter Gefahr, ihn vor den Karren ihrer eigenen Wünsche und Ambitionen zu spannen. Für manche Leute ist Jesus einfach nur ein jüdischer Rabbi, ein weiser Ethik-Lehrer und ein Meister der Rhetorik. Seine Bergpredigt malt für sie die Real-Utopie eines einfachen Lebens, der Hingabe und Sorgenfreiheit. Einige sehen in Jesus den Sozialreformer für eine umwerfende Gesellschaftsveränderung, der unglücklicherweise einer politischen Verschwörung zum Opfer fiel. Wer Jesus nur so sieht, der kann ihn leicht mit anderen austauschen oder ihn aufgeben, wenn er zu anstrengend wird.

Aber ist nicht Jesus auch der Eckstein, der zum großen Ärgernis geworden ist? Der überhaupt nicht harmlos wirkt, sondern mit harten Worten zur Entscheidung auffordert, wenn er sagt: „Wer Vater und Mutter mehr liebt als mich, der ist meiner nicht wert!" Das ist radikal.

Viele Menschen zur Zeit Jesu hatten erwartet, dass er sie von den Römern, der Armut und dem Hunger erlösen würde. Sie wurden furchtbar enttäuscht. Und doch bleibt eines unbestritten: Keine andere Person hat diese Welt so nachhaltig geprägt wie er. Niemand vor ihm. Niemand nach ihm. Deshalb möchte ich im Folgenden mit ihnen, liebe Leserinnen und Leser, diese Frage „Wer ist Jesus für dich?" nicht nur an die engsten seiner Freunde der ersten Stunde stellen, die mit ihm unterwegs waren, sondern auch an solche, die ihn verachteten, verurteilten oder die er aus dem tiefsten Schlamm gezogen und ihnen neuen Lebensmut geschenkt hatte: an Petrus, Maria aus Magdala, an den ehemaligen Steuereintreiber Matthäus, an Pontius Pilatus, den Hohepriester Kaiaphas, an Judas Iskariot, an den Besessenen von Gerasa und andere. Aus ihren Antworten fällt es uns dann vielleicht leichter, selbst ganz persönlich diese Frage zu beantworten: „Wer ist Jesus für mich heute?"

Karl-Heinz Fleckenstein

Petrus – vom Versager zum Felsenmann

Petrus, du lebtest in Kapernaum, einer Stadt am See Genezareth. Als Kleinunternehmer mit einem Fischereibetrieb hattest du ein eigenes Boot. Zu deinen Kollegen zählten dein Bruder Andreas, Johannes und Jakobus und deren Vater Zebedäus. Eines Tages kam Jesus nach dem Bericht von Markus 1,14–20 an euren Booten vorbei und sah, wie ihr die Netze ausgeworfen habt. Mit einer einfachen Aufforderung schaffte er es, euch alle vier dazu zu bewegen, sich ihm anzuschließen: „Folgt mir nach; ich will euch zu Menschenfischern machen!" Wie konntest du dich so schnell dafür entscheiden, deinen einträglichen Beruf aufzugeben und einem umstrittenen Wanderprediger zu folgen?

Bei dieser Entscheidung hatte mein Bruder Andreas einen großen Anteil. Johannes den Täufer hatte ihn schon vorher auf Jesus aufmerksam gemacht. Er war ihm nicht nur kurz begegnet, sondern blieb einen ganzen Tag bei ihm. Dann traf mich Andreas und erklärte mir voller Begeisterung: „Wir haben den Messias gefunden. Da wurde auch ich ganz aufgeregt und ließ mich von meinem Bruder zu Jesus führen.

Das war wohl ähnlich so, wie wenn ich heutzutage einen tollen Film im Kino gesehen habe. Da sage ich zu meinen Freunden: Da müsst ihr auch reingehen! Ich komme gerne nochmal mit! Natürlich „müssen" die Leute gar nicht. Aber vielleicht lassen sie sich ja von meiner Begeisterung anstecken.

Jedenfalls kam ich mit. Und auf einmal rückte ich in den Mittelpunkt. Jesus schaute mir tief in die Seele mit einem Blick, den ich nie vergessen werde. Dann sprach er mich an. Mit meinem eigenen Namen: „Du bist Simon, der Sohn des Johannes." Und dann – völlig unerwartet – fügt er weiter auf aramäisch hinzu: „Du sollst Kephas heißen. Das heißt übersetzt Fels, wie es Johannes 1, 35–42 beschreibt.

Wie kam Jesus dazu, dich persönlich anzusprechen? Er kannte dich doch noch gar nicht. Vor allem aber: warum hat er dir einen neuen Namen zugelegt? Du hattest doch noch nicht die geringste Gelegenheit, Jesus zu hören, sich dir ein Urteil über ihn und seine Botschaft zu bilden und dazu Stellung zu beziehen. Dennoch erwählte er dich, eine besondere Rolle für den Fortgang der Geschichte des christlichen Glaubens zu spielen.

Auch wenn ich vieles nicht sofort begriff, so wurde mir doch eines klar: Dieser Namenswechsel, diese Neubenennung bedeutete für mich eine Herausforderung, von Jesus mein Leben völlig neu orientieren zu lassen mit der Annahme einer neuen Identität. Ich sollte von nun an nicht nur Menschenfischer, sondern auch sein Felsenmann sein.

Das hat mich total umgehauen. Also ließ ich mein Boot und meine ganze Vergangenheit hinter mir und lief hinter Jesus her.

Denkst du, dass Jesus auch heute Menschen beruft, so wie dich? Indem er vielleicht auch mir zeigt, wie mein Leben gelingen kann?

Was mit uns geschah, kann auch dir heute passieren. Jesus begegnete uns Fischern, rief uns aus unserem Alltag heraus hinein in seine Nachfolge. Vielleicht hast du seinen Ruf noch gar nicht richtig wahrgenommen. Ich brauchte auch einige Zeit, um zu kapieren, dass Jesus Gottes Sohn war, der mich mehr und mehr zu sich hinzog. Er fragt sicherlich auch dich heute: „Was sind deine Netze? Was musst du gerade so dringend flicken? Was nimmt deine Zeit in Anspruch? Was hält dich am Arbeiten?" Jesus ruft dir zu wie uns damals: „Hey, es geht um mich und mein Reich. Ich will dich dabeihaben!" Verstehe mich nicht falsch. Ich möchte nicht sagen, dass das, was du jetzt gerade tust, unnütz ist. Aber der Ruf von Jesus sollte dich herausfordern, deine Prioritäten zu überprüfen.

Dein Verhalten beeindruckt mich schon. Du hast nicht gezögert, nicht erst weitere Informationen erbeten, keine Bedenkzeit verlangt. Du hast nicht erst deine ganzen Angelegenheiten regeln wollen. Du bist bedingungslos Jesus nachgefolgt. Ich aber ertappe mich immer wieder mit Entschuldigungen: „Ja, Herr, ich komme! Aber wenn ich

dies und das geklärt habe. Wenn der Zeitpunkt günstiger ist. Ist doch mein Alltag noch von ganz vielen dringenden Dingen belegt.

Trotz allem wünsche ich dir, dass du den Mut aufbringst, Jesus im Blick zu behalten und auf ihn zu hören, dich zu fragen: „Was könnte für mich gerade dran sein? Wie kann ich Menschen dienen?" Trau dich, auch mal quer zu denken. Oder groß. Was legt Jesus dir für deine Familie aufs Herz? Für deine Arbeit? Für deine Freunde? Es war auch für mich beileibe keine leichte Entscheidung, die ich da zu treffen hatte. Schließlich war ich verheiratet. Jesus kannte meine Familie. Einmal heilte er meine Schwiegermutter, die unter hohem Fieber litt. Sofort stand sie auf und brachte etwas auf den Tisch. Für ihn und uns, seine engsten Freunde. Während ich mit Jesus unterwegs war, blieb meine Frau in Kapernaum. Später allerdings begleitete sie mich, als „couple-team" würdet ihr heute sagen, auf meinen Missionsreisen, wie Paulus einmal richtig bemerkt (1.Kor. 9,5). Du verstehst: Mit Jesus zu gehen, stellte mein gesamtes bisheriges Leben total auf den Kopf. Aber es hat sich gelohnt. Deshalb möchte ich dir Mut machen, dich etwas zu trauen. Wenn Jesus heute zu dir sagt: „Folge mir nach!" dann zögere nicht und tu es. Egal ob du als Arbeiter an der Werkbank stehst, vielleicht als Arzt in einem Krankenhaus einen Patienten operierst oder beim stillen Gebet in einer Kirche versunken bist, überall kannst du erleben, wie Jesus zu dir tritt, dir seine Nähe, seine Beziehung anbietet. Möglicherweise sagt er nicht: „Mein Freund, verlasse deine Aufgabe! Schmeiß deine Arbeit hin!" Trotzdem bleibt sein Ruf in deinem Leben spannend. Halte deshalb die Augen offen! Ich wünsche dir von Herzen, dass du den Mut aufbringst, wie wir Jünger darauf zu reagieren. Damit auch dein Leben gelingen kann.

In unserer heutigen Zeit sind es die Stars, die im Rampenlicht der Öffentlichkeit stehen. Als beispielsweise Tennis-Größe Steffi Graf ihren Rücktritt vom aktiven Leistungssport bekannt gab, wurden namhafte „Kollegen" aus anderen Sportarten gefragt: „Was haltet ihr von Steffi Graf. Der Fußball-Star Franz Beckenbauer sprach von einer der größten Sportlerinnen der deutschen Geschichte. Der Boxer Henry Maske bezeichnete Steffi als die beste Botschafterin, die Deutschland je hatte". Euer Star hieß Jesus von Nazareth. Auch er war ein Interview-Thema: Für wen halten die Leute den Menschensohn? Die Antworten fielen recht unterschiedlich aus. Die einen hielten ihn für Johannes der Täufer, ein großer Lehrer der Moral. Der den Leuten Werte vermittelte. Der den Menschen sagte, was sie tun und lassen sollten. War er das? Andere sagten: Elia. Der gegen den Leistungsgott Baal gekämpft hat und gegen soziale Unterdrückung. Der Reformer, der Revolutionär. War er das? Andere meinten: einer der Propheten. So wie Amos? Oder Jeremia? Die die Leute mit sich selber konfrontierten. Radikal, ohne Rücksichten. Dann fragte Jesus euch, seine engsten Freunde: „Ihr aber, für wen haltet ihr mich?" Damit wollte er euch wohl mal richtig auf den Zahn fühlen und ein klares Bekenntnis aus euch „herauskitzeln", das jenseits aller vergänglichen Schwärmerei stand hielt.

Bei Jesus waren es keine Stars, die gefragt wurden, sondern wir als einfache Handwerker und Fischer. Spontan schoss die Antwort aus mir heraus, die unser Meister wohl auch erhofft hatte: „Du bist der Christus! Der Messias! Der Gesalbte! Den Gott eingesetzt hat! Auf den alle warten! Mit dem alles besser wird!" Für mich ein Durchbruch. Ich bin selber erstmal zurückgezuckt, als ich mich das sagen hörte. Auch für meine Freunde war diese Antwort erregend, elektrisierend.

Bei deiner Antwort scheint mir der Titel „Jesus Christ Superstar" wirklich sehr passend. Und du rangiertest nur wenig darunter. Erhoben wurdest du zum Felsen, der das Fundament der Kirche werden sollte. Dazu noch zum Inhaber einer Schlüsselgewalt, die ihresgleichen sucht. Monumental mutet mir diese Szene an, wenn ich heute vor den mächtigen Felsen in Caesarea Philippi stehe, aus dem damals einer der Quellflüsse des Jordan herausschoss.

Meine Antwort war nicht nur einfach eine lapidare Feststellung. Nein, ich habe sie mit Leib und Seele als Glaubensbekenntnis ausgesprochen. Ich wollte mit meiner ganzen Existenz für den Inhalt dieser Worte einstehen: „Du bist Christus, Der Sohn des lebendigen Gottes."

Die Reaktion Jesu darauf „Du bist Petrus, der Fels, und auf diesen Felsen will ich meine Kirche bauen", war das nicht auch ein Bekenntnis, das Jesus für dich ablegte? Verbunden mit einer Verheißung, die größer nicht gedacht werden kann: „Und die Pforten der Unterwelt werden sie nicht überwältigen."

Gleichzeitig aber erlebte ich eine Achterbahnfahrt der Gefühle, wie sie extremer nicht sein konnte. Meine erste Irritation begann, als Jesus uns gebot, niemandem zu sagen, dass er der Christus sei. Zuerst meine bahnbrechende Erkenntnis, und dann sollten wie sie für uns behalten. Warum dieser bewusste Verzicht auf das, was du heute „Öffentlichkeitsarbeit" in der Kirche nennen würdest? Und es kam noch viel schlimmer. Im gleichen Atemzug kündigte Jesus sein Leiden an, seinen Tod am Kreuz. Für ihn gab es – fürs erste – kein Happyend. Er würde gefangen, verhört, verurteilt, hingerichtet werden. Nach unseren irdischen Maßstäben sollte unser Messias jämmerlich am Kreuz sterben. Zwar unschuldig, aber dennoch todgeweiht. Der Friedensbringer als ein Opfer der Gewalt. Der nur Gutes wollte, sollte trotzdem an der Härte seiner Gegner scheitern. Verkannt. Abgelehnt. Verworfen. Diese Haltung unseres Meisters lief mir vollkommen zuwider. Ich wurde von Wort zu Wort immer unruhiger. Schließlich zerrte ich Jesus am Arm und nahm ihn ein Stück zur Seite. Dann baute ich mich auf vor ihm auf, fuchtelte mit den Armen und fing an, ihm Vorwürfe zu machen: „Irgendwas läuft da grade ganz falsch. Das geht nicht! Das kannst du nicht machen! Du irrst dich!

Du setzt damit alles aufs Spiel! Herr, das verhüte Gott!"
Daraufhin blickte mich Jesus wütend an. Feuer loderte
aus seinen Augen: „Weg mit dir, Satan! Du denkst nicht
das, was Gott will, sondern was Menschen wollen!" Ich
war total schockiert. Als Felsenmann, auf dem Jesus seine
Kirche bauen wollte, mutierte ich plötzlich zum Satan,
zum Ärgernis. Das war krass. Das ging an den Rand des
Erträglichen.

Als ich hartnäckig versuchte, Jesus seinen Weg nach
Jerusalem zu versperren, raunzte er mich an: „Geh mir
aus dem Weg! Mach mir meinen Weg wieder frei! Und
dann: „Hinter mich!"

Vielleicht wirktest du in diesem Moment auf Jesus wirklich überzeugend und er wurde anfällig. Deshalb seine heftige Reaktion. Weil du für ihn eine echte Versuchung wurdest, sich nicht in Jerusalem dem Leiden auszusetzen. Jesus erkannte in dir den Versucher, der ausgerechnet mit den Worten eines wohlmeinenden Freundes, unterfüttert mit biblischen Argumenten an ihn herantrat. Aus dieser Perspektive, denke ich, richtete sich die Härte mehr gegen sich selber als gegen dich.

Damit hast du wohl recht. Jesus wollte mir damit indirekt sagen: „Petrus, bleib stark! Als ich hartnäckig versuchte, ihm seinen Weg nach Jerusalem zu versperren, raunzte er mich an: „Geh mir aus dem Weg! Mach mir meinen Weg wieder frei! Und dann: „Hinter mich!"

Klang das nicht nach Ablehnung: „Verschwinde!"

Ganz im Gegenteil. Hatte ich doch diese Worte schon mal gehört. Ganz am Anfang. Ganz persönlich an mich gerichtet: „Auf, komm hinter mich! Ich werde euch zu Menschenfischern machen" (Mk 1,17). Und ich war hinter ihm hergegangen. Hier in Caesarea Philippi klang es schroff, was Jesus zu mir sagte. Schroff und liebevoll zugleich. Harte Liebe. Jesus erinnerte mich daran: Komm Petrus wieder dorthin an deinen Platz! Lauf hinter mir her auf meinem Weg! Erst später begriff ich, dass ich mit meiner Reaktion, Jesus vor seinem Leiden zu bewahren, wieder einmal im Dunkel des allzu Menschlichen herumstocherte. Der Weg, den Jesus zur Rettung der Menschheit einschlug, konnte nicht über die Straße der Sieger und Helden führen, sondern durch die unbedingte Solidarität mit den Schwachen und Notleidenden, mit den Opfern und Verlierern. Leid und Tod würden nicht durch einen himmlischen Zauberspruch aus der Welt geschafft, sondern dadurch, dass sie durchlebt und durchlitten werden mussten.

Wenn ich den Bericht bei Johannes 21,1–17 lese, dann könnte ich den Eindruck gewinnen, dass euer Leben weiterging, als wäre Jesus nicht auferstanden. Es war einmal... Ihr hattet Jesus in guter Erinnerung. Vielleicht war auch Sehnsucht nach ihm da. Aber euer Alltag lief ohne ihn. Ihr hattet die Kreuzigung miterlebt. Unfassbar. Und dann die Auferstehung. Eigentlich noch unfassbarer. Thomas, der hier am See Genezareth auch dabei war, hatte ihn so-

gar anfassen dürfen. Obwohl ihr wusstet, dass Jesus den Tod überwunden hatte, habt ihr im Alltag nicht mit ihm gerechnet. Pfingsten stand noch aus. Also hocktet ihr zusammen, musstet die Zeit herumkriegen und den Sinn für euer Leben neu finden. Du sagtest ziemlich resigniert: „Ich hau ab. Gehe fischen!" Also zurück zu euren Netzen. Da den anderen auch nichts Besseres einfiel, kamen sie auch mit.

Es war alles wieder so stinknormal geworden. Das Leben ohne Jesus. Wir schlugen uns damals die ganze Nacht um die Ohren. Aber am Ende fingen wir nichts. Ein Leben ohne den Auferstandenen. Aber- er war schon da. Am Ufer. Im Halbdunkel. 100 Meter entfernt. Auch wenn wir ihn nicht erkannten. „Kinder, habt ihr nichts zu essen?" rief er uns zu. Verstehst du, er nannte uns seine Kinder. So ist Jesus. Und gleichzeitig so demütig, dass er uns um Essen bat. Wenn im Orient jemand eine solche Frage an dich stellt und du kannst ihm nichts anbieten, dann ist das schon sehr blamierend. Was konnten wir ihm denn geben? Wir hatten nicht mal selber was. „Werft das Netz aus zur Rechten des Bootes, und ihr werdet finden!" rief er uns jetzt zu. Da merkte es Johannes: „Es ist der Herr!"

Warum er als erster?

Weil er am tiefsten in Liebe mit Jesus verbunden war. Jesus hatte uns ein Frühstück vorbereitet. Ein Kohlefeuer brannte schon. Ein Fisch brutzelte darauf. Brot lag auch da. Wir durften von unseren Fischen noch etwas dazu bringen. 153 große Fische hatten wir gefangen.

Warum gerade diese Zahl?

In der Bibel haben Zahlen durchaus ihre Bedeutung. In unserer Zeit zählte man 153 Völker auf der Erde. Vielleicht wollte uns Jesus damit sagen, dass in unseren zukünftigen Netzen als Menschenfischer die ganze Menschheit Platz haben würde. Zunächst waren wir noch etwas unsicher, ob er es wirklich war. Wir trauten uns nicht, ihn zu fragen. Aber wir ahnten: das muss Jesus, der Herr sein. Miteinander essen, das war für ihn stets wichtig. Das war ein Stück gelebter Gemeinschaft. Zeit für die Stärkung von Seele und Leib. Zeit für Wichtiges. Ohne Hast. Zeit für Gespräche wie hier. So aßen wir mit ihm Brot und Fisch an diesem Morgen.

Und dann begann Jesus dieses schicksalhafte Gespräch mit dir, Petrus. Eine „Lebensweg-Entscheidung" stand an. Was wäre wohl aus dir geworden, wenn Jesus dieses Gespräch nicht gesucht hätte?

Das ist gar nicht auszudenken. Auf einmal war der Alltag und all das Drum-rum für mich nicht mehr wichtig. Sofort wurde mir klar: hier geht es nicht um Small-Talk, sondern um das Einzigartige, Bedeutende, Wichtige. Um eine neue Weichenstellung für die Zukunft. Um meine wirkliche Berufung. Um Liebe und Treue. Um meine Lebenskrise und Vergebung.

Bei einem Film würde in diesem Augenblick der Hintergrund verschwimmen und die Kamera, ganz scharf gestellt, im Bildausschnitt nur auf Jesus und dich gerichtet.

Ja, es ging um nichts Anderes mehr. Nur noch um uns beide. Wobei ich der gescheiterte Macher war. Jesus begann das Gespräch mit einer einfachen Frage: „Simon, Sohn des Johannes, liebst du mich mehr als die anderen hier?" Auf einmal war sie wieder da. Die ganze Vorgeschichte dieser Beziehung. Hatte ich doch gedacht, ich wäre einer der Starken. Einer, der alles auf die Reihe kriegt. Einer von den richtigen Männern, die zu ihrem Wort stehen. Als der selbstbewusste Könner war ich mit Jesus über das Wasser gegangen. „Du bist der Sohn des lebendigen Gottes" (Matth. 16, 13–23). Dieses Glaubensbekenntnis hatte ich so souverän über meine Lippen gebracht. Jesus hatte mir einen neuen Namen gegeben: Petrus, der Felsenmann. Großspurig hatte ich einen bemerkenswerten Satz von mir gegeben: „Und wenn alle an dir irrewerden, ich nicht – und wenn ich mit dir sterben müsste" (Math. 26, 30–35). Ich, der Petrus, war einer, der sich in seinem Eifer von niemandem übertreffen ließ. Doch dann kam der Absturz. „Ehe der Hahn kräht, wirst du mich dreimal verleugnet haben." Die Sache hatte ganz harmlos mit der Bemerkung einer einfachen Dienerin begonnen: „Du warst doch auch bei Jesus, dem Galiläer. Bist du nicht auch ein Freund von ihm, den sie da gerade verhören?" Und ich antworte: „Nein, ich kenne diesen Menschen nicht." Auf einmal log ich drauf los. Wollte von Jesus nichts mehr wissen. Dreimal erklärte ich es. Dann krähte der Hahn. Wie es Jesus mir vorausgesagt hatte. Da erinnerte ich mich an seine Worte. Ich ging irgendwo hin. In die Dunkelheit, wo keiner mich sah und heulte drauf los. Ich war verzweifelt. „Meinen Jesus habe ich verloren", hämmerte es in meinem Herzen. „Die Hoffnung meines Lebens. All das ist aus und vorbei." Und dann hängten sie Jesus an das Kreuz und er starb.

Jetzt in diesem Moment, als er mit mir am See redete, war die Geschichte von meiner schamlosen Verleugnung noch nicht aus der Welt. Ohne Umschweife kam Jesus gleich auf den Punkt: „Simon, Sohn des Johannes, hast du mich lieber als diese hier?" Jesus ließ den Namen Petrus hier einfach weg und nannte mich bei meinem alten Namen: „Simon, Sohn des Johannes." Jesus wusste über mich Bescheid, dass ich nicht mehr Petrus, der Fels war. Ich war nur noch Simon, ein einfacher Fischer. Wie beim ersten Mal einige Jahre zuvor, als Jesus mich auch so rief. Genau hier an diesem See. Noch keine zwei oder drei Wochen war es her, da war ich meiner Sache noch ganz sicher. Doch jetzt? Jesus fragte mich erneut: „Simon, wie stehst du zu mir? Simon, wer bist du?" Auge in Auge mit ihm pochte die Schuld in meinen Adern. Doch Jesus schaute mich liebevoll an. Aus seinem Blick sprach Barmherzigkeit. Da wusste ich: er würde meine unbewältigte Vergangenheit bereinigen.

Ohne Umschweife kam Jesus gleich auf den Punkt: „Simon, Sohn des Johannes, hast du mich lieber als diese hier?" Und wie geschah das?

Jesus wollte aus meinem Mund hören, ob ich ihn immer noch liebhabe, ob ich ihm immer noch grenzenlos mein Vertrauen schenken konnte. Deshalb stellte er mir die kurze Frage: „Hast du mich lieb?" Es ging einzig und allein um die Beziehung zu ihm. Dabei gebrauchte er das Wort Agape, was die reine, selbstlose und unumstößliche Liebe Gottes zu den Menschen meint. „Hast du Agape, Petrus?" Und ich antwortet: „Du weißt, dass ich dich gernhabe." Dabei verwendete ich das Wort „phileo", was eine Liebe unter Freunden meint. Ich wollte damit sagen: „Nein Jesus, von dir komme ich nicht los. Mein Herz brennt für dich. Aber mit deiner Liebe – mit Agape - ist das überhaupt nicht zu vergleichen."

Und dann fragte mich Jesus ein zweites Mal: „Simon, Sohn des Johannes, hast du mich lieb?" – Hast du Agape? Und wiederum antwortete ich: „Du weißt, dass ich dich gern habe wie einen Freund."

Dann kam die dritte Frage. Ein drittes Mal wollte es Jesus von mir wissen: „Simon, hast du mich lieb? Hast du mich gern?" Jesus griff bei diesem dritten Mal meine Zurückhaltung auf und verwendete das Wort phileo. Da wurde ich traurig. Stellte Jesus jetzt auch meine Liebe als Freund in Frage? Ich kapitulierte und begann zu stammeln: „Herr, alles weißt du wie kein anderer. „Herr, du kennst mich doch am besten. Du weißt, ich habe versagt. Und trotzdem liebe ich dich!"

Diese so wichtige Begebenheit mit dem Auferstandenen am See Genezareth endete nicht nur mit der Klärung der Beziehungsstörung. Der Höhepunkt eurer Unterhaltung hatte ja mit seiner Vergebung und deiner Zukunft zu tun!

Jesus traute mir eine neue Aufgabe zu. Ich wurde wieder in mein Amt eingesetzt. Jesus berief nicht andere Jünger an meine Stelle. Er wollte seine Kirche durch Menschen bauen, die viele Fehler gemacht haben, denen aber die Schuld vergeben wurde. „Weide meine Schafe", sagte er zu mir, zu seinem einst gestrauchelten Jünger Simon. Meine Schafe, das bedeutete, die Schafe gehören letztlich ihm. Aber ich darf sein Mitarbeiter werden. Der Hochmut war mir vergangen. Mit meiner eigenen Kraft war ich in die Sackgasse gelaufen. Von jetzt an verließ ich mich einzig und allein auf Jesus, der mich auf den richtigen Weg führte.

Was wäre wohl aus dir geworden, wenn du die verschiedenen Fehler in deinem Leben nicht gemacht hättest, wenn du Jesus nicht verleugnet hättest?

Interessante Frage! Vielleicht wäre ich nicht der Apostel geworden, der ich heute bin. Weil ich dann zu sehr auf mich selbst vertraut hätte. Heute weiß ich: Es ist die Kraft des Auferstandenen, die Menschen verändert und erneuert. Nicht menschliche Willensstärke oder kluge Konzepte.

Nur kurze Zeit später nach deinem Erlebnis mit dem Auferstandenen am See Genezareth warst du an Pfingsten ein völlig verwandelter Mensch, angefüllt mit göttlicher Power, indem du deinen Zuhörern sagen konntest: „Alle Menschen in Israel sollen erkennen, dass Gott diesen Jesus, den ihr gekreuzigt habt, zum Herrn und Retter der Welt gemacht hat."

„Diese Worte trafen meine Zuhörer mitten ins Herz. Sie fragten mich und die anderen Apostel: „Brüder, was sollen wir tun?" – „Kehrt jetzt um und macht einen neuen Anfang! Lasst euch alle auf den Namen Jesu Christi taufen! Dann wird Gott euch eure Schuld vergeben und euch seinen Heiligen Geist schenken", rief ich ihnen zu (Apg. 2, 36–38). Das waren keine leeren Worte. Hatte ich doch alles zuvor selbst am See selbst erlebt: Begegnung mit Jesus, Umkehr, Vergebung, Neuanfang. Die Vorgeschichte zum Pfingsterlebnis. Die Zuhörer waren von dem, was ich in der Kraft des Heiligen Geistes sagen durfte, bis ins Innerste getroffen. Denn diese Zusage gilt euch und euren Nachkommen und darüber hinaus allen Menschen auch in den entferntesten Ländern – allen, die der Herr, unser Gott, zu seiner Gemeinde rufen wird." Viele nahmen die Botschaft an und ließen sich taufen. Durch Gottes Wirken wuchs die Gemeinde an diesem Tag um etwa dreitausend Personen. Alle, die an Jesus glaubten, hielten fest zusammen und teilten alles miteinander, was sie besaßen.

Die Zuhörer waren von dem, was ich am Pfingstfest in der Kraft des Heiligen Geistes sagen durfte, bis ins Innerste getroffen.

Jetzt drängt sich mir die Frage auf, ob sich etwa in unserer Zeit Parallelen zu euch damals finden lassen. Unsere säkulare Gesellschaft zeichnet sich nicht gerade für Offenheit gegenüber geistlichen Fragen aus. Wenn überhaupt, dann eher durch eine wohlwollende Gleichgültigkeit.

Ich denke schon, da lassen sich Parallelen finden. Wir erste Christen brachten in der Kraft Gottes unser Umfeld in Bewegung. Natürlich könnt ihr aus euch selbst keine „Wellenmacher" werden. Aber mit dem Heiligen Geist als Rückenwind könnt ihr in der Wesensart der Urgemeinde für euren Bereich und nach euren Möglichkeiten Veränderung erfahren. Dass in eurem Stadtviertel Gottes Wirken sichtbar wird. Dass Menschen aufmerksam werden über euch und euren großen Gott. Dass ihr ein positives Staunen auslöst. Wir ersten Christen haben unser Leben miteinander geteilt. Dabei ging es eben nicht nur um große geistliche Fragen, um Andachten und Predigten. Wir haben gemeinsam gelacht und geweint. Wir haben uns gegenseitig geholfen, hatten offene Ohren für einen jeden, waren füreinander da. Dies gilt auch für euch heute. Probiert es einfach mal aus. Lobt Gott für die Menschen um euch herum. Dankt ihm für euren Partner, für eure Eltern, für eure Freunde, für eure Geschwister, für euren Chef, für eure Schwiegermutter. Ich bin davon überzeugt, dass sich auch eure kleine Welt in Richtung großer Freude und Herzlichkeit verschiebt.

Petrus, die bliebst in deinem Glauben fest. Es wird berichtet, dass du viele Jahre später wegen deiner Liebe zu Jesus in Rom den Kreuzestod erlitten hast. Die Legende sagt, du seist mit dem Kopf nach unten gekreuzigt worden.

Weil ich mich nicht würdig fühlte, zu sterben wie mein Herr. Du sollst eines wissen: Die entscheidenden Augenblicke in meinem persönlichen Leben waren nicht die großen Taten in der Apostelgeschichte, sondern die Gespräche mit Jesus. Da ist Entscheidendes passiert. Außerhalb der Öffentlichkeit. Fast im Verborgenen. Da habe ich verstanden, worauf es wirklich ankommt. Nicht auf die eigene Stärke, sondern auf Jesus und auf das Vertrauen zu ihm. Weil man nur mit ihm an der Seite jede Hürde im Leben überspringen kann.

Maria aus Magdala – von einer seelisch Belasteten zur Apostelin

Maria, du kommst aus der Stadt Magdala am See Genezareth. Bei Lukas 8, 1–3 lese ich: „In der folgenden Zeit zog Jesus durch Stadt und Land, predigte und verkündete das Reich Gottes. Mit ihm unterwegs waren die Zwölf und einige Frauen, die von üblen Geistern und Krankheiten geheilt worden waren: Maria, genannt die aus Magdala. Aus ihr waren sieben Dämonen ausgefahren, und Johanna, die Frau des Chuzas, eines Beamten des Herodes, und Susanna, und viele andere Frauen, die ihnen mit ihrem Vermögen dienten." Ihr seid also mit Jesus durch die Dörfer und Städte gezogen. So wie seine Jünger als seine engsten Freunde. Wie war dein Leben, bevor du zu Jesus gestoßen bist?

Es ging mir sehr schlecht. Nichts in meinem Leben wollte mir gelingen. Schlimme Gedanken lähmten mich. Ich litt an einer schweren Depression. Mir war als übten fremde Mächte Zwang über mich aus. Das war eine sehr starke Belastung. In der Begegnung mit Jesus erfuhr ich am eigenen Leib den Segen Gottes. Als er das Machtwort über mich gesprochen hatte, wurde meine gebundene Seele frei. Meine verkrampften Glieder entspannten sich.

Der Blick meiner Augen wurde ruhiger. Mein Verstand und meine Nerven gesundeten. Meine Wangen nahmen Farbe an. Jesus hatte mich von inneren Verletzungen geheilt und von Bitterkeit befreit. Ich erfuhr von ihm Vergebung, sodass auch ich anderen vergeben konnte. Damit begann mein Leben sich völlig zu verändern. Aus Dankbarkeit verließ ich mein Zuhause und gab mein bisheriges Leben auf. Ich schloss mich Jesus an. Dabei erlebte ich, dass mit ihm das kommende Gottesreich angebrochen war. Und ich durfte dabei sein. Wo immer wir hinkamen, verkündeten wir seine frohe Botschaft. Ich war begeistert, wie Jesus auf Menschen zuging, wie er mit ihnen umging. Ich lauschte seinen Worten. Bei Heilungen war ich dabei. Zu seinem engsten Kreis durfte ich gehören. Als seine Jüngerin. Seine Lebensart und seine Ideen, wie menschliches Leben gelingen kann, haben mich tief beeindruckt. Vor allem, wenn er von Gott, seinem Vater erzählte. Ich fühlte mich gestärkt und spürte, wie mein Leben frei wurde. Es entstand eine tiefe Freundschaft zwischen uns.

Als Jesus das Machtwort über mich gesprochen hatte, wurde meine gebundene Seele frei.

In vielen Köpfen existiert ein wandernder Jesus, umgeben von männlichen Vertrauten, die mit ihm über die Lande zogen. Stimmt das überhaupt?

Die Jesus-Bewegung war kein exklusiv männlicher Kreis um ihn herum. Wir Frauen gehörten voll dazu und spielten eine ganz aktive Rolle. Wir waren berufstätig, vermögend und ließen uns nicht den Mund verbieten.

Ich habe mich schon oft gefragt, wie Jesus und seine Jünger ihren Lebensunterhalt finanzieren konnten. So immer unterwegs. Wer hat sie versorgt? Jesus hat ja kein Geld verdient. Er erzählte den Leuten von Gott. Aber auch von den anschaulichsten und treffendsten Gleichnissen kann man nichts abbeißen. Es wird nicht berichtet, dass er von den Kranken, die er heilte, ein Honorar genommen hätte. Da ward wohl ihr Frauen mit eurem Vermögen, die ihm finanziell unter die Arme griffen, wenn ihr mit Jesus sozusagen „on tour" ward.

Wir alle unterstützten Jesus und seine Jünger als Sponsorinnen mit dem, was sie besaßen. Wir stellten Lebensmittel zur Verfügung und bereiteten für sie das Essen zu. Tag für Tag dreizehn hungrige Männer satt zu bekommen, war schon mit einem gewissen Aufwand an Arbeit, Zeit und Geld verbunden. Doch wir waren bereit, all das für Jesus zu investieren. Aus Dankbarkeit dafür, dass wir durch ihn die befreiende Kraft der Königsherrschaft Gottes erfahren durften. Ich persönlich hatte genug Geld übrig. Bei Jesus war es gut angelegt! Als Unverheiratete war ich außerdem unabhängig von Familie, Mann oder Kindern. So konnte ich mitmachen bei diesem unsteten Wanderleben.

Wurdest du deshalb als ledige Frau Maria Magdalena gerufen?

Ganz genau. Normalerweise wurde eine Frau nach ihrem Mann benannt, wie Johanna, die Frau des Chuzas. Da ich aber keinen Mann hatte, erhielt ich den Beinamen nach meiner Heimatstadt Magdala.

Wenn der Evangelist Lukas sagt, ihr Frauen hättet Jesus mit eurem Vermögen gedient, dann lässt sich das auch so deuten, dass ihr ihn nach eurem Vermögen unterstützt habt. Also nicht nur mit Besitz und Finanzstärke, sondern auch mit eurem Können. Liege ich damit richtig?

Wir dienten ihm im Rahmen unserer Möglichkeiten, die uns zur Verfügung standen. Also nicht nur materiell. Dazu gehörte Akzeptanz, Werbung für seine gute Sache, Mundpropaganda, Gastfreundlichkeit, Solidarität, Glauben, Phantasie, Visionen und Hoffnungen.

Wie war die Beziehung zwischen dir und Jesus? Manche stellen die Behauptung auf, ihr wäret ein Paar gewesen.

Diese Leute berufen sich auf eine Stelle des apokryphen „Philippus-Evangeliums", als hätte mich Jesus auf den Mund geküsst. Diese Schrift der Gnostiker-Sekte deutet Jesus und seine Botschaft willkürlich um. Sie entstand erst im 2. oder 3. Jahrhundert, also viele Generationen nach den Evangelien der Bibel. Sie erzählt nicht das Leben von Jesus, sondern gibt wirre Gedankengänge der Gnostiker wieder. Jesus war nicht verheiratet. Wenn du alle zuverlässigen Berichte nachliest, so gibt es keine Spur von einer erotischen Beziehung zwischen ihm und mir. Natürlich war ich ihm äußerst dankbar und verehrte ihn. Hatte er mich doch von sieben Dämonen befreit, wie man damals eine seelische Krankheit umschrieb.

Andere wiederum sehen in dir eine ehemalige Hure.
In der Bibel werde ich niemals als Hure oder Sünderin bezeichnet. Doch später hat man mich mit einer anonymen Dirne gleichgesetzt, die sich während eines Gastmahls vor Jesus niederwarf und ihm zum Missfallen der Anwesenden mit einem wohlriechenden Öl die Füße gesalbt hatte (Lukas 7,36–50).

Wie begegnete Jesus euch Frauen?
Jesus begegnete allen Menschen mit Liebe: Männer und Frauen, Kinder und Senioren, Gesunden und Kranke. Sowohl Hochgestellte als auch Ausgestoßene erfuhren seine herzliche Zuneigung. Damit gewann er die Herzen der Menschen. Dabei kam Jesus auch ständig mit Frauen in Kontakt. Er ging unvoreingenommen und offener als die Männer seiner Zeit auf sie zu. Er schenkte ihnen seine Wertschätzung, was Aufsehen erregte. Viele hundert Frauen heilte er von schweren Krankheiten und dämonischen Belastungen. Daraus ergab sich in vielen Fällen eine sehr emotionale Anhänglichkeit. Doch er ging – wie die vier Evangelien eindeutig berichten – keine Bindung ein und hielt sich fern von amourösen Verstrickungen. Ging es ihm doch darum, seine Mission zu erfüllen und das Reich Gottes unter die Leute zu bringen. Dafür bewahr-

te er sich die innere Freiheit und Unabhängigkeit. Seine Mutter Maria und seine Brüder wies er einmal sogar zurecht, als sie ihn besuchen wollten, und bezeichnete seine versammelten Jünger als „mein Bruder, meine Schwester und meine Mutter" (Math12, 46–50).

Wie Jesus schon in Caesarea Philippi angekündigt hatte, ging er ganz bewusst seinen Leidensweg nach Jerusalem. Nun war er am Kreuz gestorben. Jäh herausgerissen aus seiner Lebensblüte. Das muss für dich schrecklich gewesen sein. War er doch zum Wendepunkt deines Lebens geworden. Du warst ihm gefolgt. Du hast mit ihm gelebt. Du hast durch ihn die Welt mit neuen Augen gesehen. So ein Verlust trifft tief. Und jetzt erlebtest du seinen qualvollen Tod unter dem Kreuz mit. Was muss das schrecklich für dich gewesen sein! Ein schwarzer Tag! Ein schwarzes Loch, in das du zu stürzen drohtest!

Unter dem Kreuz Jesu zu stehen, bedeutete für mich wie das absolute Scheitern. Der rote Faden drohte zu reißen. Meine Lebensideale schienen sich in Nichts aufzulösen. Alles ging dahin. Die Freude an meiner Heilung. Die vertraute Beziehung zu Jesus wurde mit ihm ans Kreuz genagelt.

Unter dem Kreuz Jesu zu stehen, bedeutete für mich wie das absolute Scheitern.

Und doch ging es weiter, wie ein „Trotzdem."

Das spürte ich ganz stark. Jesus selbst war mit dem Scheitern am Kreuz nicht zu Ende. Der Lebensfaden riss doch nicht ab. Das Leben ging weiter. Auch wenn ich nicht wusste, wie.

Alle vier Evangelien berichten übereinstimmend, dass du gemeinsam mit anderen Frauen unter dem Kreuz Jesu gestanden bist. Von den Jüngern dagegen keine Spur. Bis auf Johannes. Warum ließen seine engsten Freunde Jesus in der Stunde seines Todes allein und nur ihr Frauen wart in seiner Nähe?

Nur Maria, seine Mutter, Johannes und ich hielten es unter dem Kreuz aus. Die Jünger Jesu hatten aus Angst, auch von den Römern umgebracht zu werden, das Weite gesucht.

Das kannst du nur richtig verstehen, wenn du dir vergegenwärtigst, wie die damalige Politik gegen alle vorging, die als verdächtig galten. Die Römer hatten als Besatzungsmacht das Sagen im Land. Als Strafe für einen Aufrührer gegen sie wurde der Tod am Kreuz verhängt. Und das hatte schwere Konsequenzen für alle seine Verwandten und Freunde. Die Justiz bestimmte, dass ein so hingerichteter Verbrecher zur Abschreckung am Kreuz hängen bleiben sollte, bis die Tiere seinen Leichnam gefressen hatten. Die Verweigerung der Bestattung war ein Teil der Strafe, die auch Freunde und Angehörige treffen sollte. Auch die Trauer war verboten. Menschen, die über den Tod eines Hingerichteten öffentlich weinten, liefen

Gefahr, selber umgebracht zu werden. Die Justiz schonte auch keine Frauen und Kinder. Neben diesem Lebensrisiko, mit ihrem Meister ans Kreuz geschlagen zu werden, sahen seine Jünger nun auch sein Scheitern und damit alle Hoffnungen dahinschwinden, die sie auf ihn gesetzt hatten. Das Entsetzen über dieses scheinbar sinnlose Geschehen trieb sie letztlich in die Flucht.

Wie klangen die letzten Worten Jesu am Kreuz „es ist vollbracht" damals in deinen Ohren? Etwa so: Es ist vorbei! Der Spott der Soldaten, die mir, dem Sterbenden, Essig statt Wasser zu trinken gaben, die um meine Kleider würfelten. Es ist gut, dass die Peitschenschläge vorbei sind, die die Mordlust der Menge befriedigen sollten. Es ist gut, dass jetzt der Kampf am Kreuz mit dem Tod vorbei ist, das Ringen um den Atem. Gut, dass dies nun alles vorbei ist.

Bestimmt nicht so! Jesu letzten Worte am Kreuz waren für mich wie ein Mosaikstein der Hoffnung. Wie ein Siegeschrei: Ich habe es geschafft! Ich habe den Tod im Sterben besiegt! Mein Auftrag ist erfüllt. Mein Werk ist getan. Was geschehen sollte, ist geschehen. Diese Worte „es ist vollbracht!" öffneten schon im Sterben den weiten Horizont eines Lebens vor dem Tod und darüber hinaus. Sie waren ein Vermächtnis an uns alle, die mit ihm waren: macht euch stark für das Leben in einer von Gewalt gebeutelten Welt. Gebt denen eine Stimme, die zum Schweigen verurteilt sind. Ich gebe mich aus Liebe zu euch in den Tod, damit ihr lebt. Daran klammerte ich mich mit einem „unverschämten Gottvertrauen".

Wie ging es dann mit dir weiter, als Jesus am Kreuz gestorben war?

Ich fühlte mich total verlassen. Die anderen Freunde waren plötzlich untergetaucht. Aus purer Angst hatten sie sich irgendwo versteckt. Nun lag Jesus in der Gruft. Zum Grab zu gehen war ebenfalls gefährlich; denn die Römer befürchteten, dass die Gräber hingerichteter Gegner des Reiches zur Wallfahrtsstätte von Gesinnungsgenossen werden könnten. Aber ich musste einen letzten, zärtlichen Liebesdienst dem geschundenen Leib Jesu erweisen. Es war am frühen Morgen. Als die ersten Lichtstrahlen die Dunkelheit über Jerusalem durchdrangen, nahm ich meinen ganzen Mut zusammen und machte mich auf den Weg zur Grabeshöhle. In meinem Weidenkorb lagen wohlriechende Salben und Nardenöl. Damit wollte ich den Leichnam ein letztes Mal einsalben.

Doch als ich beim Grab ankam, reagierte ich wie gelähmt: Der Rollstein vor der Höhle war verschwunden. Ich überwand meinen Schreck und beugte mich zitternd ins Felsengrab. Ich konnte meine Tränen nicht mehr zurückhalten. Für mich war alles dunkel geworden, als hätte jemand das Licht ausgeknipst. Mein Lebenslicht war erloschen. Ich fühlte mich lebendig begraben. Da sah ich plötzlich zwei Männer in strahlenden Gewändern und mit leuchtendem Gesicht. Waren es Boten Gottes? Sie sprachen mich an: „Frau, was weinst du?" In meiner Sprachlosigkeit fand ich endlich meine Sprache wieder: „Sie haben meinen Herrn weggenommen, und ich weiß nicht, wo sie ihn hingelegt haben." Da wandte ich mich um und sah einen Mann da stehen. Durch den dunklen Schleier der Trauer meint ich, einen Gärtner vor mir zu haben. Auch dieser stellte an mich die gleiche mitfühlende Rückfrage: „Frau, was weinst du?" Ich hatte meinen Sinn so sehr darauf gerichtet, einen Toten ordnungsgemäß zu salben, sodass ich Jesus, den Lebenden, nicht erkannte, obwohl er mir ganz nahe war. Dann sprach er mich an: „Maria!" Jesus nannte mich bei meinem Namen. Damit holte er mich heraus aus dem Dunkel, in dem die Trauer regierte und weckte mich zu neuem Leben. Der Ton, wie er meinen Namen aussprach, packte mich im Innersten meines Wesens. „Rabbuni"! Das altvertraute aramäische Wort für Meister brach aus mir heraus, ein Ausdruck meiner ehrerbietenden Liebe. Ich warf mich nieder, griff nach seinen Füßen. Jesus lebte! Ich konnte mich vor Freude kaum halten. Aufgewühlt wollte ich ihn festhalten.

Doch seine Reaktion klang abweisend und schroff: „Rühre mich nicht an!" Warum sagte er das? Klang dieser Satz nicht hart in deinen Ohren?

Ich habe es so verstanden: Halte mich nicht fest in deinen Vorstellungen und Bildern von mir! Nagle mich nicht auf dich fest! Lass mir Raum zur Entfaltung und begleite mich dabei! Entdecke mich neu! Ich kapierte, dass Jesus jetzt auf eine ganz neue Weise lebte, die für mich nicht fassbar war. Meine Beziehung zu ihm war also nicht zu Ende, sie ging auf einer völlig anderen Ebene weiter. Gleichzeitig trug er mir auf, dies seinen Jüngern kundzutun: „Ich kehre zurück zu meinem Vater und eurem Vater, zu meinem Gott und zu eurem Gott" (Joh 19,14–18). Seinen engsten Freunden sollte ich berichten, was sich hier am offenen Grab ereignet hatte. Kleingläubigkeit wollte mich befallen. Wie sollte ich als Frau, die in der Öffentlichkeit nichts zu sagen hatte, diese umwerfende Botschaft glaubwürdig weitergeben?

War das nicht auch für dich gefährlich? Du konntest ja nicht wissen, wie die Herrschenden reagieren würden, wenn der, den sie wie einen Verbrecher kreuzigen ließen, nun von den Toten auferstanden war.

Nicht einen Moment habe ich gezweifelt, dass ich seinen Jüngern erzählen musste, was ich gesehen hatte. Diese kurze Begegnung mit Jesus verlieh mir eine ungeahnte Kraft. Ich durfte anderen Menschen die Auferstehung von Jesus als Augenzeugin und Apostelin mitteilen.

Und wie reagierten die anderen aus der Jesusbewegung auf deine frohe Botschaft?

Sie dachten, ich sei nicht ganz bei Trost. Ja wirklich. Aber im Gegenteil: Ich war ja von Jesus selbst getröstet worden. Meine Trauer war verschwunden. Die Sonne war aufgegangen über Golgota. Das Leben hatte den Tod besiegt. Das Leben, das ich in Jesus gesucht hatte, wurde mir nicht genommen. Ich wusste: Jesus lebt! Dass ich ihn als Erste nach seiner Auferstehung sehen durfte, war meine ganz persönliche Gotteserfahrung, die mir niemand nehmen konnte.

Andreas – vom Fragenden zum Bekenner

Andreas, bei Johannes 1, 35–39 lese ich, wie Johannes der Täufer dich und einen anderen seiner Jünger ansprach, als er Jesus vorübergehen sah: „Siehe, das ist Gottes Lamm!" Haben diese hingeworfenen Worte des Täufers euch beide auf den Weg zu Jesus gebracht?

Du sagst es. Aus dieser zufälligen und auf den ersten Blick ganz unbedeutenden Begegnung ist Großes, Überwältigendes, lebenslang Anhaltendes entstanden: Freundschaft, Liebe, Gemeinschaft mit dem Gottessohn. Das Lamm, ein Bild, das euch heute wohl nicht mehr so viel zu sagen vermag, hat damals Hoffnung in uns geweckt, frei zu werden. Frei von Last und Schuld. Frei auch von dem, was uns davon abhielt, die zu sein, die wir sein könnten. Erst im Nachhinein haben wir diese dunklen Worte des Täufers in seiner ganzen Tragweite verstanden. Das Lamm ist unschuldig, schwach, den Menschen ausgeliefert, und es stirbt. Es wird zur Schlachtbank geführt. Johannes zielte mit diesem Bild auf das Kreuz hin, auf den leidenden Gerechten, der gleichzeitig der Messias, der Gesalbte ist und sein Leben für die Menschen opfert.

Johannes der Täufer sprach also mich und einen anderen seiner Jünger an, als er Jesus vorübergehen sah: „Siehe, das ist Gottes Lamm!"

Als ihr Johannes das reden hörtet, lieft ihr dann einfach Jesus hinterher?

Genau. Dann wandte sich Jesus plötzlich um und redete uns an: „Was sucht ihr? Damit traf er unsere fragende Sehnsucht nach Leben. Ich weiß nicht, woher wir den Schneid nahmen, auf jeden Fall kam es wie aus einem Mund aus uns heraus: „Meister –, wo ist deine Herberge?" – „Kommt und seht!" war die Antwort. So gingen wir mit und blieben diesen Tag bei Jesus. Ich kann mich noch genau an die Uhrzeit erinnern: es war um die zehnte Stunde am Vormittag.

Eure Frage „Rabbi, wo ist deine Herberge?" kommt mir auf den ersten Blick etwas seltsam vor. Was steckte eigentlich dahinter?

In diesem Wort steckte unser Verlangen nach einem Ort, an dem wir uns sicher bergen konnten. Der Schutz und Sicherheit bot. In unserer Frage stand der Wunsch nach Erfüllung und Sinn. Auch die Suche nach uns selbst. Nach dem, was in uns jetzt vielleicht noch schlummerte. Wir waren noch Obdachlose im Glauben. Unserem Gottvertrauen fehlt eine Bleibe, an der wir uns wohl und zu Hause fühlten. Wir suchten Bestätigung und Liebe, Geborgenheit und Orientierung. Sicher sein, aufgehoben sein. Bleiben bei Jesus über den Tag. Auch bis zum Abend unseres eigenen Lebens.

Das suchen wir ja auch heute: Von jedem etwas und meistens alles irgendwie gleichzeitig. Manchmal suchen wir auch bloß das nackte Überleben wie die Menschen in den überfüllten Flüchtlingslagern. Da reduziert sich alles auf die Suche nach etwas Essen, nach Behausung und einem Moment Sicherheit vor dem jahrelangen Bürgerkriegsirrsinn, der Millionen von Menschen in die Flucht treibt. Die Suche nach Lösungen und Antworten auf die Frage, wie es in Europa weitergeht. Wie nach Terroranschlägen Sicherheit und Vertrauen wachsen können. Eine Suche, bei der wir uns vielleicht gemeinsam auf den Weg bringen lassen. Zurück zu euch: Jesus wimmelte eure Frage nicht ab, sondern lud euch ein, mit ihm zu kommen. An einer anderen Stelle des Evangeliums sagt er: „die Füchse haben Gruben, und die Vögel haben Nester, aber der Menschensohn hat nichts, wo er sein Haupt hinlege." Nirgendwo war er zu Hause auf dieser Erde. Was habt ihr also gesehen?

Was wir gesehen haben? Dass er in Gott zu Hause war. In seiner unbedingten Liebe. Im Hause seines Vaters. Wir sahen vor allem, wie Jesus die Menschen gesehen hat. Wie er ihnen begegnet ist: den Verkrüppelten an Leib und Seele, den Ausgestoßenen, Benachteiligten, Kranken und Lahmen. Er hat in ihnen das gesehen, was sie sind: Menschen mit einer Würde vor Gott. Deshalb wandte er sich ihnen zu, heilte sie, half ihnen aufrecht zu gehen und klaren Sinnes zu leben. Jesus erzählte uns viel von sich. Auch wir erzählten von unserem Leben, von unserer Suche nach Gott. Bis in die Nacht hinein blieben wir bei ihm. Unsere Herzen begannen zu brennen.

Wie ging es dann weiter?

Am anderen Morgen konnte ich nicht wie gewöhnlich wieder meine Arbeit aufnehmen. Etwas Neues war geschehen. Ich wollte mit Jesus gehen, von ihm lernen und mit ihm am Reich Gottes bauen. Simon, mein Bruder, hatte sich bereits gewundert, dass ich am Abend so spät nach Hause gekommen war. Jetzt, als ich ihn am Morgen sah, musste ich ihm sofort von der Begegnung mit Jesus berichten: „Wir haben den Messias gefunden!" sagte ich freudestrahlend. „Das, worüber wir so lange nachgedacht haben, ist nun geschehen. Gott ist mitten unter uns. Er will, dass wir mit ihm gehen. Komm, jetzt ist die Zeit da! Unsere Erwartungen sind Wirklichkeit geworden!" Ich musste nicht lange reden. Simon brannte jetzt darauf, unbedingt Jesus zu sehen. Und Jesus freute sich, als ich mit Simon kam. „Du bist Petrus, der Fels", sagte er sogleich zu ihm, so als würde er ihn schon längst kennen. Ich muss zugeben, mein Bruder war schon immer der Stärkere von uns beiden. Er besaß ein besonderes Talent als der geborene Anführer. Er konnte eine Mannschaft zusammenhalten. Dabei wirkte er nicht überheblich. Man hörte gerne auf ihn. Auch wenn ich sozusagen der Erstberufene war, so sollte doch Petrus der Erste von uns zwölf werden, die Jesus um sich berief für das neue Volk Gottes.

So wie Israel einst aus zwölf Stämmen bestand, so sollte dieses neue Volk Gottes auf die zwölf Säulen der Apostel gegründet sein?

Wenn mir das damals jemand gesagt hätte, hätte ich ihn glatt ausgelacht: „Du spinnst! Ich und eine Säule. Haha." Aber Jesus meinte es wirklich so. Wir hatten noch viel von ihm zu lernen. Immer wieder mussten wir erkennen, dass wir nichts kapierten von dem, was er uns so ausführlich erklärt hatte: die Liebe Gottes, die er allen Menschen schenken will. Gerade denen, die sie nach menschlichem Ermessen gar nicht verdient hätten. Deshalb war ich immer wieder überrascht, als Jesus uns in die Häuser der Zöllner mitnahm. Niemals hätte ich freiwillig einen Fuß dorthin gesetzt. Ich schämte mich anfangs, als er plötzlich eine Dirne in unsere Mitte holte und mit ihr über die Liebe Gottes sprach. Mit solchen Leuten hätte ich nie gesprochen. Aber diejenigen, die als die Angesehenen galten, die Schriftgelehrten und die Pharisäer, die stieß Jesus immer wieder vor den Kopf. Immer stärker spürten wir ihre Feindschaft.

Wenn ich die ersten Verse im 6. Kapitel des Johannesevangeliums lese, dann ward ihr Jünger endlich mal froh, eine Pause zu machen und mit dem Boot über den See Genezareth ans andere Ufer zu fahren.

In der Tat. Auf der Suche nach etwas Ruhe wollten wir das Ufer hinter uns lassen, auf die gegenüber liegende Höhe hinaufsteigen und einmal ganz allein mit Jesus sein. So konnten wir seine Wunder, die tollen Gleichnisse noch einmal im Kopf Revue passieren lassen, die im ganzen Trubel doch allzu leicht wieder unterzugehen drohten. Der Wind pustete so richtig ins Segel und blies in unseren Köpfen den ganzen Stress von den vielen Leute weg, die ihre Lasten aus Jesus warfen. Wir legten am anderen Ufer an, stiegen aus dem Boot und gingen den leichten Hügel hoch. „Jesus", so dachte ich mir, „freut sich auch auf ein bisschen Ruhe, auf ein bisschen Gemeinschaft im Jüngerkreis." So saßen wir da und schlossen die Augen. Die Einen genossen einfach die Stille, andere hängten ihren Gedanken nach, andere beteten. Dann machte ich die Augen auf. Ich hörte es schon: eine Masse von Menschen. Nicht, dass das für uns etwas Neues gewesen wäre. Es begann in meinem Kopf zu rotieren: „Also, Entschuldigung! Dafür sind wir jetzt nicht verantwortlich. Wir haben euch nicht gerufen. Da müsst ihr schon selber für euch sorgen. Wir brauchen auch mal Ruhe. Den notwendigen Rhythmus von Arbeit und Freizeit. Das müsst ihr verstehen! Wie sollen wir uns ohne Abstand den Leuten neu zuwenden können? Jetzt ist einfach mal Ruhe angesagt. Kommt in einer Woche wieder! Dann sind wir wieder ganz für euch da. Aber jetzt bitte nicht."

Jesus jedoch dachte anders. Gott kennt ja keinen Urlaub. Bei ihm gibt es keinen Anrufbeantworter: „Tut mir leid, bitte melden sie sich später wieder." Das musste ich auch erst dort oben auf dem Hügel einsehen. War Jesus nicht auch mal schlapp nach den vergangenen Wochen? Nach alldem, wo er beansprucht wurde. Nicht nur von den Menschen, auch von uns Jüngern. Jetzt hätte er sich Zeit nehmen können. Zwischendurch auch mal Zeit nur mit seinem Vater im Himmel. Nein. Er handelte ganz anders. Ich fand es faszinierend, mit welcher Gelassenheit er hier reagierte. Er geriet nicht in Panik, wie ich sie in mir aufkommen spürte, als ich die fünftausend Männer, Frauen und Kinder durch die Mittagshitze laufen sah. Ich wusste: die haben jetzt irgendwann alle Hunger. Das wusste auch Jesus. Was sie bewegte. Die Sorgen, die sie quälten. Was sie von ihm erwarteten. Er schaute den Menschen ins Gesicht. Und er nahm sich ihrer an. Auch derer, die mit ganz schrägen Vorstellungen kamen und ihn hinterher zum Brotkönig machen wollten. Da saßen wir nun im Gras. Die Ruhe war vorbei, die Pause zu Ende. Wir konnten die Leute jetzt nicht wegschicken. Was sollten wir tun?

Wir hätten heutzutage, wenn man nicht mehr weiterweiß, einen Arbeitskreis gegründet.

Auch wir fingen erst mal an zu diskutieren. Da stellte Jesus eine Frage: „Was sollen wir machen?" Ich fand das unwahrscheinlich toll. Jesus fragte uns. Er sagte nicht: „Okay, ihr bleibt hier sitzen. Ich kümmere mich drum." Er wollte uns dabeihaben. Mit unseren Vorstellungen, mit unseren Ideen. Mit dem, was wir einbringen konnten. Und war es noch so unbedeutend. Jesus wandte sich zuerst an Philippus. Der war ein kühler Rechner mit einem klaren Verstand. „Also Jesus", antwortete er, „ich hab da mal in unsere Jüngerkasse reingeguckt. Beim besten Willen, fünftausend Männer plus Frauen und Kinder, die kriegen wir niemals satt. Das reicht vorne und hinten nicht. Da brauchen wir gar nicht anfangen. Schließlich können wir uns nicht um alle Probleme dieser Welt kümmern." Ungefragt meldete ich mich dann. Ich hatte ein Kind entdeckt. In seinem Korb lagen fünf Brote und zwei Fische. Wie ich später erfuhr, hatte seine Mutter den Jungen zum Markt weggeschickt, um Lebensmittel für die Familie einzukaufen. Dann sah er die Menschen losströmen und fragte einen: „Wohin geht's denn?" „Zu Jesus!" war die Antwort. „Wir wollen ihn noch mal sehen." Der kleine Junge dachte nicht lange nach und ging einfach mit. Mit seinem Korb am Arm. Einfach hinter den Menschen her. Am Ende war er ganz vorne. Ziemlich nah bei Jesus und bei uns Jüngern. Ich beobachtete ihn. Er stand da und wartete gespannt darauf, was jetzt passieren würde. Ob wohl Jesus predigen oder heilen würde. Als ich auf ihn zu kam, schaute mich der Knirps ganz ängstlich an. Würde ich ihn jetzt wegschickten? Weil er noch zu klein war? Doch ich sprach ihm Mut zu. Aus einem spontanen, inneren Impuls heraus nahm ich ihn bei der Hand und führte ihn zu Jesus. „Schau mal, hier ist ein Junge, der hat fünf Brote und zwei Fische. Aber, was ist das schon für so viele Leute". Gleichzeitig überkamen mich Zweifel, als ich die fünf Brote und die fünftausend Menschen sah. Das müssten schon große Brote sein. Fast war ich versucht, zu dem Kind zu sagen: „Also, das ist wirklich nett von dir, dass du deine fünf Fischbrötchen mit uns teilen möchtest. Nein, Junge, das bringt sowieso nichts. Also iss sie lieber selbst." Doch ich schwieg, als das Kind sein Körbchen Jesus entgegenstreckte. Zu meiner großen Überraschung nahm Jesus mit einem dankbaren Lächeln die fünf Brote und zwei Fische entgegen. Dann sagte er: „Lagert euch in Gruppen, so nach Familiengröße. Würde er jetzt die Gelegenheit wahrnehmen und den Tausenden eine erbauliche Predigt halten? Das tat er nicht. Jesus kümmerte sich um das Alltägliche. Um ihren Hunger. Dann ging er reihum. Uns Jünger im Schlepptau. Wir hielten die Brote und Fische und er teilte aus, segnete und brach das Brot. Die besonders hungrig dreinschauenden fragte er: „Willst du noch ein bisschen mehr? Noch ein bisschen Fisch dazu?"

Ich hätte alles lieber in kleine Bröckchen zerteilt mit der Bemerkung: „Muss reichen. Hier sind noch mehr Leute! Etwas Zurückhaltung bitte! Dann schauen wir mal, was wir machen können." Jesus aber gab so viel wie die Leute wollten. Er stellte keine Bedingung. Er war großzügig und schenkte aus dem Vollen. Das war typisch Jesus. Fisch-brötchen für alle! Fünftausend Männer, Frauen und Kinder wurden satt. Und dann am Ende sammelten wir die übrigen Brocken ein.

Die Menschen auf dem Berg ahnten sehr wohl, dass da etwas Großes geschah, als sie miteinander aßen und alle satt wurden. Keiner wurde aussortiert. Plötzlich riefen viele voller Begeisterung, was sie empfanden: „Das ist wahrlich der Prophet, der in die Welt kommen soll". Nur sahen sie nicht weit genug. Sie hatten zwar jemand gefunden, der sie nährte und satt machte. Ja noch mehr: der sie verband. Am liebsten wollten sie Jesus ergreifen und zum König machen. Aber er entwich ihnen auf den Berg. Weil sie nicht verstanden hatten, wofür dieses Brotwunder stand. „Ihr sucht mich nicht, weil ihr Zeichen gesehen habt, sondern weil ihr von dem Brot gegessen habt und satt geworden seid," (Joh 6, 26) würde er wenig später in Kafarnaum zu ihnen sagen. „Ihr begreift nicht, wer euch in mir begegnet: Nicht die Gabe, sondern der Geber selber in seiner Größe und Freiheit. Der mit seinem ganzen Wesen Überfluss ist und Geschenk. In dem ihr in dem Menschensohn Gott selber trefft. Der nicht nur ein Prophet für eine bessere Welt ist, sondern den Menschen selber zum Brot wird."

Wie erlebtest du den letzten Weg mit Jesus nach Jerusalem?

Diese schöne Zeit mit Jesus war bald vorbei. Auf dem letzten Weg nach Jerusalem trug Jesus schwer an der Last dessen, was auf ihn zukommen sollte. Er hatte es uns mehrmals erklärt. Aber wir konnten oder wollten es nicht verstehen: Jesus am Kreuz. Wie ein Verbrecher hingerichtet. „Das darf nicht geschehen!" hatte Petrus einmal gesagt und damit uns allen aus dem Herzen gesprochen. Aber Jesus hatte ihn danach ordentlich zurechtgewiesen. Er machte uns klar, dass es nicht darum ging, was wir wollten und was uns gefiel, sondern darum, was der Wille seines und unseres Vaters war. Jesus musste sterben, um der Welt das Heil zu bringen. Ich erinnerte mich an die Worte, die der Täufer damals, als alles begann, gesagt hatte: „Seht das Lamm Gottes, das die Sünde der Welt hinwegnimmt."

Schien mit Jesu Tod für euch alles zu Ende?

Aber eigentlich fing nun alles erst so richtig an. Jetzt waren wir gefragt. Jetzt war es an uns, das umzusetzen, was wir von ihm gelernt hatten. Doch Jesus ließ uns nicht allein. Er war ja auferstanden. Er lebte. Er war immer bei uns. Er hatte uns den Heiligen Geist gesandt, der uns Dinge eingab, auf die wir selbst nicht gekommen wären. Der uns den Mut gab, das zu tun, was uns selbst unmöglich schien.

Zunächst hieltet ihr euch ja in Jerusalem auf.

Dann aber zogen wir hinaus in die weite Welt. In Länder, die wir nicht kannten. Von denen wir noch nicht einmal gehört hatten. Überall verkündeten wir den Menschen Jesus Christus. Wir sprachen von der Liebe Gottes, die so groß ist, dass Gott seinen Sohn am Kreuz geopfert hat, damit wir lebten. Wir brauchten nicht mehr die vielen Schlachtopfer, die überall auf den Altären dargebracht wurden. Nicht immer neue Opfer. Gott wollte, dass wir in Jesus das Leben haben. Wir tauften die Menschen auf den Namen des Vaters und des Sohnes und des Heiligen Geistes und machten sie zu Kindern Gottes. So wie Jesus es uns aufgetragen hatte.

Es gab sicher auch Neider.

Die Priester der alten Götter sahen ihre Macht bedroht. Überall stieß unsere Verkündigung auf Widerstand. Doch wir machten weiter und ließen uns nicht abschrecken. Was sollte uns schon ängstigen? Wussten wir doch, dass Jesus bei uns war. Dass sein Reich nicht von dieser Welt ist und deshalb auch nicht durch Menschenkraft zerstört werden kann.

In welches Land bist du als Missionar gezogen?

Es war um das Jahr 60, da erreichte ich in Griechenland die Stadt Patras.

Viele waren schon gläubig geworden und hatten sich taufen lassen. Unter ihnen auch die Frau des römischen Statthalters Egeas. Der tobte vor Wut, dass der neue Glaube bis in seine Familie gedrungen war. Er ließ mich ins Gefängnis werfen, auspeitschen und spottete darüber, dass ich diesen Jesus verkündete, der am Kreuz gestorben war. Das Kreuz bedeutete für ihn nichts anderes als ein Zeichen der Schmach, das nur den Tod bringt. Doch ich fürchtete mich nicht und sagte ihm ins Gesicht: "Wenn ich mich vor der Pein des Kreuzes fürchten würde, so würde ich nicht das Lob des Kreuzes verkündigen." Doch die Wut des Statthalters wurde nur noch größer. Bald kam der Tag, an dem für mich das Kreuz Wirklichkeit geworden war. Doch ich wollte nicht wie unser Herr daran hängen. So machte man mir ein X-förmiges Kreuz. Zwei lange Tage hing ich daran. Jesus gab mir die Kraft, die Schmerzen zu ertragen.

Viele Menschen kamen, um dieses schreckliche Schauspiel zu sehen. Solange ich konnte, redete ich ihnen zu vom Geheimnis des Kreuzes. Von Jesus, der für die Menschen am Kreuz gestorben war und dadurch allen Heil und Leben schenken möchte. Viele wurden gläubig. Endlich war meine Qual zu Ende. Gottes Herrlichkeit umfing mich. Nun bin ich immer bei Jesus, den meine Seele liebt. Ich bin aber auch noch mitten unter euch. Nicht nur als Statue, sondern als Fürsprecher bei Gott, dem Vater.

THOMAS – VOM SKEPTIKER ZUM GLAUBENDEN

Thomas, ich habe den Eindruck, dass du deinen Meister aufmerksam beobachtet hast, dessen Weg ja auch dein eigener werden sollte. Manche Leute nennen dich den Zweifler. Ich denke, du warst vielmehr ein Wissbegieriger, der die richtigen Fragen stellte. Der auf der Grundlage seiner Vernunft glauben wollte.

Von meinem Charakter her konnte ich nichts als selbstverständlich hinnehmen. Ich hinterfragte, was mir rätselhaft vorkam. Wozu sollte Gott uns Menschen Vernunft gegeben haben, wenn Glaube etwas Unvernünftiges wäre? Wenn manche behaupten: Glauben heißt Nicht-Wissen, so sind sie nach meiner Meinung auf dem Holzweg; denn Glaube heißt für mich ohne Vorbehalte auf Gott vertrauen.

Was bedeutet eigentlich dein Name Thomas?

Er leitet sich aus dem Aramäischen „Ta'am" ab, was so viel wie „gepaart" oder „Zwilling" bedeutet. Die griechische Übersetzung nennt mich „Didymos".

Du hattest also einen Zwillingsbruder?

In der frühen syrisch-christliche Überlieferung erscheine ich als Didymos Judas Thomas, wie du bei Markus 6,3 nachlesen kannst, wobei mein Zwillingsbruder Jakobus der „Jüngere" war.

„Glück ist planbar – Karriere auch!" las ich vor kurzem den Werbeslogan eines großen Konzerns. Wer möchte nicht glücklich werden und Karriere machen? Diese Firma hat sich anscheinend zur Aufgabe gemacht, Menschen Sicherheit, Unabhängigkeit und Vertrauen für die Zukunft zu geben. Wer sich ihr anvertraue, würde zu einem aktiven, gestaltenden, positiven Menschen werden, der ganz genau wisse, wohin er wolle. Unter einem solchen Blickwinkel gesehen, wäret ihr wohl nicht die besten Ansprechpartner für solche Macher gewesen. Zwar stand auch ihr vor der Aufgabe, eure Zukunft zu gestalten, Pläne zu schmieden und einen neuen Weg einzuschlagen. Doch diese erschien zunächst weder aktiv, noch gestaltend oder positiv.

In der Tat haben wir mit erschrockenem Herzen reagiert, als wir merkten wohin dieser Weg führen wird. Wir standen kurz vor Jerusalem. Die berühmte Tempelstadt platzte vor dem Passafest aus allen Nähten. Glücklicherweise hatte Jesus gute Freunde in dem Vorort Betanien. Dort fanden wir Quartier. Irgendetwas lag etwas in der Luft, das uns Jünger verstörte: Jesus hatte angedeutet, dass wir nicht mehr lange zusammen sein würden, dass er leiden und sterben müsse. Wir waren entsetzt über das Ansinnen unseres Meisters, nach Jerusalem zu gehen und sagten zu ihm: „Rabbi, eben noch wollten dich die Juden steinigen, und du gehst wieder dorthin!?" (Joh 11,8). Wie konnten wir ein solches Verhalten verstehen? Also schlug ich in meiner Loyalität zu Jesus vor: „Lasst uns mit ihm gehen, um mit ihm zu sterben" (Joh 11,8.16). Als Jesus unsere verwirrten und verängstigten Gesichter sah, beruhigte er uns mit den Worten: „Euer Herz erschrecke nicht! Glaubt an Gott und glaubt an mich!" Seltsam, Jesus schickte an diesem Abend keinen von uns Jüngern voraus, um für den nächsten Tag eine Unterkunft zu bereiten, wie er es immer gewohnt war. Im Blick auf die Lebensreise durch die Zeit sagte er ungefähr so: "Ich selbst gehe schon mal vor und bereite das Quartier am Ende des Weges" (Vgl. Joh 14,2–3). Ehrlich gesagt, mir war es nicht wohl bei diesen Worten. Das schöne Leben mit ihm, die gemeinsamen Reisen, das abendliche Beisammensein in den Quartieren, immer in der Nähe des Meisters – das sollte jetzt alles aufhören, wenn Jesus von uns ging. Als hätte er meine Gedanken erraten, fügte er ermutigend hinzu: „Und wo ich hingehe, den Weg wisst ihr." Nein!", rief ich dazwischen. „Wir wissen ihn nicht! Herr, wir wissen nicht, wo du hingehst. Wie können wir den Weg kennen? Kein Mensch weiß, wo das Himmelreich liegt und welchen Weg wir einschlagen müssen, um am Ende dort anzukommen!" Die Antwort erschütterte mich und meine Freunde total: „Ich bin der Weg, die Wahrheit und das Leben; niemand kommt zum Vater außer durch mich." Das war ein klarer Wegweiser zum Himmel: Wer Gott finden und in sein ewiges Reich kommen will, der muss nicht viel wissen und nicht viel verstehen. Der muss sich nur an Jesus halten. Da ging mir endlich ein Licht auf. Bei ihm ist Raum für die unterschiedlichsten Lebensentwürfe und Biographien. Da ist Platz für all unsere Möglichkeiten und Grenzen. Für unsere Stärken und Schwächen. Für unsere Hoffnungen und Träume, aber auch für unsere Unsicherheiten und Ängste. Für unsere erschrockenen Herzen. Da ist kein Weg vergebens. Weil Gott selbst auf krummen Zeilen gerade schreibt. Also brauchte sich unser Herz nicht mehr verwirren lassen.

Diesen Zuspruch können wir auch heute gut brauchen. Werden wir doch in Schrecken versetzt, wenn irgendwo die Erde bebt, Kriege ausbrechen, Terroranschläge Menschenleben auslöschen. Gleichzeitig schließt sich die bange Frage an: Ist dieses „Euer Herz lasse sich nicht verwirren!" mehr als ein billiges „Kopf-hoch", mehr als eine „Wird schon-Parole", mehr als eine Beruhigungstablette in auswegloser Situation? Was soll denn anstelle des Schreckens treten?

Wie ich schon sagte, da setzt auch bei euch der Glaube ein. Mit ihm verhält es sich wie mit der Liebe: Glaube ist bedingungslos. Ihr könnt ihn euch nicht verdienen oder erkaufen. Er ist ein Geschenk. Glaube beruht auf Vertrauen und damit auf Gegenseitigkeit. Wie bei der Liebe könnt ihr auch den Glauben nicht aus einer sicheren Position heraus erlangen. Er gelingt nur im Sprung! Ohne Sicherheitsnetz. Wenn du nicht springst, wirst du nie erfahren, ob der Glaube dich trägt. Glaube bleibt deshalb immer ein Wagnis! Doch wenn du wagst zu springen, erfährst du, dass du dabei nicht tiefer fällst als in die Hand Gottes. Auch wir waren zunächst verstört, weil wir meinten, wir würden die Reise ohne ihn nicht bewältigen können. Doch dann begriffen wir: Auch wenn er vorausgehen wird, bleibt er trotzdem unter uns. So hat er es uns vor der Himmelfahrt zugesagt: „Siehe, ich bin bei euch alle Tage, bis an das Ende der Welt" (Matth. 28,20). Wo auch nur zwei oder drei in seinem Namen – wie die Jünger von Emmaus – unterwegs auf dem Weg des Glaubens sind, da will er mitten unter ihnen sein. Das gilt auch für euch. Wo immer ihr seine Stimme in der Verkündigung des Evangeliums hört, ist er da. Wo immer ihr das Heilige Abendmahl feiert, ist er gegenwärtig mit seinem Leib und Blut.

Deine Worte erinnern mich unwillkürlich an ein Navigationsgerät. Es bekommt Signale von oben, von Satelliten aus dem Weltall. Auf diese Weise kennt es seine Position und kann den rechten Weg weisen.

Genau so verhält es sich bei euch Jesusfreunden von heute, die ihr ihn zwar nicht mehr sichtbar vorangehen seht, wie wir damals. Trotzdem dürft ihr mit seiner Gegenwart rechnen. Ihr kriegt eure Wegweisung von oben. Jesus durch seinen Geist ist euer Laserstrahl, wie es in dem Psalm 119, 105 deutlich wird. „Dein Wort ist meinem Fuß eine Leuchte, ein Licht für meine Pfade." Was auch immer auf euch zukommt, welchen Anfechtungen ihr ausgesetzt seid, welche Katastrophen über euch herein stürzen – all das ist kein Grund, euch durch Furcht niederdrücken zu lassen. Selbst wenn ihr – wie wir damals – das Gefühl habt, euch werden die Glaubens- und Lebensgrundlagen entzogen, so soll euer Erschrecken nicht größer sein als euer Vertrauen in Gottes Führung und sein gegenwärtiges Handeln. Dieser Glaube soll zur gestalterischen Kraft eures Lebens werden. Heute und morgen. Aber nicht in dem Sinn, dass durch den Glauben all eure Befürchtungen und Sorgen mit einem religiösen Zuckerguss überzogen werden. Vielmehr soll er euch frei machen von Ängsten, ihr könntet in den Problemen untergehen. In diesem Glauben werdet ihr fähig, auf den Problemen zu gehen, so wie Jesus auf dem Wasser wandeln konnte. Zielbewusst und hoffnungsvoll. Der Glaube an Jesus öffnet euch das Fenster zur neuen Welt Gottes, durch das ihr geborgen und ohne Furcht blicken könnt. Was ich dir hier sage, ist kein billiges Trostpflaster, sondern durch meine eigene Erfahrung hundertprozentig erprobt.

Wenn ich dich richtig verstanden habe, dann meinst du damit, dass wir mit diesem Blick zur neuen Welt Gottes Unrecht, Unterdrückung und Gewalt nicht einfach hinnehmen, sondern uns vielmehr für Gerechtigkeit und Frieden stark machen sollen. Dass wir die nicht übersehen, die von den Karrieresüchtigen auf der Überholspur an den Rand gedrängt und aus der Bahn geworfen werden. Dass wir an der Seite derer stehen, die in einer globalisierten Welt zu hoffnungslosen Verlierern werden.

Genau das meine ich. Dabei könnt ihr erfahren, dass auf der Straße zu Jesus Weg und Ziel zusammenfallen.

Das fordert schon ein großes Maß an Vertrauen!

Diese Art von Vertrauen ist nicht gleich Optimismus, der seine Quelle im Menschen hat. Nicht eine Sache des Temperaments oder der Analyse einer Situation. Das Vertrauen in Jesus jedoch hat seine Quelle in Gott. Als eine Frucht des Geistes. Als eine Übergabe deiner selbst in seine Hände. Dieses Vertrauen jagt die Furcht davon, führt zu einer großen, inneren Freiheit und weckt in euch ungeahnte Möglichkeiten.

Du musst doch entsetzt gewesen sein zu sehen, wie dein Meister am Kreuz endete. Hast du dieses Ende nicht in Frage gestellt?

Natürlich drängte sich mir die Frage auf: Muss dieser Weg wirklich in einer Sackgasse enden? Und dann noch so ein Pech, etwas Unglaubliches verpasst zu haben. Da sollte Jesus, der vor zwei Tagen ans Kreuz geschlagen worden war, zu den anderen gekommen sein. Ja, genau der Jesus, den wir mit eigenen Augen gesehen haben, wie er ins Grab gelegt wurde. Aus. Ende. Vorbei. Als ich das Haus verließ, waren die anderen genau so niedergeschlagen und ratlos wie ich. Doch als ich zurückkam, schienen sie plötzlich wie ausgewechselt. Kein Vergleich zu vorher. So voller Hoffnung und Freude. Jesus würde leben und wäre bei ihnen gewesen. Unmöglich. Ich konnte das nicht glauben. Wenn Jesus wirklich lebte, dann musste er mir das schon selbst zeigen. "Wenn ich nicht die Male der Nägel an seinen Händen sehe, und wenn ich meinen Finger nicht in die Male der Nägel und meine Hand nicht in seine Seite lege, glaube ich nicht" (Joh 20,25), war meine Reaktion.

Du wurdest also den Verdacht nicht los, es handle sich bei den Berichten deiner Jesusfreunde von Erscheinungen des Auferstandenen letztlich doch nur um Einbildung, heute wurden wir sagen um Projektion.

Ich wollte einen konkreten Beweis. Wie sollte ich mich bereit finden zu glauben, dass ein Angenagelter, ein Gekreuzigter, ein Gestorbener und Begrabener auferstanden ist, wenn ich ihn nicht berühren konnte.

In der Politik würde man bei uns in solch einer Situation von „vertrauensbildenden Maßnahmen" sprechen.

Ich tat mir einfach schwer, weiter an Jesus zu glauben. Zu tief saß die Enttäuschung dieses „schwarzen Freitags" in mir. Die Erzählungen der anderen Jünger über ihre Begegnung mit dem Auferstandenen konnten mir nur ein müdes Lächeln entlocken. „Ihr könnt gut reden, aber ich glaube nur das, was ich sehe!" Als enttäuschter Mensch war ich vorsichtig. Man konnte mich nicht einfach um den Finger wickeln. Das schreckliche Geschehen auf Golgota hatte nicht nur Jesus tödlich verwundet, sondern auch meinen Glauben. Da brauchte ich mehr als Worte, um das Vertrauen wiederzugewinnen, sondern vor allem eine zeichenhafte Sprache.

Und wie lange hat das gedauert?

Eine ganze Woche war nun schon vergangen. Unerträglich das Ganze. Die anderen reagierten ganz aufgeregt. Und ich? Mich hatte man wohl vergessen. Dabei war ich genau wie sie die ganze Zeit mit Jesus unterwegs gewesen. Ich kam nicht mehr mit. Vielleicht sollte ich doch wieder zu meiner Arbeit als Fischer am See Genezareth zurückkehren als weiterhin bei diesen Leuten zu sein. Sie schienen etwas zu haben, was mir fehlte.

Aber ich kann dir sagen: Auf Jesus ist Verlass. Da stand er doch plötzlich wieder da. Genau so, wie ihn die anderen gesehen hatten. Und er rief mich gleich her zu sich. Ich dachte erst, jetzt kommt eine Gardinenpredigt mit erhobenen Zeigefinger: „Geh weg, du Zweifler!" Oder so. Aber nein. Mir war, als wüsste er genau, was ich die ganze Woche über durchgemacht hatte. Liebevoll zeigt er mir seine Wunden. Damit auch ich erkannte, dass er selbst es war und kein Schwindel dahintersteckte.

Ich schämte mich gewaltig, fiel vor ihm auf die Knie und stammelte: „Jesus, mein Herr und mein Gott!" Damit veränderte sich mein ganzes Leben. Alles hatte wieder einen Sinn. Ich durfte die Wunden Jesu berühren, meine Finger auf seine wunden Stellen legen.

Liebevoll zeigt er mir seine Stigmata. Damit auch ich erkannte, dass er selbst es war und kein Schwindel dahintersteckte.

Etwas gar nicht so Selbstverständliches unter uns Menschen. Wir kennen eher, dass in Wunden gerührt wird. Oder lieber nicht daran rühren, an etwas, das sehr weh tut, Gräben aufreißen und Misstrauen schüren kann. Da musste Jesus schon großes Vertrauen zu dir gehabt haben, wenn er vor dir seine Wunden und Verletzungen offenlegte, wenn du deine Finger auf seine wunden Stellen legen durftest.

Dieses Zeichen habe ich sehr wohl verstanden. Jesus vertraute mir immer noch, obwohl ich fast den Glauben an ihn verloren hatte. Er erinnerte mich mit seinen Wunden daran, wie sehr er damit seine Liebe unter Beweis gestellt hatte. Es waren nicht die Wunden eines unbelehrbaren Fanatikers. Nicht Wunden, die nach Rache riefen. Wunden, die zwar nicht mehr bluteten, aber immer wieder aufbrechen konnten, wenn sie neu verletzt würden. Auch heute noch.

Nachdem sich Jesus mit seinen unverwechselbaren Erkennungszeichen gezeigt hatte, sagt er: „Der Friede sei mit euch".

Das war sehr wichtig für uns. Hatten wir uns bis dahin noch in gegenseitigen Schuldzuweisungen gestritten. Wer ihn verraten hatte. Wer feige davongelaufen und ihn in Stich gelassen hatte. „Friede sei mit euch!" Für Jesus war jetzt alles gut. So gut, dass er gleich seinen Auftrag an uns Jünger weitergab: „Wie mich der Vater gesandt hat, so sende ich euch!" (Joh 20,21).

Schon ziemlich verrückt. Eigentlich hätte Jesus auch sagen können, dass er den Auftrag des Vaters an euch versprengten und verängstigten Haufen nur unter Vorbehalt und mit schweren Bedenken weitergeben würde. Aber keine Rede von Vorwurf: „Macht so etwas nie wieder!"

Jesus schenkte uns seinen Frieden. Unser Versagen in der Vergangenheit existierte nicht mehr für ihn. Ausgelöscht. Vergessen.

Gilt das auch für uns?

Ja, er will auch euch seinen Frieden weitergeben, wenn ihr Frieden untereinander habt. Dann kann der Heilige Geist – so wie bei uns am Pfingstfest – auch über euch kommen und euch für euren Auftrag und eure Berufung stark machen. Ich betone es noch einmal, dieser Frieden ist aber an Vergebung und Verzeihen gebunden. Jesus hatte uns Jüngern alle Schuld, die wir auf uns geladen hatten, vergeben und uns beauftragt, das gleiche zu tun. Darin steckte eine klare Botschaft sowohl für uns als auch für euch: Vergebt allen, die euch etwas zuleide getan haben. Dann kann diese Vergebung nach dem Schneeballprinzip um sich greifen und wahrer Friede erfahren werden.

Mit diesem Frieden im Herzen wurdest du zu einem der eifrigsten Missionare der jungen Kirche. Schließlich berufen sich heute noch die sogenannten Thomaschristen an der Westküste Indiens auf dich als ihren ersten Glaubensboten.

Im Jahre 52 landete ich in Kranganore, einer Hafenstadt an der Westküste Indiens im Bundesstaat Kerala. Jüdische Gewürzhändler, die nach Indien ausgesiedelt waren, boten mir erste Kontaktpunkte in diesem Land an. Die Frohbotschaft, die ich bringen durfte, fand empfängliche Herzen. Nicht nur unter den Juden, sondern auch unter den höheren Kasten der Hindus. Sogar Adelige ließen sich taufen. Es entstand die erste christliche Gemeinde Indiens. Von dort begann ich meine Missionsreisen durch das ganze Land. Weitere sieben Kirchen durfte ich gründen. Nach 20 Jahren der Missionstätigkeit in Indien starb ich in Mylapore in den Fußstapfen meines Meisters von Lanzen durchbohrt den Märtyrertod.

Johannes der Täufer – vom Wüstenprediger zum Märtyrer

Johannes, du tratst als der Täufer wie ein neuer Prophet auf. Du musst ja wüst ausgesehen haben mit deinem Gewand aus Kamelhaar. Von Heuschrecken und wildem Honig hast du gelebt. Dein ungeschnittenes Haar war lang und zerzaust. Das Leben da draußen in der Wüste hatte sicherlich tiefe Spuren in deinem Gesicht gezeichnet. Rein von deinem Äußeren her hätte man dich für einen Exzentriker halten können, der besonders auf sich aufmerksam machen möchte. Jemand, der ein Star sein will und sich deswegen provozierend gibt und kleidet.

Aber genau das Gegenteil wollte ich. Mein wildes Äußeres, das Gewand aus Kamelhaaren signalisierte, wie wenig ich mich selbst wichtig nahm und wie sehr es mir einzig um den ging, den ich verkündete. Wenn ich Aufsehen erregte, dann nur dazu, dass meine Botschaft gehört wurde. Ich wusste, wie vorläufig ich war. Ich wollte nicht mich selbst zur Geltung bringen, sondern einen anderen.

Das erinnert mich daran, wie bei großen Veranstaltungen viele Menschen zusammenkommen. Da gibt es zunächst ein Vorprogramm. Etwa beim Konzert einer berühmten Musikgruppe. Da treten vorher erst einmal kleinere und unbekanntere Gruppen auf, die schon einmal das Publikum heiß machen, ehe die eigentlichen Stars die Bühne betreten. Auch Jesus hatte in dir so eine Art Vorprogramm. Du solltest das Volk bereitmachen und einstimmen auf den, der nach dir kommen würde.

Ich war voll durchdrungen vom Bewusstsein, Wegbereiter des Messias zu sein. Meine ganze Kraft, all mein Reden und Tun lenkte ich in diese Richtung, rief zur Umkehr auf und spendete die Bußtaufe. Unerschrocken und unbestechlich sagte ich mit aller Klarheit und Eindeutigkeit, was Sache war, was die Stunde geschlagen hatte. Dabei machte ich keinen Unterschied zwischen arm und reich, hoch und niedrig. Ich redete niemandem nach dem Mund. Ich verkündete keine Nettigkeiten. Das klang hart in den Ohren der Selbstgerechten.

Obwohl du nicht bequem warst und dein Fähnchen nicht in den Wind hängtest, kamen die Menschen in Scharen zu dir an den Jordan und ließen sich taufen. Weil sie wussten: Das ist kein Schwärmer, kein voreiliger Schwätzer. Er

kommt aus der Wüste. Seine Worte, noch so mahnend, noch so aufrüttelnd, noch so eindringlich, sind durch seine Taten und sein Leben gedeckt.

Die Menschen sollten merken: Es ging mir nicht um Ankommen, um Applaus. Nicht um mich. Umso mehr wollte ich dem Freund meine Stimme leihen, dem, der nach mir kommen würde und der doch ewig ist."Er muss wachsen, ich abnehmen" (Joh 3,30).

Ein Mann Gottes, wie du war schon lange nicht mehr in der Öffentlichkeit aufgetreten. Auf so jemanden hatten die Menschen immer gehofft. Viele dachten schon, die Zeit der Propheten wäre Geschichte. Ich versuche mir auszumalen, wie das bei dir gewesen sein mag. Ringsherum kilometerweit nichts anderes als Stein und Geröll. Dann in einer Wüste stehen und rufen. Obwohl meilenweit keine Menschenseele da war. Ein aussichtsloser Platz, um eine Botschaft zu verkünden. Wer in aller Welt sollte deine Worte denn hören? Und doch lese ich im Markus-Evangelium, dass auf deinen Ruf hin ganz Judäa und alle Einwohner Jerusalems zu dir hinauszogen und ihre Sünden bekannten. Widerspricht das nicht aller Logik und jeglicher Vernunft? In der Wüste solltest du sie alle erreicht haben?

Die Logik Gottes ist eben anders als euer menschliches Kalkül. Ich legte mir in meiner Botschaft keine Strategie zurecht. Ich entwickelte nicht zuerst ein Marketingkonzept. Ich vertraute auf die Eingebung von oben. Wie du schon sagtest, ging ich zu allem Überfluss auch noch dorthin, wo mit der größten Wahrscheinlichkeit auch nur die allerwenigsten hören würden, was ich zu sagen hatte. Nach menschlichem Ermessen war mit meiner Verkündigung kein Blumentopf zu gewinnen. Aber wo Gott es will, dort wird sogar ein stummer Schrei in der Wüste zu einem Fanal, das durchschlagender wirkt als jedes neuzeitliche Erfolgsrezept. Und siehe da, nichtsdestoweniger erfuhren restlos alle davon. Ja sie reagierten auch noch darauf.

Vielleicht ist genau das die Botschaft heute für uns. Für all diejenigen, die sich – wie du damals – als einsame Rufer in der Wüste vorkommen: Für alle, die in unseren Beton- und Asphaltwüsten „Bereitet dem Herrn den Weg" rufen, und das Gefühl haben, dass sich nichts daraufhin regt. Für alle, die sich in unserer Gesellschaft darum mühen, Inhalte und Werte, Menschlichkeit und Barmherzigkeit hochzuhalten und sich dabei vorkommen, wie jemand, dessen Stimme ungehört in der Ferne verklingt.

Meine Botschaft macht euch deutlich, dass Gott manchmal gerade auf diese einsamen Stimmen in der Wüste setzt. Auch wenn euer Verstand schon lange ganz deutlich sagt, dass euer Engagement eigentlich sinnlos und ohne jede Aussicht auf auch nur den kleinsten Erfolg erscheint, so kann ich aus eigener Erfahrung euch zusichern, dass auf solchem Fundament Gott durchaus zu bauen versteht. Manchmal sucht er gerade diejenigen, die sich nicht zuerst ihre Chancen ausrechnen oder solange an Konzepten und Programmen feilen, bis auch alle Unwägbarkeiten ausgeschlossen sind. Wie oft sucht Gott ja gerade diejenigen, die einfach rufen. Und das auch dann noch, wenn es eigentlich schon aussichtslos zu sein scheint. Mehr braucht er nicht. Dass seine Botschaft auch gehört wird, darüber braucht ihr euch dann nicht den Kopf zu zerbrechen. Darum wird Gott sich am Ende selber kümmern. Er wirkt immer wieder Neues in seinem Volk. Er sendet seine Boten zu allen Zeiten. Auch heute. Ihr müsst nur Augen und Ohren offenhalten, um sie zu entdecken. Der Allmächtige gab mir für jeden einen Spruch, und ich war nicht zimperlich mit meinen Worten.

Deine klare Sprache wollte ja die Menschen zur Umkehr bewegen, darüber nachzudenken, wie sie vor Gott leben sollten. „Früchte der Buße" sollten deine Zuhörer bringen. Die Taufe im fließenden Wasser des Jordans als Zeichen des Aufbruchs, Neuwerdens, der Bewegung zu Gott hin: „Dein Reich komme". Betroffenheit klingt in der Frage der Hörenden an: „Was sollen wir tun?" Ihnen antwortetest du, sie sollten helfen, wo es nötig sei. Dem einen fehlte es an Kleidung, dem anderen an Nahrung. Tätige Nächstenliebe stand auf deinem Programm. Solche Notwendigkeiten sind auch heute gefragt. Armut, Hunger, Gerechtigkeit, Menschenrechte, Frieden sind die großen Herausforderungen unserer Zeit. Deine Antwort damals an die Zöllner: „Fordert nicht mehr, als euch vorgeschrieben ist", ist bis heute aktuell geblieben. Nicht mehr beanspruchen zu wollen, als was einem zusteht. Niemanden übervorteilen. „Tut niemandem Gewalt oder Unrecht an", war dein Ratschlag an die Soldaten. Heute haben Gewalt und Unrecht globale erschreckende Ausmaße. Ihre Potentiale sind be-

ängstigend. „Selig, die Frieden machen", wird später Jesus von Nazareth, dem du den Weg bereitet hast, die Menschen beglückwünschen, die auf Gewalt verzichten, die für Gerechtigkeit eintreten.

All diese Gleichgültigkeit, die unter den Leuten herrschte, war mir ein Gräuel. Ich verlangte Entschiedenheit. Es lag mir gar nicht am Herzen, dass mich die Menschen für mein sonderbares Verhalten lobten. Ganz im Gegenteil. Ich nahm sogar die Reichen und Frommen ins Visier und stellte mich den Sadduzäern und Pharisäern in den Weg. Obwohl diese als besonders angesehen im Volk galten. „Ihr Schlangenbrut, wer hat denn euch die Gewissheit gegeben, dass ihr dem künftigen Zorn entrinnen werdet?" schleuderte ich ihnen entgegen. „Bringt rechtschaffene Frucht der Buße! Denkt nur nicht, dass ihr bei euch sagen könnt: Wir haben Abraham zum Vater. Denn ich sage euch: Gott vermag dem Abraham aus diesen Steinen Kinder zu erwecken. Es ist schon die Axt den Bäumen an die Wurzel gelegt. Darum: jeder Baum, der nicht gute Frucht bringt, wird abgehauen und ins Feuer geworfen. Ich taufe euch mit Wasser zur Buße; der aber nach mir kommt, ist stärker als ich. Er wird euch mit dem Heiligen Geist und mit Feuer taufen. Er hat seine Wurfschaufel in der Hand; er wird seine Tenne fegen und seinen Weizen in die Scheune sammeln; aber die Spreu wird er verbrennen mit unauslöschlichem Feuer" Mt 3,8–10). Wer getauft ist, darf nicht allein für sich leben, sondern lebt mit allen Geschöpfen, hat immer auch andere im Blick und im Herzen. Es gibt keine Entschuldigung für die, die den Willen Gottes nicht tun. Entschuldigung gibt es nur für die, die sich erbarmen.

Eben erst hattest du die Schriftgelehrten abblitzen lassen, die sich taufen lassen wollten, ohne von ihrem selbstgefälligen Leben abzurücken. Jetzt wolltest du auch Jesus von der Taufe abhalten, weil du spürtest, dass niemand weniger ein solches Bad der Reinigung brauchte als Jesus selbst.

Er aber wollte es trotzdem. Es hatte viel damit zu tun, dass er sich als Gottessohn nicht mit seiner Heiligkeit zufrieden sein ließ, sondern sich gleichzeitig als Menschensohn mit uns allen gleichstellte. Er ließ sich infizieren von dem, was die Menschen gefährdet, was sie in Schuld verstrickt, um damit den Antikörper zu entwickeln, der sie rettet.

Wie hast du Jesus unter der Menschenmenge entdeckt?

Während ich noch redete und immer mehr Leute zusammenströmten, um sich von mir taufen zu lassen, geschah in aller Stille etwas Besonderes: Ein jüngerer Mann, vielleicht um die dreißig, kam näher heran. Während er mir gegenüberstand, schaute er mich lange an.

Da verstand ich: der Gesalbte ist da. Das Warten von Jahrhunderten hat ein Ende. Jesus steht direkt vor mir. „Du bist der Sohn Gottes", sagte ich zu ihm. „Du bist der Gesalbte. Dich kann ich nicht taufen. Ich bin noch nicht einmal gut genug, dir die Schuhriemen zu öffnen. Meine

Taufe war doch nur gedacht als Bekenntnis der Sünden und als Akt der Umkehr." Aber Jesus antwortete: „Lass es jetzt geschehen!" Und so taufte ich ihn. Als er ins Wasser stieg, öffnete sich der Himmel und der Geist Gottes kam wie eine Taube auf ihn herab. Und eine Stimme aus dem Himmel sprach: „Du bist mein geliebter Sohn, an dir habe ich Gefallen gefunden" (Mk 1,11). Jetzt war meine Aufgabe als Wegbereiter beendet. Ich wandte mich an die jungen Männer, die öfter bei mir waren und schickte sie sofort zu Jesus. „Seht, das ist er, von dem ich euch erzählt habe und auf den ich gewartet habe. Er ist das Lamm Gottes, das die Sünde der Welt hinwegnimmt."

Du stammtest ja aus einer Priesterfamilie. Daher war dir das Symbol des rituellen Bades geläufig. Vor dem Dienst im Tempel in Jerusalem sollte der Priester Gott um Reinigung von seinen Sünden bitten, indem er sich rituell wusch. Bei Juden wie Muslimen ist das bis heute noch so.
Ich versuchte die Menschen aus ihren alten Gewohnheiten herauszurufen. Sie sollten sich in der Wüste am Jordan nicht selbst mit Wasser reinigen, sondern sich von Gott reinmachen lassen, um dann ihr Leben neu auszurichten. Durch meinen Taufritus sollten jene, die zu mir an den Jordan kamen, bekennen, dass sie sündige Menschen sind, die anderen geschadet und sich gegen die Gebote Gottes vergangen haben in der Hoffnung um Vergebung. Die Taufe, die Jesus euch geschenkt hat, geht weit über meine Taufe hinaus. Im Vollzug diese Taufe wird ein Menschenkind zu einem Gotteskind und erhält ein unaus-

löschliches Siegel in seiner Seele. Alle vorausgegangene Schuld ist ausgelöscht. Der neue Mensch wird hinein genommen in die Gemeinschaft des Volkes Gottes und erhält Wohnrecht im Haus des Himmlischen Vaters.

Mir scheint, dass ein Hauch von Tragik über deinem Leben lag. Gerade eben warst du auf dem Höhepunkt angelangt. Du hattest Jesus, den Sohn Gottes, den Gesalbten gesehen und getauft. Aber dann ging es nur noch bergab. Du wurdest den Leuten zu unbequem. Der mächtige König Herodes Antipas fühlte sich von dir angegriffen. Der üppige Lebensstil mit der geschiedenen Frau seines Bruders am Königshof war dir ein Dorn im Auge. Herodes hatte dich bald darauf festnehmen und unschuldig ins Gefängnis werfen lassen. Auch in unserer Zeit stellen sich viele Menschen bei allen Gewalttätigkeiten die Frage: Kann ich dann noch glauben? Erkenne ich in Gott noch den gütigen Vater?

Auch mir brannte diese Frage unter den Nägeln. Auch ich war angefochten. Ich fühlte mich, als sei ein Messer in meine Seele gedrungen. Einerseits wollte ich glauben, dass Jesus die Menschen heilt – andererseits war ich so von Schmerzen erfüllt, weil ich vom Heil nichts mehr spürte. Da fiel mir die Antwort Jesu ein: „Selig ist, wer sich nicht an mir ärgert." Das klang fast zu einfach. Aber es war sehr ernst gemeint. Hatte ich doch bei der Begegnung mit ihm verstanden, dass er das Lamm Gottes ist, das alle Schuld der Menschheit auf sich nehmen und auslöschen wird. Er selbst würde später die gleiche Tragik erleben und nach seinem Gott rufen: „Warum hast du mich verlassen?" In meiner ausweglosen Situation konnte ich nur noch eines tun, das aber mit ganzer Kraft. Ich sagte zu Gott: „Ich verstehe dich zwar nicht. Aber bevor ich verzweifle oder in Anfechtung versinke, werde ich dich nicht loslassen. Ich werde mich an dir festkrallen. Ich will trotz allem dankbar sein für alles, was auf mich zukommt. Auch für das für mich Unfassbare." Doch zuvor musste ich noch einmal eine trostlose Wüste durchschreiten. Im Verließ des Herodes auf der Festung Machaerus durchlebte ich furchtbare Stunden der Einsamkeit, der Angst und des Zweifels.

Aber gerade das macht dich, den fast so Übermenschlichen, für uns am Ende noch einmal so menschlich. Geht es uns nicht oft genauso? In den Gefängnissen unseres Lebens? In den Engen und Ängsten unseres Daseins? In Einsamkeit und Verzweiflung? Im Angesicht von Krankheit, Leid und Tod?

Als ich im Gefängnis hörte, was Jesus tat, sandte ich einige meiner Schüler mit der Frage zu ihm: „Bist du, der da kommen soll, oder sollen wir weiter auf einen andern warten?" Jesus gab mir zur Antwort: „Geht hin und berichtet Johannes, was ihr seht und hört: Blinde beginnen zu sehen und eben noch Gelähmte gehen auf eigenen Beinen, vom Aussatz Befallene werden heil und Taube hören und Tote werden auferweckt und – Armen wird das Evangelium gepredigt. Und: Glücklich schätzen kann sich, wer nicht Ärgernis nimmt an mir" (Mt 11,2–6).

Wie hast du auf diese Antwort reagiert?

Mir haben die Ohren geklungen; denn diese Auskunft spielte auf die in der jüdischen Tradition verankerte Erwartung einer Zeit an, in der sich das Blatt wenden wird für die Armen, Kranken, Deportierten und für dem Tod ausgelieferte Menschen. Auch wenn ich eigentlich etwas anderes wissen wollte: Ein Ja oder ein Nein.

Statt mit einer klaren Antwort kamen meine Jünger mit unglaublichen Geschichten zurück und berichteten, was sie selber gesehen und gehört hatten. Überall wo Jesus auftauchte, änderten sich Lebensläufe, Gaunerkarrieren fanden in Freundschafts-Mählern ihr Ende. An Krankheit und Armut gescheiterte Existenzen sprachen plötzlich in aller Öffentlichkeit persönliche Glaubensbekenntnisse. Da wusste ich: Jetzt konnte ich von der Bühne des Lebens abtreten. Meine Aufgabe war erfüllt. Der lang ersehnte Retter der Menschheit ist da.

Dein Sterben schien zunächst sinnlos. Du starbst als der beste Verkündiger der damaligen Zeit, weil ein König im Suff der Tochter seiner Geliebten vor anderen ein Versprechen gegeben hatte, das er nun meinte, einlösen zu müssen.

Es war am Geburtstag des Königs. Schuld daran war Herodias, die Frau seines Bruders Philippus, mit der Herodes Antipas Ehebruch begangen hatte. Ich hatte ihm gehörig ins Gewissen geredet: „Du hattest nicht das Recht, die Frau deines Bruders zur Frau zu nehmen." Herodias verzieh mir das nicht und suchte eine Gelegenheit, mich umbringen zu lassen. Als Salome, ihre Tochter, vor Herodes Antipas tanzte, gefiel sie ihm und seinen Gästen so sehr, dass er vor ihr großspurig die Hand zum Schwur erhob: „Wünsch dir, was du willst; ich werde es dir geben!" Das Mädchen ging hinaus und fragte ihre Mutter: „Was soll ich mir wünschen?" Herodias antwortete: „Den Kopf des Täufers Johannes". So verlor ich für einen erotischen Tanz eines Teenagers mein Leben. Als meine jungen Freunde das hörten, kamen sie, holten meinen Leichnam und legten ihn in ein Grab (Mk 6,17–29).

Salome lief zum König hinein und sagte: „Ich will, dass du mir sofort auf einer Schale den Kopf des Täufers Johannes bringen lässt."

Mit deinem Mut, die Dinge beim Namen zu nennen, auch wenn es dir den Kopf gekostet hat, bist du uns auch heute ein Vorbild gegen die Lüge, das Haupt zu erheben und für die Wahrheit und Gerechtigkeit einzutreten. Den Kopf hinzuhalten im wahrsten Sinne des Wortes für Menschen in Not. Lieber für den Glauben zu sterben, als die eigene Überzeugung zu verraten, wie es unser modernen Märtyrer im Irak, in Syrien und Ägypten fast täglich unter Beweis stellen.

Johannes der Evangelist – vom Donnersohn zum Lieblingsjünger

Johannes, wenn ich deine Berufungsgeschichte bei Markus 1,19–20 lese, wo es heißt, dass du und dein Bruder Jakobus sofort die Netzte und euren Vater verlassen habt, als Jesus euch rief, wird mir es etwas unkomfortabel zu Mute. Denn einfach so alles stehen und liegen lassen und mit Jesus zu gehen? Wer kann das schon? Wenn ich an mich denke, habe ich fast ein schlechtes Gewissen.

Aber diese Worte beim Evangelisten Markus haben mehr zu bieten, als dir nur ein schlechtes Gewissen zu machen. Deshalb möchte ich dir diese Geschichte etwas näher erläutern. Der Beginn des Wirkens Jesu war nicht besonders spektakulär. Ohne große Wundertaten. Nicht mit Pauken und Trompeten, sondern mit eindringlichen Worten und mit Beziehungen zu den Menschen: „Das Reich Gottes, seine Königsherrschaft ist nah. Tut Buße und glaubt an das Evangelium" (Mk 1,15). Einfache Worte, mit denen Jesus mir und meinem Bruder Jakobus begegnete. Nichts Hochphilosophisches, keine geheimen Lehren oder große Wissenschaft. Aber diese Worte reichten aus, dass wir alles stehen und liegen ließen und Jesus folgten. Mit solchen einfachen Worten will Jesus auch dir heute begegnen.

Du meinst also Mut zur Einfachheit. Doch ich erlebe nun allemal zu oft, dass das Leben nicht einfach ist. Egal ob es darum geht, den abgestürzten Computer wieder funktionstüchtig zu machen oder die Autoreifen einmal selbst zu wechseln. Meistens stelle ich fest, dass die ganz normalen Dinge im Leben, der alltägliche Kleinkram alles andere als einfach ist. Aber vielleicht sind die großen Dinge des Lebens in der Tat einfacher als wir denken.

Da hast du vollkommen recht. Als Jesus uns rief, ließ er uns nicht zuerst Theologie studieren oder bestimmte religiöse Klimmzüge machen. Das einzige was zählte, war, seinem Ruf zu folgen. Seine entgegengestreckte Hand anzunehmen, auf seine Vergebung zu vertrauen und daraus unser Leben zu gestalten. Mit anderen Worten, Jesus riss uns heraus aus unserer vertrauten Umgebung, aus unserer Familie, aus unserer gewohnten Tätigkeit. Er holte uns weg von unseren Booten, unseren Netzen, unseren Häusern. Fast brutal. Fast gnadenlos wirkte das. Kommt her! Folgt mir nach! Der Anruf Jesu war ein Ruf heraus aus der Gemütlichkeit der eigenen vier Wände. Er war der Ruf ins Neue, ins Unbekannte, der Ruf zum Risiko.

Was ist da eigentlich mit Gott los? Gönnt er uns Menschen nicht unser kleines Glück? Er ist doch der Gott, der uns Heimat schenken will. Warum verlangt er dann immer wieder, das Zuhause zu verlassen?

Die Antwort findest du unmittelbar darin, bevor Jesus uns Jünger berief: „Die Zeit ist erfüllt, das Reich Gottes ist nahe." Das heißt: Es gilt hier und jetzt. Nicht länger die Füße hochlegen und auf bessere Zeiten warten! Lebe hier, lebe heute! Leben in seiner ganzen Fülle und Tiefe ist möglich. Jesus ruft bis jetzt Menschen von zuhause weg, weil er einen Mehrwert an Leben für sie will. Wer immer nur daheim sitzt, der verpasst einen wesentlichen Teil von dem, was das Leben ausmacht.

Bei der Einladung „Komm und folge mir nach" lässt sich trotz allem der Wunsch nach großen Garantien, nach Sicherheiten nicht vermeiden. Wir wollen uns absichern, bevor wir Entscheidungen treffen. Wir wünschen uns einen möglichst hohen Zinssatz, wenn wir Geld auf die Bank bringen, damit wir auch mit Sicherheit in zehn Jahren mehr von unserem Gesparten haben als jetzt.

Die Nachfolge Jesu ist alles andere als sicher. Auch ich habe mit dieser Frage gerungen: Gehe ich mit? Bleibe ich hier? Obwohl dieser Ruf klar und deutlich war, blieb er unsicher. Keiner von uns Jüngern wusste, was auf uns zukommen würde. Jesus schenkte uns lediglich seine Zusage, das Vertrauen des Herzens: „Kehre um und folge mir nach!" Wir wagten diesen Schritt ins Ungewisse. Und wir wurden dabei nicht enttäuscht. Deshalb möchte ich auch dir zurufen: „Hab Mut! Gehe diesen Schritt des Vertrauens! Verlasse dich darauf, dass Jesus sein Versprechen hält. Ihm nachzufolgen ist keine Selbstaufopferung besonderer Heiliger, sondern das Einstimmen mit Haut und Haaren in sein Beziehungsangebot. Auch wenn es mit einem Leben ins Ungewisse verbunden ist. Habe Lust, mit Jesus etwas zu erleben! Lass dich auf das Wagnis mit ihm ein. Jeden Tag neu im Vertrauen auf seine göttliche Liebe. Egal, ob damals bei uns im Hafen von Kafarnaum am See Genezareth, oder jetzt bei euch an der Werkbank oder beim stillen Gebet in einer Kirche. Immer wieder wirst du erfahren, wie Jesus zu dir tritt, dir seine Nähe, seine Beziehung anbietet, wie er dein Leben in seine Liebe stellen will. Auf dass du als ganze Person verändert wirst – neu gestaltet in eine Ikone seiner Liebe.

Bei dem Wort Nachfolge tun wir uns oft schwer. Die Geschichte ruft bei uns zwiespältige Gefühle hoch. Viele haben in der Vergangenheit erlebt, was blinde Nachfolge anrichten kann: „Führer befiel! Wir folgen dir!" Ähnliches erleben wir auch bei den heutigen Populisten. Wir Menschen sind vorsichtig geworden, anderen zu folgen.

Bei solchen Gedanken solltet ihr ganz ehrlich mit euch umgehen. Fragt euch: Handle ich aus Vorsicht oder deshalb, weil ich lieber meinen eigenen Bedürfnissen und Wünschen folge und eigene Wege gehen will. Bei allen richtigen Einwänden passt auf, dass ihr nicht Gefahr lauft, isolierte Schatten zu werden, zu Menschen, die sich ihren eigenen Sinn geben müssen, weil sie keinen Sinn mehr annehmen können, der größer ist als sie selbst.

Aber was gibt uns Sinn? Der Werbespruch einer großen Bank lautete vor einigen Jahren: „Jeder Mensch hat etwas, das ihn antreibt." Vielleicht sollten wir diesen Satz umstellen: „Jeder Mensch braucht jemanden, dem er nachfolgen kann." Wir sind ja Wesen, die nachahmen, die von anderen lernen wollen. Die uns Vorbild sind. Martin Luther hat einmal die Frage nach Gott auf die Formel gebracht:" Woran du dein Herz hängst, das ist dein Gott."

Dann kann es nur Jesus sein, an den du dein Herz hängen darfst. Er will dir eine Identität und einen Sinn für dein Leben schenken, der höher ist, als alles, was du dir selbst geben kannst.

Du und dein Bruder Jakobus erhielten im Zwölferkreis den Spitznamen „Donnersöhne". Das lag wohl an eurem aufbrausenden Temperament.

Das stimmt. Jesus wies uns deswegen mehrfach zurecht. Einmal ärgerten wir uns so sehr über ein abweisendes Dorf, dass wir den Bewohnern am liebsten einen Feuerregen geschickt hätten.

Jesus musste uns mit scharfen Worten daran erinnern, dass Gotteskinder keine Wutausbrüche haben sollten. Ein anderes Mal packte uns der Hochmut, und wir baten, angestachelt durch unsere Mutter, Jesus um Ehrenplätze im Himmel. Auch da machte uns Jesus klar, dass wir zunächst um unseres Glaubens willen würden leiden müssen. Das mit den Ehrenplätzen ließ er offen. An diesen beiden Begebenheiten kannst du erkennen, dass uns Jesus nicht auf einen Denkmalsockel hob. Wir waren ganz normale und schwache Menschen. Genau so wie du. Gott selbst ist es, der sein Reich baut. Nicht irgendwelche geniale oder superfromme Leute.

Im 13. Kapitel deines Evangeliums beschreiben die Verse 23–27 eine rührende Szene: Beim letzten Abendmahl liegst du auf dem Speisesofa, dem triclinium, an der Brust Jesu, dem Ehrenplatz für enge Vertraute. In dieser Position hast du an Jesus eine heikle Frage gerichtet, die selbst Petrus sich nicht zu stellen getraute: Wer denn der gefürchtete Verräter sein werde. Und alle erfuhren: es ist Judas. Eine besondere Nähe schien dich als Lieblingsjünger mit Jesus verbunden zu haben. Warum denn das? Zog Jesus einen einzelnen Menschen allen anderen vor? Wollte er nicht gerecht sein gegenüber allen? Was war das Geheimnis dieser Beziehung? Jesus hatte doch von sich selbst gesagt: Ich bin der gute Hirte. Und so ein guter Hirte behandelt doch all seine Schäfchen gleich. Oder?

Jesus behandelte eben nicht alle Menschen gleich. Wenn er sich zurückzog, um zu beten, oder zu einer Familie ging, um jemanden zu heilen, dann wählte er einige Jünger aus und nahm sie mit: Meist Petrus, Jakobus und mich. Zum Beispiel bei der Totenauferweckung des Töchterchens des Synogogen-Vorstehers Jairus in Kafarnaum. Bei seiner Verklärung auf dem Berg Tabor waren wir mit dabei. Auch in seiner schweren Stunde im Garten von Getsemani, als er Todesangst litt und wir nichts davon mitbekamen, weil wir eingenickt waren. Jesus traute den Menschen Unterschiedliches zu. Petrus, der Draufgänger, sollte der Fels sein, auf dem er die Kirche baute. Als sein bevorzugter Jünger lag ich nicht nur damals beim Abschiedsmahl an seiner Seite. Auch bei seinem Sterben stand ich unter dem Kreuz. Während seine übrigen Jünger das Weite suchten, durfte ich mich um seine Mutter kümmern.

Worum ging es Jesus bei diesem gegenseitigen Verweis auf dich und seine Mutter? Ging es darum, ihren Schmerz zu lindern, indem er, der unmittelbar mit dem Tode Ringende, seiner Mutter dich als Sohn anbot?

Josef, der Mann seiner Mutter war schon gestorben. Nun fiel auch noch ihr Sohn Jesus aus. Nach damaligem Recht hatte der Erstgeborene seine verwitwete oder alleinstehende Mutter zu beschützen und zu versorgen. Deshalb setzte Jesus mich als seinen Lieblingsjünger testamentarisch dafür ein. Aber es ging hier nicht nur um ein Testament. Das gehörte zum Bereich der sichtbaren Wirklichkeit. Mein Auftrag ging weit darüber hinaus. Der Tod Jesu am Kreuz stiftete Gemeinschaft zwischen seiner Mutter und mir, und damit zwischen Maria und euch allen.

Normalerweise zerstört ja der Tod menschliche Gemeinschaft. Aber auf Golgota, dem Hinrichtungshügel, war es anders. Hier trug uns Jesus auf, die Liebe praktisch und konkret zu leben, die er uns allen vorgelebt hatte. Darauf hin zielte sein Vermächtnis: dass von seinem Kreuz herkommend solidarisch gehandelt und konkret die Liebe ins Leben umgesetzt wird.

Jetzt verstehe ich: Jesus starb bewusst aus Liebe. Auch für jeden und jede von uns. So sollen auch wir mit Blick auf das Kreuz die Liebe verwirklichen. Die Liebe, die wir zum Leben brauchen und die wir weitergeben sollen.

So sagt Jesus vom Kreuz her auch jetzt zu dir: „Siehe den Mann in der Straßenbahn neben dir, den du vielleicht heute zum ersten Mal siehst. Das ist dein Bruder. Und die obdachlose Frau dort auf der Parkbank. Sie ist deine Schwester." Der Tod Jesu verweist euch aneinander.

Johannes, wie ging es eigentlich nach der Himmelfahrt Jesu bei dir weiter?

In der Gegend um Ephesus durfte ich mehrere Gemeinden gründen und alle selbst leiten. Bald wurde der Christenhasser Kaiser Domitian auf mich aufmerksam. Er ließ mich festnehmen und nach Rom überführen. Dort wurde ich gefoltert. Anschließend sollte ich an der Porta Latina in einem Kessel mit heißem Öl gesiedet werden. Doch der Plan Domitians ging nicht auf. Bevor ich in den Bottich hineinstieg, bekreuzte ich mich und segnete das Gefäß. Anstatt zu verbrennen, nahm ich völlig überraschend – vor allem für meine Verfolger – ein wohltuendes Bad darin. Daraufhin verbannte mich der Kaiser auf die griechische Gefängnis-Insel Patmos. Dort musste ich als Zwangsarbeiter in den Erzbergwerken schuften.

Auf Patmos offenbarte mir Gott die Geheimnisse über die letzten Dinge, die ich in der "Geheimen Offenbarung", niederschrieb. Nach dem Tod Domitians kehrte ich nach Ephesus zurück. Auf Bitten der Gläubigen und Bischöfe Kleinasiens verfasste ich das vierte Evangelium, nachdem ich zuvor lange Zeit gebetet und gefastet hatte. Darin versuchte ich die vorherrschenden Irrlehren, allen voran die Gnosis, zu widerlegen und die Dreifaltigkeit Gottes hervorzuheben.

Warum wirst du als Evangelist mit einem Adler dargestellt?

Der Kirchenvater Hieronymus identifizierte im vierten Jahrhundert mein Evangelium wegen seines geistigen Höhenflugs mit einem Adler. Weil das Wort in meinem Prolog, das am Anfang bei Gott war, sich in die höchsten Regionen aufschwingt, so wie ein Adler sich zur Sonne erhebt.

Wurdest du während deiner Zeit in Ephesus vor Verfolgungen bewahrt?

Aufgrund der zunehmen Christianisierungen hatten die Goldschmiede der Gegend Angst, dass ihre Umsätze durch mein Wirken gemindert werden könnten. So zettelten sie eine Unruhe an und veranlassten den Oberpriester des Artemis-Tempels, mich zu zwingen, entweder der Göttin Artemis zu opfern oder den Giftbecher zu trinken. Ich verweigerte das Opfer und schlug das Kreuz über den Giftbecher. Das Gift entwich in Form einer Schlange und ich trank den Inhalt ohne Folgen. Der Oberpriester, der mich zum Opfer zwingen wollte, trat schließlich zum Glauben an Jesus über. Noch im hohen Alter schrieb ich drei apostolische Briefe an verschiedene Gemeinden. Als letzter von allen Jüngern starb ich im Jahr 101 in Ephesus und als der einzige der Apostel eines natürlichen Todes.

Paulus – vom religiösen Fanatiker zum Missionar der Völker

Paulus, wie wir in den Schriften des Neuen Testaments erfahren, wurdest du um das Jahr 10 als Sohn einer orthodoxen jüdischen Familie in der Stadt Tarsus in Kleinasien geboren. Von deinem Vater erbtest du das römische Bürgerrecht.

Du erlerntest den Beruf des Zeltstoffwebers. Gleichzeitig warst du auch hoch intelligent und bestens gebildet. Dein theologischer Lehrer war der berühmte Rabbi Gamaliel. Damals die erste Adresse für Schriftgelehrte und Pharisäer.

Ich war in der Tat ein frommer und eifriger Israelit. Jahwe und seine Forderungen nahm ich sehr ernst. Ich schloss mich der strengen Pharisäer-Richtung an, die auf Einhaltung der 613 Vorschriften in der Thora, den fünf Büchern Mose, achtete. Die jüdischen Synagogengemeinden im römischen Reich hatten eine interne Gerichtsbarkeit. Bei Verstößen gegen religiöse Regeln konnten eigene Richter Strafen von der Geißelung bis zur Verbannung aussprechen. Ein solches Amt übte ich aus. Als Jude hielt ich die neue Lehre von Jesus für gotteslästerlich und unannehmbar. Einen gekreuzigten Messias konnte ich mir absolut nicht vorstellen. Ich verabscheute die Christen. In meinen Augen waren sie Abweichler vom wahren Glauben, eine gefährliche Sekte, die es – koste es, was es wolle –, auszurotten galt.

Die Apostelgeschichte 9,1–9 bestätigt das, wie du als Saulus mit Drohungen und Morden gegen die Jünger des Herrn vorgingst und wie du vom Hohepriester die Vollmacht erhieltst, nach Damaskus zu reiten, um die Anhänger des neuen Weges gefesselt nach Jerusalem abzuführen. Als du in der Nähe der Stadt warst, umleuchtete dich plötzlich ein Licht vom Himmel. Du stürztest vom Pferd und hörtest eine Stimme: „Saul, Saul, warum verfolgst du mich?" Was waren die Hauptgründe für deine Verfolgungswut?

Die religiösen Führer unseres Volkes hatten in Zusammenarbeit mit der römischen Besatzungsmacht dafür gesorgt, dass der provozierende Wanderprediger Jesus ans Kreuz kam. Damit galt die Jesusbewegung zunächst als gescheitert. War doch schließlich ihr Anführer getötet, gestorben und begraben worden. Merkwürdiger Weise entstand kurz darauf unter sehr seltsamen Begleiterscheinungen eine Gemeinschaft, die behauptete, dass ihr Herr Jesus lebe. Er sei von den Toten auferstanden. Diese neue Bewegung regte uns Anhänger der alten Religion mordsmäßig auf. Ihre Botschaft der tiefen Solidarität Gottes durch Jesus, seinen Sohn, bedeutete für uns ein Skandal. Obwohl diese Solidarität in der Urkunde des Bundes eigentlich immer schon im Blick war. Aber das gehört sich doch nicht für Gott, dass er die Sache der Menschheit so zu seiner eigenen machte, wie diese Gruppe behauptete. Also verfolgte ich ihre Mitglieder, versuchte sie gefangen zu nehmen, sie wegzusperren und mundtot zu machen. Ich war so erfüllt von meiner Idee eines reinen Gottesdienstes, dass ich mir sogar Legitimationsbriefe verschaffte, die Verfolgung auch zu den versprengten Jesus-Anhängern im benachbarten Syrien ausdehnen zu dürfen. Mir war eines klar: Mit Worten konnte ich dieser neuen Sekte nicht mehr beikommen. Sie breitete sich aus wie eine unheilbare Krankheit. Und sie waren dabei, das ganze Volk zu verderben. Ich schnaubte vor Wut. Als einer der verantwortlichen religiösen Führer scheute ich mich nicht, Polizeigewalt einzusetzen. Einschüchterungen, Gefängnis, Mord, das waren die Methoden.

Nun warst du vom Hohen Ross gestürzt und lagst da im Straßenkot auf dem Weg nach Damaskus. Was war deine erste Reaktion?

Mit dem schmerzlichen Sturz auf den Boden ging alles zu Bruch, was mir bisher wichtig gewesen war. Meine Überzeugungen, aber auch mein Selbstbild. Ich hörte eine Stimme, die mich ganz persönlich ansprach: „Saul, Saul, warum verfolgst du mich?" Total durcheinander fragte ich zurück: „Herr, wer bist du?" – „Ich bin Jesus, den du verfolgst", war die Antwort. Dieses Damaskus-Erlebnis kann ich nicht anders beschreiben als ein Einbruch des Geistes Gottes in mein Leben voller Hass und unerträglicher Feindschaft. Von einem Augenblick auf den anderen wurde ich vom Verfolger zum Betroffenen. Mit einer Anfrage an mein Leben. Als Anbruch von etwas Neuem. Die totale Wende: Vom Saulus zum Paulus. Von Gott gestoppt. Vor eine Lebensentscheidung gestellt.

Ich kann mir gut vorstellen, dass die Christen in Damaskus in dir jenen Saulus sahen, der nicht anders im Sinn hatte, als sie restlos auszumerzen. Der zu allem entschlossen unterwegs war. Die römischen Behörden dort hätten dir vermutlich genauso wenig Widerstand entgegengesetzt wie die in Judäa. Denn sie wollten ja Frieden im Land haben, ihre „Pax Romana", mit der sie den ganzen Mittelmeerraum damals unterworfen hatten. Die Jesusfreunde aber hatten einen völlig anderen Lebensstil als die Besatzungsmacht. Vor allem besaßen sie ein Gespür für Freiheit. Du hättest also leichtes Spiel gehabt mit deiner Mordlust. Du hättest sie in Damaskus mit tödlicher Sicherheit aufgespürt und an die geistlichen Behörden in Jerusalem verschleppt. Dort hätte man kurzen Prozess mit ihnen gemacht. Das war das Bild, das die Christen in Damaskus von dir hatten. Sie haben sich vor dir gefürchtet.

Aber dann war mir der Herr Jesus begegnet. Und der durchkreuzte mein ganzes Vorhaben. Kurz vor meinem Ziel musste ich vom Verfolger zum Anhänger und Verbündeten werden. Vom unerbittlichen Kämpfer gegen religiös Andersdenkende zum Verkünder der grenzenlosen Liebe Gottes. Vom Ausgrenzer zum Fürsprecher der Ausgegrenzten.

Ich versuche mir das alles einmal vorzustellen: du wurdest auf den Namen Jesu getauft – und zwar in die „Sekte" hinein, die du vorher verfolgt hast. Kurze Zeit später hast du öffentlich verkündet, dass dieser Jesus der Sohn Gottes ist. Was für eine Ungeheuerlichkeit für deine alten Glaubensbrüder! Und bekamst bald zu spüren, was das heißt. Du wurdest mit Mord bedroht. Weil du zu einer „Staatsgefahr" geworden warst. Wie ging es mit dir dann weiter?

Ich wusste es nicht. Im Moment dieser Begegnung ahnte ich nur, dass Jesus in mein Leben getreten war und fortan mich ganz für sich in Anspruch nehmen würde. Ohne große Vorbereitung. Nur Licht vom Himmel. Gott hatte gesprochen. Sein Wort war angekommen.

Wie bei der Feuerwehr: „Verstanden. Ende".

Ja so ähnlich. Auf jeden Fall erwartete Jesus von mir, dass ich mich aufmachte und auf die Ungewissheit einließ, dort in der Stadt, in der meine bisherigen Feinde lebten, genauer zu erfahren, was der Herr eigentlich von mir erwartete. Einfach zu vertrauen und die nächsten Schritte zu tun, die für mich dran waren.

Also Vorhang zu. Alle Fragen offen!

„Steh auf und geh in die Stadt", hatte die Stimme gesagt. „Da wird man dir sagen, was du tun sollst." Also rappelte ich mich auf in der Hoffnung, dass sich alles Übrige finden lassen würde. Ich brauchte die Begegnung mit den Jesusgläubigen in Damaskus, um meinen Glauben neu auszurichten. Meine Weggefährten bekamen kaum etwas mit von dem, was mit mir geschehen war. Sie wunderten sich nur über meine plötzliche Erblindung und führten mich an der Hand in die Stadt. Während ich mir noch vor kurzem so stark und sicher vorkam, war ich nun auf fremde Hilfe angewiesen. Lag doch mein bisheriges Leben wie ein Scherbenhaufen vor mir. Nun mussten die Scherben zusammengefegt und geordnet werden. Das schmerzliche Zerbrechen der alten Vorstellungen war bloß der dunkle Hintergrund, vor dem mein neu gewonnener Glaube an Jesus um so heller leuchten konnte.

Mein geistlicher Geburtshelfer war Hananias. Er legte mir die Hände auf und taufte mich. Jesus hatte ihn dazu ausersehen, obwohl er sich sträubte und überhaupt keine Lust hatte, dem bisherigen, grausamen Christenverfolger persönlich zu begegnen (Apg 9,10–16). Auch er verstand jetzt. Was mir bisher als Irrglaube erschien, wurde zur Wahrheit. Noch brauchte ich Zeit, mit diesem Umbruch in meinem Leben umzugehen. Obwohl ich nach drei Tagen wiedersehen konnte, waren mir die Augen verschlossen für die neuen Aufgaben, die vor mir lagen. Ich tauchte ein in das Leben und Denken der Jesusfreunde in Damaskus, die sich rührend um mich kümmerten. So wurden die Bruchstücke meines alten Lebens allmählich zum Teil eines neuen, wunderschönen und vielfarbigen Mosaiks.

Du bist ja Jesus während seines öffentlichen Wirkens nie begegnet. Du warst also kein Zeitzeuge seiner Auferstehung. Bedrückt dich das?

Seit jenem Moment vor den Toren von Damaskus wusste ich, dass ich dem gekreuzigten und auferstandenen Herrn begegnet war. Dieses niederschmetternde Erlebnis wurde für mich zur maßgeblichen Auferstehungserfahrung. Ich hatte deshalb auch keine Scheu, mich als Auferstehungszeuge zu den Aposteln zu zählen, wenn ich in meinem ersten Brief an die Korinther schrieb: „Zuletzt von allen erschien er auch mir, dem Unerwarteten, der Missgeburt" (1 Kor. 15,8). Ich habe diese Erfahrung mein Leben lang nicht vergessen. Lange Zeit danach schrieb ich an die Korinther: „Denn ich bin der geringste unter den Aposteln, der ich nicht wert bin, dass ich ein Apostel heiße, weil ich die Gemeinde Gottes verfolgt habe. Aber durch Gottes Gnade bin ich, was ich bin" (1. Korinther 15,9–10). Ich wusste, was ich an Jesus hatte. Der Gemeinde in Philippi erklärt ich später meine Bekehrung: „Doch was mir ein Gewinn war, das habe ich um Christi willen für Verlust gehalten. Ja noch mehr: Ich halte dafür, dass alles Verlust ist, weil die Erkenntnis Christi Jesu, meines Herrn, alles überragt. Seinetwegen habe ich alles aufgegeben und halte es für Unrat, um Christus zu gewinnen" (Philipper 3, 7–9).

Das macht mich schon sehr nachdenklich. Der lebendige Jesus könnte auch mich rufen – egal, wie ich vorher gelebt habe. Egal, was ich vorher über Jesus gedacht habe. Egal, ob ich eine „religiöse Ader" habe oder nicht. Ob ich in einer Lebenskrise stecke oder völlig in mir selbst ruhe. Zufrieden mit Gott und der Welt. Wie könnte wohl sein Ruf an mich aussehen?

Durch Gottes Wort. Das ist nämlich die bevorzugte Art, wie der lebendige Jesus dir heute begegnet. Nicht unbedingt in einer Vision, wie bei mir. Durch sein Wort hat er sich schon vielen geoffenbart. Diese andere Art der Begegnung muss nicht weniger überwältigend sein. Sehe dich also vor, wenn du Gottes Wort hörst. Es kann durchaus sein, dass der auferstandene Jesus dich völlig unvorbereitet „erwischt". Dann weißt du genau: Jetzt bin ich gemeint. Nicht mein Nachbar, sondern ich selbst. Ich wünsche dir, dass du dann aufstehst und ihm nachfolgst. Ohne Diskussion. Dem Herrn über Himmel und Erde.

Aus deiner Begegnung mit Jesus hast du revolutionäre Konsequenzen gezogen: Abkehr von den Geboten des Judentums und Hinwendung zu den Heiden. Wie haben die jüdischen Jesusfreunde darauf reagiert?

Es kam zu schweren Spannungen innerhalb der Jesusgemeinde. Der judenchristliche Teil hielt sich noch streng an das jüdische Gesetz, der heidenchristliche Teil wusste mit den Reinheitsgeboten und der Beschneidung nichts anzufangen. Um das Jahr 50 fand das Apostelkonzil statt. Ein Treffen zwischen den Uraposteln und mir in

Jerusalem. Anlass waren judenchristliche Prediger, die in heidenchristlichen Gemeinden die Beschneidung propagierten. Ich wies das entschieden zurück und verteidigte meine zentrale Erkenntnis, dass die alten Vorschriften in Christus überwunden sind. Das Konzil war erfolgreich. Petrus stimmte meinem Credo zu: „Wo der Geist Gottes wirkt, da ist Freiheit". Die Spaltung war vermieden. Ein kleines Wunder.

Wenn man deine Biographie etwas näher betrachtet, hat man den Eindruck, dass dein Leben mit Jesus ein einziges Abenteuer war. In deiner Mission warst du unermüdlich unterwegs. Du bereistest mit unglaublicher Energie die damals bekannte Welt. Du legtest im Lauf der Jahrzehnte ungefähr 30 000 Kilometer zu Land und zu Wasser zurück. Du fuhrst nach Zypern und besuchtest mehrmals die verschiedenen Regionen Kleinasiens und später auch die ganze damalige antike Welt.

In „meinem Abenteuer mit Jesus" bin ich öfter gefangen gewesen. Ich habe mehrmals Schläge erlitten. Ich bin oft in Todesnöten gewesen. Ich war Gefahren ausgeliefert durch Flüsse, unter Räubern, unter Juden, unter Heiden, in Städten, in Wüsten, auf dem Meer, unter falschen Brüdern. Von den Juden habe ich fünfmal 40 Geißelhiebe weniger einen erhalten. Ich bin dreimal mit Stöcken geschlagen und einmal gesteinigt worden.

Wir wissen ja mittlerweile, dass du unter dem göttlichen Eingriff aus dem „Christenfresser" ein glühender Apostel wurdest, ein begeisterter Verkünder des Evangeliums, der große Missionar, der Lehrer der Heiden. Ohne dich wäre das Christentum vermutlich eine jüdische Sekte geblieben.

Ich wusste nur, dass ich einen Auftrag hatte. Jesus hatte ihn mir gestellt. Damit war ich auf den Weg gesetzt, nicht ans Ziel. Ich wusste, dass mir der lebendige Gott in seiner tiefen Solidarität begegnet war. Was ich besaß, war das absolute Vertrauen, dass er alles zu einem guten Ende bringen würde. Allmählich verstand ich meine spezielle Aufgabe, das Evangelium zu den anderen Völkern zu bringen. Zu den Griechen und Römern, zu allen Nichtjuden. In den folgenden Jahrzehnten unternahm ich drei Missionsreisen und gründete zahlreiche Christengemeinden. Während dieser Zeit entstanden die beiden Briefe an die Thessalonicher, die beiden Korintherbriefe, der Galaterbrief und der Römerbrief. Bei einem weiteren Aufenthalt in Jerusalem im Jahr 57 wurde ich verhaftet. Die Römer machten mir als Staatsfeind den Prozess. Er zog sich über Jahre hin. Als römischer Bürger durfte ich auch die letzte Instanz anrufen – das kaiserliche Gericht in Rom. Schließlich wurde ich nach einem dreijährigen Gefängnisaufenthalt in Caesarea nach Rom überführt. Während dieser Fahrt erlitt das Schiff vor der Küste Maltas Schiffbruch.

Nach meiner Ankunft in Rom verfasste ich den Philipperbrief, den Epheserbrief, den Kolosserbrief sowie den Brief an Philemon.

Zuerst verkündigte ich das Evangelium den Juden dieser Stadt. Dann erst den Heiden. Bei Tag und bei Nacht, in den Häusern, auf den Straßen und öffentlichen Plätzen, in der Synagoge und in Hörsälen gab ich die Lehre Christi weiter. Jesus wirkte große Wunder und heilte zahlreiche Leidende.

In Rom verfasste ich im Gefängnis Briefe an die christlichen Gemeinden.

Man sagt, dass deine Überzeugungskraft so stark war, dass das Volk von sich aus Zauberbücher im Wert von 50,000 Denaren zusammentrug und auf öffentlichen Plätzen verbrannte.

Das stimmt. Gleichzeitig entstanden auch Neid und Hass gegen mich. Zauberer wollten ebenfalls Wunder wirken. Aber die bösen Geister selbst machten sie angeblich zuschanden. Die Hersteller und Händler von Götzenartikeln sahen ihr Gewerbe ins Stocken geraten. Also versuchten sie, das Volk aufzuwiegeln und sie hätten mich am Liebsten den wilden Tieren vorgeworfen.

Kannst du uns eine ganz konkrete Begebenheit aus deiner Missionstätigkeit erzählen?

Ja gerne. In der Stadt Kolossä in der römischen Provinz Asia, der heutigen Türkei, lebte der Sklavenhalter Philemon. Er war wohlhabend und besaß ein eigenes großes Haus. Dort trafen sich die Christen der Stadt für ihre Zusammenkünfte. Er stellte auch ein Gästezimmer für mich zur Verfügung. Philemon hatte durch mich zum Glauben an Jesus gefunden. Deshalb nannte ich ihn Bruder. Als erfolgreicher Geschäftsmann war er viel auf Reisen. So kam er auch einmal nach Ephesus, nicht allzu weit von Kolossä entfernt. Für drei Jahre hatte ich dort meine Missionszentrale aufgebaut. Philemon erlebte, wie ich in der Fußgängerzone von Jesus erzählte. Der Herr öffnete ihm das Herz und er wurde zu einem meiner engsten Freunde und Mitarbeiter.

Du hast Philemon als einen Sklavenhalter bezeichnet. Wie war so etwas mit dem „neuen Weg" vereinbar, in dem alle als Kinder Gottes gleich sind?

Eine gute Frage. Du musst dich natürlich dabei in unsere Zeit zurückversetzen. Einer der Sklaven von Philemon hieß Onesimus. Er gehörte sozusagen zum Hausrat. Sklaven waren nach römischem Recht Teil des Besitzes. Sie waren nicht höhergestellt als ein Rind oder ein Schaf. Ihr Besitzer hatte sie gekauft und konnte mit ihnen machen, was er wollte. Ihre Zeit und ihre Kraft gehörten nicht ihnen selbst. Darüber verfügte einzig und allein ihr Herr. Nun war es allerdings nicht so, dass Sklaven immer und überall wie der letzte Dreck behandelt wurden. Im Lauf der Zeit hatte sich so etwas wie ein Gewohnheitsrecht entwickelt. Sklaven durften heiraten, Sklaven konnten unter gewissen Umständen sogar Besitz erwerben und ein eigenes Geschäft führen. Manche waren hoch gebildet und arbeiteten gelegentlich sogar als Erzieher oder Ärzte. Die römischen Kaiser führten ja immer wieder Eroberungskriege. Alle Kriegsgefangenen waren automatisch Sklaven. Da war dann natürlich mancher Gelehrte darunter, mancher Geschäftsinhaber, mancher Politiker. Letztlich hing alles davon ab, was für einen Herrn sie hatten. Wenn ein Sklave großes Glück hatte und sich als Arbeitskraft bewährte, konnte es sogar passieren, dass sein Herr ihn freiließ.

Wie sah das bei Onesimus aus?

Philemon war inzwischen ein vielfach bewährter Christ. Obwohl der Name Onesimus soviel wie nützlich bedeutet, war er eher ein Nichtsnutz und Taugenichts von Sklave. Er war ganz einfach abgehauen und schuldete seinem Herrn sich selbst: nämlich seine Arbeitskraft. Zahllose Sklaven versuchten damals, aus ihren bedrückenden Verhältnissen zu fliehen. Die riesige Metropole Rom mit ihrer Subkultur übte eine natürliche Anziehungskraft auf flüchtende Sklaven aus. Auch Onesimus hatte sich auf der Flucht nach Rom durchgeschlagen.

Ein antiker „Bootsflüchtling" sozusagen.

Kann man sagen, wenn du so willst. In Rom ist er mir begegnet. Unglaublich! Ein untergetauchter Sklave traf auf mich, einen Gefangenen, der – an einen Soldaten gefesselt – drei Jahre lang unter Hausarrest stand.

Du hast offensichtlich missioniert, obwohl du gefangen warst.

Nichts und niemand konnte mich davon abhalten, meinen Auftrag zu erfüllen. Onesimus ließ sich nicht davon abschrecken, dass ich wie ein Verbrecher behandelt wurde. Aber das Wort Gottes kann man nicht in Fesseln legen.

Und was geschah dann?

Onesimus wurde einer meiner einsatzfreudigen, zuverlässigen Mitarbeiter. Geradezu unentbehrlich.

Warum hast du ihn nicht behalten?

Das ging nach römischen Recht nicht. Ein entlaufener Sklave musste zu seinem Herrn zurück. Wer ihn deckte oder beschützte, machte sich strafbar. Es gab professionelle Fangkommandos, die davongelaufene Sklaven aufspürten und zu ihren Eigentümern zurückbrachten. Diese konnte den Sklaven dann nach Belieben bestrafen, ihn weiterverkaufen oder sogar töten. So habe ich Onesimus überredet: „Du musst zu deinem Herrn zurück!" Aber er zögerte: „Ich habe ihn doch bestohlen! Ich kann es nicht einmal zurückzahlen!" „Da setze ich neben meinem Brief an die Gemeinde in Kolossä noch einen Extra-Brief für Philemon auf, ein Bittschreiben zu Gunsten des Onesimus: „Und sollte er dir irgendein Unrecht zugefügt haben oder dir etwas schulden, stell es mir in Rechnung .... Es geht bei meiner Bitte um jemand, den ich als mein Kind betrachte, jemand, dessen Vater ich geworden bin. Weil ich ihn

hier im Gefängnis zum Glauben an Christus geführt habe"
(Philemon 10–19). Tatsächlich nahm ihn Philemon mit
Freunde auf. Auch wenn er äußerlich weiterhin als ein
Sklave erschien, so war er für seinen Herrn wie ein eigener Sohn geworden. Auf diese Weise setzten wir durch
unsere gemeinsame Liebe zu Jesus das römische Sklaven-
recht außer Kraft.

**Nach der Überlieferung hast du um 62 als Märtyrer den
Tod in der Nähe von Rom erlitten.**
    Von 60 bis 62 war ich dort Gefangener. Als römischer
Bürger durfte ich nicht gekreuzigt werden, sondern wur-
de vor den Toren Roms bei den „Tre Fontane" enthauptet.

**Als du starbst, hattest du die Welt verändert. Kannst du uns
mit einem Satz den Inhalt deiner Botschaft beschreiben?**
    Jesus Christus war das Ziel und die zentrale Mitte
meiner Verkündigung. Ich kannte nur einen einzigen
Ruhm, nämlich den Opfertod unseres Herrn. Darum
hat Gott ihn über alles erhöht und ihm den Namen geschenkt, der über allen Namen steht; denn vor dem Namen
Jesus wird einmal jedes Knie gebeugt. Von allen, ob sie im
Himmel sind, auf der Erde oder unter ihr. Und jede Zunge
wird bekennen: Jesus Christus ist der Herr (Phil 2,9–11).

Josef von Nazaret – vom Bauunternehmer zum Erzieher des Gotteskindes

Lieber Josef, Stimmt es, dass du von Beruf Zimmermann warst?

Diese Bezeichnung entstand erst im Mittelalter, da zu jener Zeit Häuser meist aus Holzfachwerk entstanden. Ich war Bauhandwerker und errichtete Häuser aus Lehm und Stein. Ich machte Höhlen bewohnbar und versah sie mit Vorbauten. Ich schlug Zisterne aus und Treppen zu den höher gelegenen Siedlungen.

Wo lagen deine familiären Wurzeln?

In Bethlehem. Dort hatte ich noch Grundbesitz. Zu meinen Vorfahren zählte der berühmte König David. Meinen Beruf übte ich im fast 200 Kilometer entfernten Nazareth aus, da sich in der nahe gelegenen Entwicklungsstadt Zippori genug Arbeitsmöglichkeiten boten.

Manche Leute sehen dich als eine Nebenfigur, als einen Statisten im Leben Jesu. Auf den erstne Blick hast du keinen aktiven Part. Du hast nichts zu sagen. Kein einziges Wort ist von dir überliefert. Und doch stehst du

immer dabei und hast viel zu tun. Für mich spieltest du die beste Nebenrolle der Welt. Obwohl du als Träumer in Erscheinung trittst, sind deine Träume alles andere als Schäume. Sie bewahrten deine heilige Familie vor Verfolgung und Untergang. Die Christen im Heiligen Land nennen dich den Gerechten. Wenn ich im ersten Kapitel bei Matthäus die Verse 25 bis 28 lese, dann wird mir diese Bezeichnung mehr als plausibel. Du warst mit Maria verlobt. Nun erwartete sie ein Kind, das nicht von dir war.

Das war schon eine harte Nuss zu knacken. Die Verlobung galt damals als ein Rechtsakt. Öffentlich wirksam. Mit einem Vertrag abgeschlossen. Vor dem Gesetz waren wir schon gebunden. Und nun war meine Verlobte schwanger. Aber wer war der Vater dieses Kindes? Ich konnte mir absolut nicht vorstellen, dass Maria mich mit einem anderen Mann betrogen hatte.

Was sollte ich glauben? Eine ganze Welt brach in mir zusammen. Ehebrecherinnen konnten gesteinigt werden. Das kam für mich nicht infrage. Ich wollte sie nicht in Schande bringen. Deshalb dachte ich daran, im Stillen den Ehevertrag aufzulösen. Ohne Rachegefühle. Ohne Maria bloßstellen und fertig machen zu wollen. Ich hatte Angst um Maria. Ich sorgte mich um sie. Sie sollte auf keinen Fall beschämt und an den Pranger gestellt werden. Andererseits war es für mich undenkbar, sie als Frau zu behalten. Ich würde ihr einen Scheidebrief schreiben, wie es das Gesetz des Mose vorsah. Damit wäre das Eheversprechen aufgehoben. Maria konnte dann den vermeintlichen Vater des Kindes heiraten, und alles wäre in Ordnung. Freilich würde ich dann die Schuld am Zerbrechen der Ehe auf mich nehmen und meinem eigenen Ruf schaden. Aber das wollte ich gern in Kauf nehmen, um die Ehre meiner Verlobten zu retten.

Jetzt verstehe ich noch besser, warum dich die Menschen hierzulande einen gerechten Mann nennen. Weil deine Verletzungen dich nicht zum Hass geführt haben. Weil deine Enttäuschung dich nicht verbittert hat. Weil du wie Gott barmherzig, geduldig und gütig gehandelt hast. Weil du dich dafür entschieden hast, zu vergeben, anstatt zu vergelten. Ich glaube, dass du uns gut helfen kannst, in unserer oft kaputten Welt angeschlagene Familien zu heilen und mit unseren Verletzungen und Enttäuschungen fertig zu werden. Trotzdem bedrängt mich die Frage: Hat Maria gar nicht mit dir geredet, was mit ihr geschehen war? Dann wäre es doch überhaupt nicht zu deiner falschen Einschätzung gekommen.

Maria wusste von Anfang an Bescheid. Ein Engel hatte ihr ja das Wunder angekündigt und erklärt, was mit ihr geschah. Aber auch dieses Schweigen gab mir im Nachhinein ein beredtes Zeugnis. Hier handelte Gott allein. Menschliches Tun war unerheblich. Hier leitete der Allmächtige selbst seine größte Tat in der Weltgeschichte ein. Maria und ich konnten da nichts anderes als seine Werkzeuge sein. Selbst meine Missverständnisse würden seine Pläne nicht durchkreuzen. Ich habe viele durchwachte Nächte gehabt. Schließlich bekam ich Wegweisung durch einen Boten Gottes. Gott selbst rückte grade, was durch meine

Einschätzung schief zu laufen drohte: Er sandte einen Engel zu mir, der mich über den wahren Grund von Marias Schwangerschaft aufklärte: „Josef, Sohn Davids, zögere nicht, Maria als deine Frau zu dir zu nehmen! Denn das Kind, das sie erwartet, ist vom Heiligen Geist. Sie wird einen Sohn zur Welt bringen. Dem sollst du den Namen Jesus geben, denn er wird sein Volk von aller Schuld befreien" (Mt 1,20–21).

Das schlug wie eine Bombe bei mir ein. Meine Frau trug den lang ersehnten Messias unter ihrem Herzen. Äußerlich hatte sich nichts verändert. Aber ich hatte mich verändert! Das ließ mich meine Entscheidung zurücknehmen. Gott würde mir helfen mit dieser Situation zu leben. Ich sollte Maria zu mir holen. Das war die Formulierung für Heiraten. Gott hatte das Kind wirklich in Maria wachsen lassen! Sie hatte die Wahrheit gesagt. Und das Kind würde Emmanuel heißen, Gott ist mit uns! Sein Rufname sollte Jesus sein, Gott rettet. Der Retter sein, den Gott schon jahrhundertelang durch die Propheten angekündigt hat. Kein politischer Retter, kein Kriegsheld, der Israel von der Besatzungsmacht befreit. Vielmehr ein Retter von Sünden, der ärgsten Plage, die die Menschheit befallen hat.

So wurdest du mit Maria ein Traumpaar.

Ob das eine heile Familie werden würde, wusste ich nicht. So wie das begonnen hatte. Aber eine Heilige Familie würde es werden. Eine Familie, in der Gott das Sagen hatte, in der man voller Respekt miteinander umging, die offen war für eine Zukunft mit dem Gotteskind.

Ich finde es großartig, wie du dich auf Maria und die ungewöhnliche Situation eingelassen hast. Du bliebst ihr treu und hast sie nie verlassen. Du sorgtest für ihre Sicherheit und die des Kindes, das nicht von dir war. Am Anfang der Heilsgeschichte stand eure „Patchworkfamilie" mit einem starken Mann an der Spitze, der für seine Familie einstand, wie es sich sehr klar bei der Geburt des Kindes in einem Stall von Betlehem zeigte.

Auf jeden Fall war ich bereit, Gottes Eingebungen zu folgen. Ein spannender, aber auch steiniger Weg lag vor mir. Als der Befehl des Augustus zur Volkszählung kam, musste jeder in seine Heimatstadt, um sich dort in die Steuerlisten eintragen zu lassen. Mit meiner hochschwangeren Frau machte ich mich von Nazareth auf den Weg nach Bethlehem. „So ein Mist!" schimpft ich unterwegs, während ich neben dem Esel herging. Maria schaute mich fragend an. „Es ist doch immer dasselbe", fuhr ich fort. „Da machen sie in der Regierung irgendwelche blöden Beschlüsse und denken kein bisschen daran, was das in der Praxis bedeutet. Eine Volkszählung! Bloß weil der Kaiser noch mehr Steuern aus uns herauspressen will. Und diese Bürokraten in Rom verlangen auch noch, dass wir uns in unseren Geburtsorten bei der Finanzbehörde melden. Haben die denn noch alle?" Maria versuchte mich zu besänftigen. „Jetzt reg dich doch nicht so auf. Das war doch schon immer so, dass die Mächtigen nur an ihre Interessen gedacht haben und nicht an die von uns kleinen Leuten. Da können wir nichts machen. Wir müssen halt gehorchen." – „Gehorchen?" brauste ich auf. „Bloß weil der Kaiser es will, müssen wir die 157 Kilometer über holprige Wege nach Betlehem gehen. Und das in deinem Zustand!"

Maria legte ihre Hand auf den dicken Bauch. Das Kind bewegte sich unruhig. „Das schaffen wir schon", beruhigte sie mich. „Da oben sehe ich schon die Häuser von Bethlehem." Es dauert doch noch einige Stunden, bis wir völlig erschöpft in der kleinen Stadt ankamen. Wir sahen uns nach einer Übernachtungsmöglichkeit im Gästehaus der davidischen Großfamilie um. Aber vergeblich. Da hieß es: „Kein Platz mehr für euch. Wir sind voll belegt." Ein mitleidiger Mensch zeigte uns schließlich eine Ecke unter dem Haus im Stall. „Dort könnt ihr übernachten!" meinte er. Mitten in der Nacht stieß Maria mich an. „Du, ich glaube, es geht los!" Ich war aufgeregt und nervös. Was sollte ich nur machen als Mann bei einer Geburt? Das hatte mir niemand beigebracht. Aber irgendwie ging es doch. Das Kind kam zur Welt und tat seinen ersten Schrei. Maria legt das kleine Bündel auf ihren Bauch. Sie war froh, dass sie die Geburt überstanden hatte. Auch ein paar Windeln hatte sie vorsorglich im Reisegepäck. Und weil es im Stall natürlich kein Kinderbett gab, musste eben die Futterkrippe dafür herhalten! Eine armselige Geburt. Unter primitiven Umständen. Ich habe Maria in den Arm genommen, sie ermutigt und getröstet. Ich habe nicht nur die Laterne gehalten, sondern vor allem für Wärme und Nahrung gesorgt. Trotzdem wollten in mir Zweifel aufkommen. Dieses Kind sollte nun der Messias sein? Der Christus, der Sohn Gottes? In diesem hilflosen Säugling sollte Gott auf die Erde gekommen sein? Dann war es mir, als würde mir ein Engel ins Ohr flüstern: „Ja, die typischen Vorstellungen von Gott, die ihr Menschen in euch tragt – vom großen und allmächtigen Gott, dessen Stärke ihr in den Psalmen preist, vor dem sich die Erde beugt und der die Feinde zum Erzittern bringt – diese traditionellen Gottesbilder werden mit dem Schrei der Geburt in Frage gestellt. Der große, unbegreifliche und unermessliche Gott kommt als kleines runzeliges Baby zur Welt! Das Kind Jesus steht dem Weltherrscher Augustus gegenüber. Hier die Weltgeschichte – dort die Geburtsgeschichte. Hier der Glanz Roms – dort die Armseligkeit einer Krippe. Hier die weltliche Macht – dort die absolute Machtlosigkeit! Diesem Kind wird verheißen, dass es zum Erlöser und Retter der Welt werden wird – nicht der römische Kaiser. Mit ihm wird eine neue Herrschaft anbrechen. Kein normales Königreich wie die anderen, sondern Gottes Reich. Mit ihm wird eine neue Zeit beginnen, die später sogar zu einer neuen Zeitrechnung führen wird."

Auch heute werden viele Kinder unter solchen Umständen geboren. Ohne Arzt und Hebamme. In Armut und Schmutz. In Wellblechhütten oder im Freien. Manche auf der Flucht vor Krieg und Terror. So kommen tagtäglich Menschenkinder auf die Welt. Neues Leben mitten in Armut und Not! So wie damals bei euch.

Auch ich musste fliehen. Mit Maria und dem Kind nach Ägypten. Herodes drohte mit dem Befehl zum Mord aller Neugeborenen. Voller Verantwortung für beider Leben suchte ich für meine Familie Asyl im Ausland.

Später – als die Zeit reif war – kehrtest du wieder in deinen Heimat zurück. So wie es der Text bei Matthäus 2, 19–23 schildert.

Als Herodes gestorben war, erschien mir wieder der Engel des Herrn im Traum und sprach: „Steh auf, nimm das Kindlein und seine Mutter mit dir und zieh in das Land Israel; sie sind gestorben, die dem Kindlein nach dem Leben getrachtet haben." Wieder eine schlaflose Nacht: Bleiben oder Gehen? Sicherheit oder Unsicherheit? „War dieser Gedanke, jetzt zu gehen, eigene Phantasie oder der Auftrag Gottes?" ging es mir durch den Kopf. Ich entschied mich dafür, dass es Gottes Auftrag war und ging los. Aber nicht dorthin nach Judäa, wohin ich eigentlich wollte. Dort war nämlich Archelaus Herrscher geworden. Der regierte genau so blutrünstig wie sein Vater, dass es ein paar Jahre später selbst den Römern zu viel wurde und ihn absetzten. So folgte ich dem Kompass meines Herzens und kehrte

nach Nazareth zurück, das in einem anderen Herrschafts-
bereich lag. Jesus wuchs unter meiner Obhut in Nazareth
auf, bis seine Zeit reif war.

**Damit sorgest du dafür, dass Gottes Plan Wirklichkeit
werden konnte. Ohne dich wäre die Geschichte nicht zur
Heilsgeschichte geworden. Menschen, die von dir ein bestimmtes Bild zeichnen wollten, haben dich zurückgesetzt.
Aber für Gottes Plan warst du ein Mann der ersten Stunde.**
„Die Letzten werden die Ersten sein". Heißt es nicht so
im Evangelium?

**Von dir möchte ich lernen, ein Ja zu finden zu dem Platz,
an den Gott mich stellt. Auch dann, wenn dieser Platz wie
eine Nebenrolle erscheint. Für Gott ist es wichtig. Weil er
sowieso der Regisseur meines Lebens sein möchte. Viele
von uns stehen vor einer ähnlichen Aufgabe wie du damals: Wir dürfen junge Menschen ins Leben begleiten, als
Eltern, Großeltern, Lehrer, als Freunde, Verwandte oder
Nachbarn. Gott hat sie uns anvertraut. Es kommt darauf
an, dass wir nicht einfach rumstehen oder meinen, wir sei-
en überflüssig.**
Wenn ihr euch an mir in eurer Aufgabe als Eltern oder
Erzieher orientieren wollt, so kann das heißen: dabei sein,
die jungen Menschen begleiten, Anteil an ihren Erfolgen
und Niederlagen nehmen. Sie im Gebet vor Gott bringen.
Und das alles im Wissen: Das Kind gehört nicht euch.
Selbst wenn es euer leibliches Kind ist. Es ist nur von Gott
geborgt. Gott hat euch eine wichtige Rolle im Leben eines

Menschen zugewiesen. Aber ein Mensch ist nie euer Besitz. Ihr müsst ihn auch wieder loslassen können. So wie ich es getan habe.

Der Evangelist Lukas erzählt uns im zweiten Kapitel, dass du mit Maria zusammen mit dem 12-jährigen Jesus nach Jerusalem gepilgert bist.

Als einfache Leute hatten wir es schwer in einer Zeit, in der die Römer unser Land ausbeuteten, während gleichzeitig die von ihnen eingesetzte jüdische Regierung ihre Bürger nicht beschützte, sondern auf Kosten der armen Bevölkerung in Saus und Braus lebte. Jedoch eine Freude im Jahr gönnten wir uns: Einen Ausflug nach Jerusalem. Wir hatten uns für diese Tour zum Schutz vor Überfällen in Karawanen zusammengeschlossen. So pilgerten Maria und ich mit unserem halbwüchsigen Jesus im Kreise unserer Sippengemeinschaft am Freitag nach dem ersten Frühjahrsvollmond zum Passafest in die Heilige Stadt, wo wir die alljährliche rituelle Erneuerung des Auszugs des Volkes Israel aus Ägypten begingen.

Nach damaligen Schätzungen kamen etwa 90.000 Feiertags-Touristen nach Jerusalem, das normalerweise nur rund 50.000 Einwohner zählte. Dass in dem erheblichen Gedränge ein zwölfjähriger Knabe schon einmal verloren gehen konnte, ist für mich gut vorstellbar.

Aber wie sich später herausstellte, machte sich Jesus einfach im Tempel selbstständig und diskutierte dort mit den Schriftgelehrten. Als mittelständischer Bauunternehmer hatte ich darauf Wert gelegt, dass mein angenommener Sohn in Nazareth von den Pharisäern in der jüdischen Tradition unterrichtet worden war. In seinem Alter war er schon religionsmündig. Und jetzt rang unser Jesus mit den Schriftgelehrten um die richtige Auslegung der Tora. Dabei nahm er sich die Freiheit, darüber offen zu diskutieren und zu streiten. Von alle dem wussten wir nichts. Wir dachten, er sei mit anderen Gleichaltrigen aus unserer Verwandtschaft zusammen. So machten wir uns nichts ahnend wieder auf den Heimweg. Einen ganzen Tag lang reisten wir in Richtung Nazareth. Erst dann bemerkten wir, dass sich Jesus nicht in der Reisegesellschaft befand. Also machten wir uns umgehend auf den Rückweg. Bangen Herzens suchten wir ihn drei Tage lang in Jerusalem. Überall wo wir gewesen waren. Wir durchweinten schlaflose Nächte und kamen an den Rand unserer Erschöpfung. Für mich begann die Welt zu schwanken. Ich hatte Mühe, meine Gedanken zu ordnen, malte mir im Geist bereits schlimme Horrorszenarien aus, fragt hektisch jeden Mitpilger und war völlig vereinnahmt von der Frage: Wie kommen wir wieder zu unserem Kind? Als wir ihn fanden, sprengte unsere Erkenntnis alles, womit wir als Eltern rechneten und löste Entsetzen bei uns aus: Jesus saß im Tempel. Aber nicht wie ein Schüler zu Füßen der großen Lehrer Israels, sondern mitten unter ihnen als gleichberechtigter Gesprächsteilnehmer. Der zwölfjährige Junge von einem Kaff aus der galiläischen Provinz mitten unter den Schriftgelehrten Israels. Mit ihnen auf Augenhöhe diskutierend. Er hörte den weisen Männern zu, stellte selber Fragen und legte dabei eine solche Weisheit an den Tag, dass Erstaunen und Erschrecken um sich griffen. Maria schien zunächst das Absonderliche der Situation gar nicht zur Kenntnis zu nehmen. Mit keiner Silbe nahm sie Bezug auf den im Tempel disputierenden Jesus. Stattdessen richtete sie den Vorwurf der besorgten Mutter an ihn: „Warum hast Du uns das angetan? Siehe, dein Vater und ich haben dich mit Schmerzen gesucht." Die Entgegnung Jesu klang nicht minder vorwurfsvoll: „Warum habt ihr mich gesucht? Wusstet ihr nicht, dass ich in dem sein muss, was meines Vaters ist?" Mir war, als wollte er mit dieser knappen Antwort sagen: „Es ist nicht meine Schuld, dass ihr mich nicht gefunden habt. Wenn ihr in Ruhe nachgedacht hättet, wärt ihr nicht in eine solche Panik geraten. Ihr habt immer noch wenig Ahnung von dem, was mich bewegt und interessiert. Ihr habt immer noch das Bild von mir als Jesuskind im Kopf und merkt nicht, dass ich erwachsen werde. Ich bin kein Baby mehr! Ich mache mir eigene Gedanken über Gott und die Welt! Ich rede gern mit Leuten, die mich ernst nehmen. Ich will nicht einfach nachplappern, was der Rabbi in unserer Synagoge in Nazareth mir beigebracht hat. Wusstet ihr wirklich nicht, dass ich hier im Tempel sein muss, wo man Gott ganz nahe sein kann? Spart euch euer Vorwürfe! Merkt euch eins: Gott ist mein Vater!" Also zwei Väter: Jesus als Sohn Gottes und Jesus mein angenommener Sohn. Maria war perplex, ich sprachlos. Da wurde mir erneut klar, wer Jesus ist: Wahrer Gott und wahrer Mensch. Plötzlich berührten sich Himmel und Erde und es wurde sichtbar, wie Gott in der Welt anwesend sein will.

Auch uns geht es manchmal so als Eltern. Da haben wir das Gefühl, dass wir unseren halbwüchsigen Sohn oder unsere Teenager-Tochter nicht mehr verstehen. Dass wir nicht wissen, was in ihnen vorgeht. Das vertrauensselige Geplauder des Kindergarten- oder Grundschulkindes ist vorüber. Wenn wir fragen: „Wie war`s in der Schule?", kommen nichtssagende Antworten wie „Normal!" Nachhaken ist nicht erwünscht. Unser ehemals offenes Kind hat die Rouladen heruntergelassen. Der betont nichtssagende Blick verrät nichts von den Erlebnissen, Sehnsüchten, Kümmernissen, die dahinterstecken. Wie soll man etwas verstehen, von dem man nichts weiß?

Auch bei Maria und mir schuf die Antwort Jesu Distanz zu unserer heimholenden Elternsorge. Aber haben nicht auch die Kinder ein Recht auf Eigenständigkeit? Wenn ein Sohn oder die Tochter aufbricht aus der elterlichen Fürsorge und Vormundschaft, dann ist Ablösung angesagt. Denn Ablösung gehört zum Sich-selber-Finden, zum Wachsen, zum Menschsein. Selbst wenn euch manchmal Zweifel kommen mit der Erkenntnis, dass nicht alles ideal ist, was ihr euren Kindern mitgegeben habt. Eigene Schwächen mögen euch schmerzen, Schuldgefühle und Ängste belasten. Da sollt ihr wissen, dass Gott auch euch Eltern freundlich – die Bibel sagt „gnädig" – anschaut. Vielleicht könnt ihr dann unter dem barmherzigen Blick Gottes eure Teenager vertrauensvoll in Gottes Hände legen mit den Worten: „Gut, dass sie nicht nur unsere Kinder sind, sondern vor allem deine. Wir vertrauen sie deinem Schutz an, wo wir sie nicht mehr schützen können!" Auch eure Kinder haben noch einen anderen Vater, noch eine andere Mutter. Dann heißt es loslassen. Dann heißt es freigeben. Damit eure Kinder auf ihrem eigenen Weg das verheißene Land erreichen. Damit sie den Ort entdecken, wo ihr himmlischer Vater für sie da ist.

Jetzt verstehen ich noch besser die Worte des arabischen Weisen Khalil Gibran: „Eure Kinder sind nicht eure Kinder ... Sie kommen durch euch, doch nicht von euch. Und sind sie auch bei euch, so gehören sie euch doch nicht." Jeder Junge und jedes Mädchen hat ein Recht, seine besondere Beziehung zu Gott zu entdecken. Und sie auszuleben. Ich denke, eure Ablösungsgeschichte kann uns helfen, die Ablösung unserer Kinder anzunehmen und zu verstehen.

Maria, meine anvertraute Verlobte, behielt übrigens alle diese Worte unseres 12-jährigen Sohnes in ihrem Herzen. Sie blieb nicht beim Unverständnis stehen. Sie blieb nicht bei ihren Vorwürfen hängen. Sie machte sich Gedanken über ihr und unser Kind. Über seine Beziehung zu ihr und zu Gott. Sie hielt ihre Lebensgeschichte offen für Gottes Wirken. Darin kann sie auch euch zum Vorbild werden. Auch wir begannen allmählich zu verstehen, was Jesus wegtrieb von seiner Bio-Patchwork-Familie. Es war die Suche nach seinem „wirklichen Vater". Ich konnte das voll akzeptieren. Die Suche nach dem Vater, der ein vollkommenes Vorbild für ihn war und ihn zur Identifizierung mit ihm einlud. Die Suche nach dem Vater, der alles vermag und die Welt heilt und heiligt. Im Tempel, „mitten unter den Lehrern", hatte der Zwölfjährige seinen Platz, seine „Mitte" gefunden. Jesus suchte und fand „seinen Vater" im Ringen um das richtige Verständnis des Gesetzes. Gerade bei den Gesprächen mit den Schriftgelehrten, den „Weisen Israels", war er „mitten in dem, was seines Vaters ist". Weil Gott in der Weisheit gegenwärtig ist. Damit erwies sich Jesus selbst als menschgewordene Weisheit Gottes. Trotz dieser für uns faszinierten und zugleich schmerzlichen Offenbarung kehrte er mit uns nach Hause zurück. In den darauffolgenden 18 Jahren teilte er mit uns ein bescheidenes, unscheinbares Leben, sodass er bei seinem endgültigen Auf- und Ausbruch, wo er sich öffentlich in der Synagoge von Nazareth zu seiner wahren messianischen Berufung bekannte, von den Leuten für verrückt gehalten wurde.

Was das Johannesevangelium in dem einen Satz verdichtete „Das Wort wurde Fleisch und wir sahen seine Herrlichkeit", haben die Menschen damals in Nazareth nicht begriffen. Du jedoch durftest diese verborgene Herrlichkeit Gottes, sichtbar an dem Menschen Jesus, ein Stück erleben. Ob das uns heute auch noch möglich ist?

Auch ihr könnt den richtigen Blick auf Jesus werfen. Der Blick, der mitten in eurer Alltäglichkeit den Glanz Gottes zu sehen vermag. Der Blick, der eure Welt als Schauplatz der Offenbarung Gottes sieht. Der Blick auf das, was bei den Menschen unmöglich, bei Gott aber sehr wohl möglich ist.

Was sehen wir, wenn wir auf Jesus schauen?

Es liegt an euch, ob ihr nur einen Menschen seht, der vor etwa zweitausend Jahren gelebt hat. Oder staunen mit uns, die damals im Jerusalemer Tempel standen, über die Offenbarung Gottes in der Welt? Ist euer Blick fixiert auf das Kontrollierbare, beschränkt auf das der menschlichen Vernunft Zugängliche? Ist das, was ihr sehen und begreifen könnt, der Maßstab dafür, was ihr für wirklich oder gar für möglich haltet? Oder vertraut ihr darauf, dass da mehr ist zwischen Himmel und Erde, als ihr euch träumen lasst? Meine Erfahrung mit Jesus in den verborgenen Jahren von Nazareth lädt euch dazu ein, eure Welt offen zu sehen für die Möglichkeiten Gottes. Euch nicht einzuigeln in der kleinen Welt, die ihr um euch herum gebaut habt und die ihr nur allzu oft mit der Welt verwechselt, die Gottes Schöpfung ist und nicht die eure.

Wie waren deine letzten Lebensjahre?

Durch die Sorgen um die mir anvertraute Familie, die harte Arbeit als Bauunternehmer und die Reisen waren meine Kräfte allmählich weniger geworden. In den letzten acht Lebensjahren wurde ich von verschiedenen körperlichen Leiden heimgesucht: Fieber, Kopfschmerzen, Seitenstechen. Maria pflegte mich mit Hingabe. Gleichzeitig arbeitete sie unermüdlich, spann Wolle und verfertigte Leinwand. Häufig bat sie den Allmächtigen, er möchte ihr die Schmerzen auferlegen, die ich erduldete. Das Handwerk hatte ich nach der Erkrankung aufgegeben und es Jesus überlassen. Gleichzeitig widmete sich unser Sohn ganz der Betrachtung göttlicher Dinge. Öfters bat er mich, ich möge mich in seinen Armen ein wenig ausruhen. Damit wollte er sich für die liebevolle Sorgfalt erkenntlich zeigen, die ich ihm besonders in der Kindheit erwiesen hatte. Oft mit Tränen in den Augen nahm ich diesen Liebesdienst an und wurde dabei getröstet und gestärkt. Mit sechzig nahm ich – noch vor dem öffentlichen Auftreten des Erlösers – in den Armen von Jesus und Maria Abschied von dieser Welt.

Dismas – vom rechten Verbrecher am Kreuz zum Bewohner des Paradieses

Dismas, In den biblischen Berichten über die Kreuzigung Jesu wirst du als einer der beiden Übeltäter genannt, die zusammen mit ihm hingerichtet wurden: „Und sie kreuzigten mit ihm zwei Räuber, einen zu seiner rechten und einen zu seiner Linken" (Mk 15,27). Als der rechte Verbrecher neben Jesus am Kreuz bist du der erste, der von Jesus persönlich heiliggesprochen wurde.

Während Gestas, der linke Delinquent, am Kreuz über Jesus lästerte „bist du nicht der Messias? So rette dich selbst und uns!" versuchte ich, ihm die Wahrheit wie ein Spiegel vors Gesicht zu halten: „Fürchtest auch du Gott nicht, und du leidest doch die gleiche Pein. Wir leiden allerdings mit Recht, denn wir empfangen die gerechte Strafe für unsere Taten, dieser aber hat nichts Böses getan!" Doch er setzte seine Beleidigungen voller Zynismus fort: „Rette dich und rette uns, wenn du willst, dass man dir glaubt. Du willst der Messias sein? Ein Irrer bist du! Die Welt gehört den Schlauen. Und es gibt keinen Gott. Alles Märchen! Das redet man uns nur ein, damit wir uns unter die Römer ducken. Es lebe unser Ich! Das ist allein König und Gott!" Am Kreuz hängend, schmerzgepeinigt, den Tod vor Augen versuchte Gestas sich noch einmal mit seiner „Bewältigungsstrategie" ein bisschen Luft zu verschaffen. Noch einmal zu verletzen, noch einmal über einen Menschen Hohn und Spott zu gießen. Das bisschen Rest von Überlegenheit, den er genoss. Der letzte Triumph. Als ich Maria, die Mutter Jesu, unter dem Kreuz stehen sah, flüsterte ich Gestas zu: „Siehst du dort seine Mutter, wie sie weint. Schweig endlich! Erinnere dich, dass eine Frau auch dich geboren hat. Vergiss nicht, dass unsere Mütter um ihre Söhne geweint haben. Es waren Tränen der Scham. Weil wir Verbrecher sind. Ich wünschte, ich könnte meine Mutter um Verzeihung bitten. Ich habe sie getötet durch den Schmerz, den ich ihr zugefügt habe. Wer verzeiht mir?" In diesem Moment schaute Maria zu mir hoch. „Mutter, im Namen deines sterbenden Sohnes, bitte für mich!" kam es mir über die Lippen. Da erhob sie einen Augenblick ihr schmerzgequältes Gesicht und sah mich, diesen Unglücklichen, voller barmherziger Liebe an. Es schien mir als liebkoste sie mich mit ihrem mütterlichen Blick, sodass ich voller Reue zu weinen begann.

Worin bestanden eigentlich deine Missetaten?

Ich war ein Mörder, ein Dieb, ein Straßenräuber und Terrorist. Eines Tages haben mich die Römer geschnappt. Nun wurde ich mit Barabbas, dem Aufrührer, zur gleichen Zeit wie Jesus in den Kerker geworfen. Das Urteil lautete auf Kreuzestod. Vorher haben sie mich auf Befehl des Pilatus ausgepeitscht. Der Statthalter ließ auch

Jesus geißeln und erhoffte, beim traurigen Anblick des Geschundenen das Mitleid der Menge zu erwecken. Doch der aufgehetzte Mob schrie: „Nicht diesen, sondern Barabbas!"

Wie verlief damals eure Kreuzigung?

Die Kreuzigung war eine schreckliche, qualvolle Todesstrafe, bestimmt für Schwerverbrecher, die keine römischen Bürgerrechte besaßen. Als Verurteilte mussten wir den Querbalken des Kreuzes selbst zur Hinrichtungsstätte Golgota tragen. Dort wurden wir unserer Kleider bis auf den nackten Körper entledigt. Die Henker reichten uns drei Lappen, damit wir sie um unsere Lenden banden. Dabei beobachtete ich Jesus, wie er die Hand aussteckte, um den Fetzen zu erbitten, damit er seine Blöße bedecken konnte. Er schien mir so erniedrigt, dass er selbst von Verbrechern ein schmutziges Stück Stoff erbitten musste. Da bemerkte ich, wie Maria die Szene beobachtete und plötzlich ihren langen weißen Schleier abnahm, der ihr Haupt bedeckte und in den sie schon viele Tränen geweint hatte. Sie gab ihn Johannes, damit er ihn dem Hauptmann Longinus für ihren Sohn reichte. Der Zenturio nahm den Schleier widerspruchslos. Als er sah, dass Jesus völlig entkleidet dastand, drückte er ihm das Tuch seiner Mutter in die Hände. Jesus wickelte es mehrmals um seine Hüften. Dann streckten uns die Soldaten auf brutale Weise auf dem Kreuz aus. Lange, eisernen Nägel wurden uns durch die Handwurzeln geschlagen. Nicht durch die Handteller, wie ihr es oft darstellt. Durch unsere beiden Füße übereinander hämmerten sie einen langen Nagel. Dabei spotteten sie über Jesus: „Bist du der Judenkönig, so hilf dir jetzt." „Bist du der König Israels, so beweise es doch! Dann wollen wir an dich glauben und dir in Rom ein Denkmal errichten." Die Schlimmsten waren die Angehörigen des Tempels, unterstützt von den Pharisäern. „Steige vom Kreuz herab!" schrien sie. „Du, du willst den Tempel zerstören! Verrückter! Sieh ihn dir an, den herrlichen und heiligen Tempel Israels. Er ist unzerstörbar, du Schänder! Und du stirbst." Ein Priester schleuderte Jesus entgegen: „Gotteslästerer! Du willst der Sohn Gottes sein? Dann zerschmettere uns! Wir fürchten dich nicht und spucken auf dich." Andere warfen Steine nach ihm. „Verwandle sie in Brot, du Brotvermehrer!" Ein Soldat steckte einen Schwamm mit Essig auf einen Ysopstengel und hielt ihn Jesus vor das Gesicht. Er schien ein wenig daran zu saugen. Plötzlich richtete er sein Haupt zum Himmel und sagte: „Vater, vergib ihnen, denn sie wissen nicht, was sie tun!" (Lk 23,34). Diese Worte besiegten meine letzten Hemmungen. Da erhob ich meine Stimme und schrie laut mit letzter Kraft: „Wie ist das möglich? Ihr lästert ihn und er betet für euch. Er ist ein Prophet. Er ist unser König. Er ist Gottes Sohn!" Über diese meine Worte aus dem Mund des hängenden Mörders entstand ein Tumult unter den Spöttern. Sie suchten Steine und wollten mich am Kreuz steinigen. Der römische Hauptmann aber wehrte sie ab. Er ließ sie auseinandertreiben und stellte wieder Ordnung und Ruhe her. Ich wagte jetzt, Jesus anzusehen. „Herr, gedenke meiner, wenn du in dein Reich kommst. Es ist gerecht, dass ich leide. Aber gewähre mir Barmherzigkeit und Frieden im anderen Leben. Einmal habe ich dich in Jerusalem reden gehört. Töricht wie ich war, habe ich deine Worte abgelehnt. Nun bereue ich es. Ich bereue auch vor dir meine Sünden. Ich glaube, dass du von Gott kommst. Ich glaube an deine Macht. Ich glaube an deine Barmherzigkeit. Verzeih mir!" Da wandte sich Jesus um und schaute mich mit großem Mitleid an. Mit einem Lächeln auf seinem gequälten Mund versicherte er mir: „Ich sage dir, heute noch wirst du mit mir im Paradies sein" (Lk 23,43). Ich spürte, wie ein unendlicher Frieden in mir einkehrte.

Plötzlich stiegen Bilder einer alten Erinnerung in mir hoch. Als ich mich einmal mit anderen Wegelagerer in der Wüste Ägyptens aufhielt, sah ich, wie sich eine kleine Menschengruppe uns näherte. Ein Mann lief neben einem Esel her. Darauf saßen eine Frau mit einem Kleinkind. Wir beschlossen, sie auszurauben. Doch als ich meine Hand an sie legen wollte, sah ich, wie aus dem Gesicht des Kindes ein heller Glanz ausging, dass ich darüber so sehr erschrak, als wäre aus mir, dem reißenden Wolf, ein unschuldiges Lamm geworden. Entschieden hielt ich meine Mordgesellen davon ab, den armen Leuten ein Leid zuzufügen. Ich wusste selbst nicht warum, auf jeden Fall nahm ich die Familie mitleidig in meiner Höhle auf und gab ihnen etwas zu essen. Dann begleitete ich sie noch ein Stück ihres Weges. Nie mehr vergaß ich den Blick des Kindes und die gütigen Augen seiner Mutter, denen ich jetzt in meinen Todesqualen erneut begegnete. Mitten im grauenvollen Scheitern all meiner Lebenspläne hoffte ich, doch noch mein verpfuschtes Leben Ordnung zu bringen. Eigentlich hatte ich ja das Beste gewollt, als ich mich am Schluss den jüdischen Freiheitskämpfern anschloss. Als ich die Schuldscheine meiner verarmten Landsleute zerriss und die Römer, die unrechtmäßigen Herren und Besatzer, „hinausdolchen" wollte. Sicherlich war ich zu naiv in der Meinung, ich könnte als Untergrundkämpfer für die gerechte Sache unverletzt bleiben. Jetzt hing ich direkt neben Jesus und wurde mir bewusst, dass ich im Grunde ein Beziehungsmensch, ein Liebe-Suchender war. Der Gedanke war mir fast unerträglich, jetzt im Sterben dem Vergessen anheimzufallen. Nichts weiter als eine gelöschte Datei im PC der Weltgeschichte, wie ihr heute sagen würdet. Deshalb klammerte ich mich mit einer wahnwitzigen Hoffnung an den, der da neben mir hing und dessen Geheimnis ich zu spüren schien. Da ich die Gebete meiner Kinderzeit vergessen hatte, wiederholte ich die Worte „Jesus von Nazaret, König der Juden, erbarme dich meiner. Jesus von Nazaret, König der Juden, ich hoffe auf dich. Jesus von Nazaret, König der Juden, ich glaube an deine Gottheit."

Was geschah dann?

Es war um die Mittagszeit. Der Himmel wurde immer dunkler. Die Wolken rissen nur noch selten auf. Sie häuften sich in immer dickeren, bleiernen, weißen und grünlichen Schichten. Ein kalter Wind fegte über das Land. Auf einzelne Blitze folgte ein ohrenbetäubender Donner. Dann plötzlich, während die Entladungen der Blitze noch andauerten, wurde die Erde von einem zyklonartigen Wirbelsturm geschüttelt. Erdbeben und Sturm ver-

banden sich zu einem apokalyptischen Schauspiel. Der
Golgotahügel bebte und wankte wie ein Teller in der Hand
eines Irren. Die wellenartigen Stößen schüttelten unsere
drei Kreuze derart, dass ich glaubte, sie würden jeden Moment aus ihrer Verankerung gerissen. Ein junger Mann
umfing mit einem Arm das Kreuz und mit dem anderen
hielt er die Mutter Jesu, die sich in ihrem Schmerz und
wegen des Schwankens an seine Brust fallen ließ. Viele
rangen die Hände und schrien: „Sein Blut komme über
seine Mörder!" Andere in der Nähe warfen sich auf die
Knie und baten Jesus um Verzeihung. Da sah ich wie er
sich in seinen Schmerzen voller Mitleid in den Augen
ihnen zuwandte. Andere machten sich voller Angst auf
den Weg in ihre Häuser. Furcht und Bestürzung hatten
alle erfasst. Nebel und Nacht lagen in den Straßen. Die
Menschen tappten verwirrt umher. Bald standen unsere
Kreuze auf dem durch das Erdbeben rissig gewordenen ab-
schüssigen Golgota-Gelände einsam und verlassen da wie
drei Finger einer drohenden Hand zum Himmel weisend.
Nur noch die Mutter von Jesus, dieser junge Mann, wahrscheinlich einer seiner Jünger, und ein paar Frauen harr-
ten dort aus. Plötzlich blickte Jesus seine Mutter voller Mitleid an: „Frau, sieh, das ist dein Sohn." Und zu seinem Jünger sagte er: „Sieh, das ist deine Mutter!" Dann umarmte
er sie voller Ehrfurcht wie ihr eigener Sohn, die jetzt auch
seine Mutter geworden war. Als Jesus schon gestorben war,
litt ich weiter, bis die Soldaten kamen und mir die Ge-

beine zerschlugen und ich unter fürchterlichen Schmerzen den Erstickungstod erlitt, um mit Jesus ins Paradies
einzugehen.

Stephanus –
vom Witwenversorger zum ersten Blutzeugen der Urkirche

Stephanus, in Apostelgeschichte 6,1–7 lese ich, wie sich eure junge Christengemeinde in einer Zerreißprobe befand. Nach außen hattet ihr gerade einen Konflikt durchgestanden. Die Apostel waren gefangen genommen worden und mussten sich vor dem Hohen Rat verantworten. Sie wurden ausgepeitscht und schließlich wieder freigelassen. "Man muss Gott mehr gehorchen als den Menschen", bezeugten sie und erlebten dabei Gottes Hilfe. Nun begann innerhalb der Gemeinde ein Konflikt zwischen den einheimischen Juden und den Juden der Diaspora, die griechisch sprachen, und zwischen arm und reich. Das musste ja die Gemeinde zutiefst erschüttern. Wie kam es eigentlich dazu?

Es gehörte zu den Grundbegriffen unseres Glaubens an Jesus, dass alle zum Tisch des Herrn in gleicher Weise eingeladen und dort satt wurden. Weil ein Besitzausgleich zwischen reich und arm stattfand, musste niemand Mangel leiden. Unser Kennzeichen sollte die Freude in der Gemeinschaft sein. Nun war die urchristliche Gemeinde nicht nur gewachsen, sie hatte auch kulturelle Grenzen zu überwinden. Der Kreis der Jünger um Jesus sprach Aramäisch und bestand aus einheimischen Juden. Nun kamen andere aus dem hellenistischen Sprachraum hinzu. Sie verstanden nur Griechisch. Auch waren sie in ihrem Lebensstil anders geprägt. Einer von ihnen war Nikolaus, der sich als „Judengenosse" bezeichnete. Er glaubte an den Gott Israels. An die jüdischen Reinheitsgebote hielt er sich nur teilweise. Alle diese Leute ließen sich taufen, weil sie in Jesus den Messias gefunden hatten. Ein kultureller, sprachlicher und ethnischer Graben verlief mitten durch die junge Gemeinde. Dazu musst du eines bedenken: Ein strenggläubiger Jude hätte unter keinen Umständen an einem Tisch mit einem Nichtjuden gesessen. Er hätte nicht einmal das Haus eines Nichtjuden betreten. Verstehst du nun, warum es mit der Verteilung der Armenversorgung an die griechisch-sprachigen Witwen nicht mehr geklappt hat?

Habt ihr bei euren Gottesdiensten auch gegessen?

Oft fanden die Versammlungen am Abend statt. Wir haben gesungen, gebetet, aus der Bibel gelesen. Die Apostel erzählten von Jesus. Geschichten wurden ausgelegt, theologische und ethische Fragen diskutiert. Seelsorgerliche Gespräche fanden statt. Beim Brotbrechen erinnerten wir uns an die Worte Jesu: „Nehmet hin und esset. Das ist mein Leib, der für euch gegeben wird. Solches tut zu meinem Gedächtnis." Am Ende des Mahles, wenn nach alter jüdischer Tradition der Segenskelch herumgereicht wurde, geschah das mit den Worten: „Dieser Kelch ist der neue Bund in meinem Blut, das für euch vergossen wird zur Vergebung der Sünden. Solches tut, sooft ihr's trinket, zu meinem Gedächtnis." Nach dem eucharistischen Mal folgte das Liebesmahl. Es wurde gegessen nach dem Motto: Jeder bringt etwas mit, dann werden alle satt. Und hier begann das Problem, dass einige übersehen wurden. Natürlich nicht aus böser Absicht. Aber es passierte einfach. Die Situation hatte jedoch ein Nachspiel. ‚Ärger wurde laut, Leute wurden beschuldigt. Aus einer frohen und dankbaren Stimmung kam es zum Krach. Die Äußerung des Unmuts wurden nicht von den Betroffenen selbst, sondern von ihren Fürsprechern formuliert. Die Apostel erkannten sofort die Lage. Ihre Prioritäten sahen sie jedoch beim Gebet und im Dienst am Wort. Einer meinte: „Warum murren diese Fürsprecher, statt ihre Hilfe anzubieten und uns zu entlasten? Gibt es nicht Wichtigeres als die Suppenküche?" Klugerweise fingen die Jünger Jesu nicht an, herum zu werkeln oder Regel aufzustellen, sondern sie riefen die ganze Gemeinde zusammen. Man sollte Ausschau halten nach Leuten, die eine andere Form von Liebesdienst taten als sie mit ihrer Verkündigung.

Wie die Apostelgeschichte weiter berichtet, sollten diese Männer eine geistliche Befähigung haben, dazu das Einverständnis aller bei ihrem Dienst in der Versorgung der Bedürftigen. So wurden sieben griechisch sprechende Diakone gewählt. Einer davon warst du.

Das war wirklich sehr notwendig. Auch wenn die Apostelgeschichte die Entwicklungen sehr sachlich beschreibt, steckte doch eine Menge Zündstoff darin. Eine Witwe sprach es auch offen aus: „Warum werde ich benachteiligt? Weil ich die falsche Sprache spreche oder keinen Mann mehr habe? Wie können die Apostel so vollmundig von Gottes Liebe reden und mich dabei übersehen?"

Das klingt ja ganz ähnlich wie bei manchen Konfliktsituationen in unseren Pfarreien heute. Da ist ein Fest am Samstagabend angesagt. Es soll gefeiert werden, weil neue Gemeindemitglieder zu uns gestoßen sind. Ein Partyservice wird beauftragt, damit niemand in der Küche stehen muss. Der Pfarrsaal ist festlich geschmückt. Alles ist gedeckt. Um 18.00 Uhr soll die Feier beginnen. Schnell füllt sich der Raum. Alle Plätze sind besetzt. Das Büffet wird eröffnet. Die Platten leeren sich. Gegen 20.30 kommen zwei Frauen, die bis 20.00 Uhr im Supermarkt an der Kasse gesessen haben. Sie haben sich den ganzen Tag auf das Beisammensein gefreut. Die eine ist vor kurzem erst zum Glauben gekommen. Sie ist gerührt, dass man auch wegen ihr dieses Fest feiert. Doch als sie den Raum betreten, sind alle Plätze schon besetzt. Nachdem eilig noch zwei Gedecke und zwei Stühle dazwischengeschoben werden,

stellen sie fest, dass im Büffet sämtliche Vorspeisen abge-
räumt sind. Nur noch ein paar zerfledderte Salatblätter be-
finden sich auf den Platten. Vom Hauptgang ist nur noch
Reis und ein wenig Soße übrig. Die Steaks sind alle weg-
geputzt. Die beiden Frauen sind enttäuscht. Auch ein wenig verärgert. Schließlich wussten doch die anderen, dass
sie erst später kommen konnten. Aber sie schlucken den
Ärger herunter. Kalter Reis mit ein wenig Soße ist schließlich besser als gar nichts. Eine Köllegin von ihnen, die heute Frühschicht hatte, bekommt das mit. Sie nimmt sich
vor, mit dem Pfarrer zu reden. Es kann doch nicht sein,
dass man die beiden Frauen übersieht, wo doch wegen
der einen sogar dieses Fest gefeiert wird! Alles wird gleich
grundsätzlich hinterfragt. Man sucht die Schuldigen. Die
anfängliche Freude ist in Unmut umgeschlagen.

Mit diesem Beispiel hast du den Nagel auch bei uns
auf den Kopf getroffen. Die Reaktion der Apostel und die
weitere Entwicklung zeigen aber auch, wie wichtig es ist,
über Murren nicht einfach hinweg zu gehen. Denn daraus
wird leicht ein Ringen um die Glaubwürdigkeit. Die
Apostel waren sich ihrer Berufung in der Verkündigung
des Evangeliums bewusst. Sie verteilten auch Essen, wenn
es sein musste. Aber das war nicht ihre eigentliche Berufung. Sie bewerteten ihr Tun nicht höher als den Tischdienst. Beides nannten sie Dienst im Auftrag des Herrn.
So war es nur folgerichtig, für den Tischdienst andere einzusetzen, deren Gaben zu ihren Aufgaben passten. Durch
unser Wirken als Diakone sollte Jesus in seiner Liebe
zu allen erfahrbar werden. Dabei versuchten wir unsere

Fähigkeiten so zu nutzen, dass die Gemeinde davon profitieren und wachsen konnte. Vor allem ging es uns darum, Menschen, die ohne Gott lebten, in seine Nähe zu bringen und sie anzustoßen, ihm zu vertrauen. Unsere Urgemeinde war die neue Familie, in der wir unsere Lebensgeschichten miteinander teilten und gemeinsam Schwierigkeiten bewältigten. Wer neu hinzukam, sollte sich aufgenommen fühlen.

Was sollte euch als Diakone auszeichnen?

Ein guter Ruf, Heiliger Geist, Weisheit und Zustimmung der Gemeinde.

Das bedeutete, Ordnung in seinen persönlichen Angelegenheiten zu haben. Sicher konnten wir nicht immer alles richtig machen. Aber Fehler zuzugeben, die eigenen Schwächen zu kennen und mit ihnen umzugehen, anderen zu vergeben, das bewirkte einen guten Ruf. Für mich bedeutete es auch, authentisch zu leben und in den verschiedenen Rollen, die ich im Alltag spielte, immer derselbe zu bleiben. Die Zustimmung der Urgemeinde bestand nicht in einem „multiple choice test", wie es oft bei euch heute der Fall ist, sondern die Kandidaten sollten zeigen, wie jeder einzelne in die Gemeinschaft eingebunden werden kann. Anschließend stellten wir uns den Aposteln vor. Dieser Moment bedeutete etwas Besonderes für mich. Es wurde nicht sofort ein Vorsitzender gewählt und eine Sitzung abgehalten. Es wurden nicht zuerst Reglemente erlassen und Formulare geschaffen. Die Apostel beteten über uns und legten uns die Hände auf.

Während du als Gemeindediakon für die Versorgung der griechischen Witwen mitverantwortlich warst, wirkte in dir die Gnade und Kraft Gottes, verbunden mit Wundern und großen Zeichen unter dem Volk. Nach einiger Zeit verwickeltest du dich in ein Streitgespräch mit der sogenannten Synagoge der Libertiner, Zyrenäer, Alexandriner und Leute aus Zilizien und der Provinz Asien. Sie aber konnten deiner Weisheit nicht widerstehen.

Ausgehend vom Alten Testament entwarf ich ihnen ein Bild von der Geschichte des Gottesvolkes mit ihrem Ungehorsam gegen seine Gebote, mit den Übergriffen auf die Boten Gottes, namentlich die Propheten, obwohl der Allmächtige immer wieder in seiner Barmherzigkeit zu seinem Volk stand. Schließlich machte ich ihnen klar, dass diese permanente Ablehnung darin mündete, indem sie seinen Sohn Jesus zum Tod verurteilten und durch die Römer hinrichten ließen.

Da hattest du in der Tat eine empfindliche Stelle getroffen. Das haute voll rein. Entsprechend die Reaktion.

Während ich die Karten offen auf den Tisch legte, war ich auch bereit, dafür selbst mit dem Preis meines Lebens zu bezahlen. Eine halbe Hingabe kam für mich nicht in Frage. Ich wollte nur Jesus dienen. Völlig und ganz. Und meine Worte gingen den Mitgliedern des Hohen Rates durch's Herz. Sie waren getroffen. Aber nicht so wie die Leute in Jerusalem an Pfingsten nach der Predigt des Petrus und ihn fragten, wie sie nun gerettet werden konnten. Hier riefen meine Worte Widerstand hervor. Die religiösen Führer gerieten wutentbrannt total außer Kontrolle. Ich aber spürte einen tiefen inneren Frieden in mir. Ich sah im offenen Himmel Gottes Herrlichkeit, Gott selber auf dem Thron und Jesus an seiner rechten Seite. An dieser Stelle war die Stimmung absolut gegen mich gekippt. Sie schrien nicht nur aus Entsetzen, sie hielten sich sogar die Ohren zu.

Das war wohl aus ihrer Sicht so etwas wie eine Schutzmaßnahme gegen dich. Weil du einen Menschen auf die Stufe Gottes gestellt hast. Das galt als die schlimmste Gotteslästerung. Um damit sie nicht kontaminiert und womöglich von Gott gleich mit bestraft wurden, hielten sie sich die Ohren zu. Also wie wenn da ein hochgiftiges Gas ausströmt und man schnell eine Gasmaske drüberzieht. An einen geordneten Prozess war nicht mehr zu denken. Dieser Mensch musste einfach so schnell, wie es irgend ging zum Schweigen gebracht werden: Steinigung.

Sie zerrten mich außerhalb der Stadtmauer an einen öden, steinigen, völlig verlassenen Platz. Dort bildeten sie einen Kreis um mich. Einige rissen mir die Kleider vom Leib bis auf meine kurze Tunika. Dann legten auch sie ihre langen Gewänder ab und übergaben sie einem Mann namens Saulus zur Bewachung. Nun sammelten sie große Kiesel und spitze Steine, von denen es dort mehr als genug gab und begannen mit der Steinigung. Die ersten Steine trafen mich noch im Stehen, während ich dem Saulus zurief: „Mein Freund, ich erwarte dich auf dem Weg Jesu". Doch dieser schleuderte mir entgegen „Bessener!"

und gab mir einen kräftigen Fußtritt gegen das Schienbein, der mich fast zu Fall brachte. Nach mehreren Steinwürfen, die mich von allen Seiten trafen, fiel ich auf die Knie und stützte mich auf die blutenden Hände. Ich betastete meine Schläfen und die verletzte Stirn und flüsterte: „O mein Gott, Meister, Jesus, nimm meinen Geist auf!" Unter dem immer noch andauernden Steinhagel flüsterte ich sterbend: „Herr ... Vater ... verzeihe ihnen ... Rechne ihnen diese Sünde nicht an ... Sie wissen nicht, was ..." Ich konnte diesen Satz nicht mehr zu Ende sprechen, da schon meine Seele diese Welt verlassen hatte.

Das war doch der absolute „worst case", der einer Gemeinde passieren konnte: Dein Dienst, der zum Tod führte. Da drängt sich mir spontan die Frage auf: Wieso ist Gott nicht eingeschritten? Er hätte die Situation doch entschärfen können. Zumindest dein Tod wäre zu vermeiden gewesen.

Damit denkst du zu vordergründig. Mir ging es um ein klares Zeugnis für Jesus. Obwohl bereits Petrus und Johannes für ihre offenen Worte in den Knast geworfen wurden, konnte niemand es verhindern, dass ich mich ganz eindeutig für Jesus einzusetzte. Auch wenn dies mein Leben abkürzen sollte.

Während der Mob um dich herumtobte, ließ Gott dich einen Blick in seine Welt tun, die immer da ist, die wir aber normalerweise nicht wahrnehmen können. Sozusagen „glänzende Aussichten", aber in aussichtsloser Lage.

Das wichtigste war für mich, dass Jesus an Gottes rechter Seite stand und sich mir ganz persönlich zuwandte. Er verschloss nicht die Augen vor meinem Leiden. Er verlor keinen Augenblick die Kontrolle über das, was man mir jetzt antat. Das ließ mich nicht mehr los. Alles war auf diesen Anblick ausgerichtet. Meine Mörder interessierten mich nicht mehr. Weder die Steine, die auf mir niederprasselten, noch das Geschrei. All das zählte nicht mehr. Für mich stand der Himmel offen. Aber es war nicht das Licht, das mich faszinierte. Nicht ein Lohn, eine Tapferkeitsmedaille oder eine Krone, die mich vielleicht für meinen mutigen Einsatz erwarteten. Es waren nicht die Engel und himmlischen Wesen. Ich sah Jesus. Und das genügte vollkommen. Mit dem Blick auf ihn konnte ich meinen Peinigern verzeihen.

Das war Gemeindebau unter offenem Himmel. Du hast nicht darum gebetet, dass Gott für Gerechtigkeit sorgte. Nicht darum, dass sich die Erde öffnete und die Steinewerfer verschlang. So tief hatte sich Gottes Frieden auf dich gelegt. Nur eines war dir wichtig: dass deine Mörder mit Vergebung ihrer Schuld rechnen durften. Dein Zeugnis ist ein Wegweiser auch für den Gemeindeaufbau bei uns heute: Wenn wir auf Jesus schauen, können wir den Menschen, selbst den ISIS-Mördern anders begegnen.

Wenn wir Jesus sehen, werden Streitereien ausgehungert und beendet. Wir können nicht mehr nachtragend sein. Ärger und Zorn werden besiegt, das Selbstmitleid und die Selbstgerechtigkeit sind überwunden, die Rechthaberei ist ausgetrocknet.

Durch diesen Blick auf Jesus konnte ich sogar mein Leben loslassen. Aber nicht bitter. Nicht voller Hass und Verzweiflung. Ich betete einfach die Worte des Psalms 31 nach, die auch Jesus in seinen letzten Minuten gebetet hatte: „Ich befehle meinen Geist in deine Hände."

Sicher hinterließ dein Tod eine große Lücke bei deinen Angehörigen, Freunden, in der Gemeinde. Dein Sterben löste Trauer aus, die erst einmal ausgehalten werden musste. Aber der offene Himmel half sicher auch den Trauernden, loszulassen und den Blick in die Zukunft zu richten.

Auch in eurer Zeit braucht es Leute, die sich Jesus völlig ausliefern und hingeben, ihr Leben in seine Hand legen und ihn machen lassen. Es braucht Leute, die ihn suchen, ihn sehen wollen. Wenn du auch zu denen gehören möchtest, mit denen Jesus Neues schaffen kann, rate ich dir das in einem stillen Gebet ihm mit eigenen Worten mitzuteilen. Dann wird der Himmel auch für dich offen sein.

Nathanael – vom misstrauischen Kritiker zum glühenden Apostel

Nathanael, der Evangelist Johannes erzählt uns, wie Philippus dich auf Jesus, den von den Propheten vorausgesagten Messias, aufmerksam gemacht hat. Erst nach deiner Berufung zum Apostel bei Mt 10,3 wurdest du Bartholomaeus genannt. Warum das eigentlich?

Bartholomaeus ist die lateinische Variante des aramäischen Namens Bar-Tholmai, der Sohn des Tholmai. In meiner Zeit wurden oft die Söhne nach ihrem Vater benannt. Und da mein Vater ein Ackerbauer war, nannten ihn die Leute den Tholmai, den Furchenzieher.

Und was bedeutet dein erster Name Nathanael?

Nathanael heißt so viel wie Gott hat gegeben oder Geschenk Gottes.

Als Schriftgelehrtenschüler stammtest du aus Kana in Galiläa. Noch heute steht dort eine Kapelle zur Erinnerung an dich. Kana ist der Ort, wo Jesus bei einer Hochzeit sein erstes Wunderzeichen gewirkt hat: die Verwandlung von Wasser in Wein. Die anderen Jünger und auch Philippus waren schon dem Ruf ihres Herrn gefolgt. Ohne viel nach-

zufragen. Ohne langes Zögern. Es fand kein Bewerbungs-gespräch und keine Diskussion statt. Bei dir war das wohl etwas anders?

Ich war von Haus aus eher ein nachdenklicher Typ. Kritisch. Ein Stück misstrauisch. Nun hatte mich der euphorische Philippus unter einem Feigenbaum aufge-stöbert. Ganz aufgeregt begann er mir zu berichten, dass er, Andreas und Simon Petrus eine umwerfend wichtige Entdeckung gemacht hätten: „Wir haben den gefunden, von dem Mose im Gesetz und die Propheten geschrieben haben! Jesus, Josefs Sohn, aus Nazareth." Dabei bezog sich Philippus auf eine Stelle im Buch Deuteronomium 18,18: „Einen Propheten wie dich will ich ihnen mitten unter ihren Brüdern erstehen lassen. Ich will ihm meine Worte in den Mund legen und er wird ihnen alles sagen, was ich ihm auftrage."

Philippus war also überzeugt, dass Jesus dieser Messias und Prophet war, den Moses angekündigt hatte. Er dachte auch an die vielen Prophetenworte von Jesaja bis Daniel, von Jeremia bis Sacharja, die alle den Messias verheißen hatten. Aber ich blieb unbeeindruckt. Erwähnt doch keine dieser Schriftstellen den Ort Nazareth. Deshalb sofort meine ablehnende Antwort: „Was kann aus Nazareth Gu-tes kommen?" Eine rhetorische Frage, die schon die Ant-wort mitgab. Nämlich: Nichts! Warum sollte jetzt ausge-rechnet aus Nazareth der Messias kommen? Dann könnte er ja auch gleich aus Kana stammen. Wie viele andere war ich der Meinung, dass Nazareth ein obskures Dorf war. Des Messias absolut unwürdig. Politisch oder religiös war es nie hervorgetreten. In der Bibel unserer Väter wird Nazareth überhaupt nicht erwähnt. Zu meiner Zeit war es ein gesichtsloses, schäbiges Kaff. Die Häuser bestanden aus Höhlen und Kalksteinquadern. Gemessen an meiner Vorstellung, nach der irdischer Glanz den Messias zu umgeben hat, war eine solch niedrige Herkunft tatsächlich ein Ärgernis. Aus diesem Kuhdorf soll der sehnlich erwartete Retter Israels kommen? „Lieber Philippus", dachte ich mir, „das kann doch wohl nicht dein Ernst sein?!

Philippus weckte jedoch gleichzeitig mit seiner Begeisterung für Jesus in mir die fast gestorbene Sehnsucht nach einem heileren Leben. In unserem geschundenen Land gab es die Furcht vor der Willkür der römischen Besatzer. Aber auch vor den Dolchen der israelitischen Freiheitskämpfer, die vor ihren eigenen Landsleuten mit Terror nicht zurückschreckten, wenn sie herausbekamen, dass diese mit der Weltpolizei Rom zusammenarbeiteten. Wir litten alle unter der bedrückenden Steuerlast. Dass abgezockte Geld wurde nicht für soziale Zwecke, sondern für die riesigen Prestigeobjekte des Herodes und der römischen Statthalter ausgegeben. Eine schreiende Ungerechtigkeit. Dann die allgegenwärtige Bedrohung durch Krankheiten, die Siechtum und soziale Isolation bedeuteten. Es gab das Bangen um das tägliche Brot nach einer Missernte. O ja, ich sehnte mich schon auch nach dem verheißenen König der Gerechtigkeit und starken Erlöser. Meine theologischen Lehrer sagten, dass der Messias aus dem Stamm Davids komme und von der Hauptstadt Jerusalem aus tätig werden würde. Aber doch nicht von dem

letzten Nest Nazareth! So war ich ganz auf Abwehr einge-
stellt. Aber Philippus, der schon Jesusjünger war, reagierte
recht geschickt. Er machte mir einen Vorschlag, der die zu-
geschlagene Tür wieder öffnete: „Komm und guck ihn dir
doch einmal unverbindlich an! Dann bilde dir dein Urteil!"
Damit hatte er die Lichtseite meines etwas zwanghaften
Charakters angesprochen: genau hinschauen, nüchtern,
objektiv und gründlich prüfen. Ja nicht eine Katze im
Sack kaufen. Prüfen, ehe man sich ewig bindet. Fern jeder blauäugigen Schwärmerei. Vielleicht ahnte Philippus
auch, dass er mich nicht von Jesus als dem verheißenen
Messias überzeugen konnte. Diese Überzeugungsarbeit
wollte er vertrauensvoll Jesus selbst überlassen. Deshalb
konnte er sich auf keine Diskussion mit mir einlassen. Er
kannte Jesus selbst noch nicht lange. Aber er schien ihm
schon viel zuzutrauen. Er war einfach davon überzeugt,
dass meine Begegnung mit Jesus, die Gemeinschaft mit
ihm, seine Worte alle meine Vorurteile, Bedenken und
Zweifel zerstreuen könnten. Schließlich ließ ich mich
breit schlagen. Sicherlich war auch ein Stück Neugier damit verbunden: „Mal sehen!" dachte ich mir. „Na gut. Den
schaue ich mir mal an und bilde mir dann ganz in Ruhe
mein Urteil." In Wirklichkeit hatte sich Jesus schon ganz
lange mich angeschaut und sich auch ein Urteil über mich
gebildet: "Siehe, ein rechter Israelit, in dem kein Falsch ist"
(Joh 1,47). Worte der Anerkennung. Und das von jemandem aus Nazareth!

Und was macht einen wahren Israeliten aus?

Das ist einer, der weiß, dass er von sich aus nichts vermag. Einer, der im blinden Vertrauen auf Gott alles auf eine Karte setzt. Jedenfalls hatte ich in meinem Leben so manche Tiefpunkte erlebt und war jetzt mit Begeisterungsstürmen vorsichtiger.

Jesus meinte sicherlich auch: da kommt ein würdiger Vertreter des Gottes Volkes. Ein Mensch, der das Herz auf dem rechten Fleck hat. Der kein Blatt vor den Mund nimmt. Einer der sagt, was er tut und der tut, was er sagt. Ein durch und durch ehrlicher Mann, der in der Tiefe seines Herzens nach Gott sucht.

Mag schon sein. Nachdem Jesus mit seinen Worten mein Innerstes aufgedeckt hatte, war ich zutiefst betroffen. „Woher kennst du mich?" fragte ich überrascht. Wir waren uns doch noch nie begegnet. Wieso konnte er mir meinen Charakter auf den Kopf zusagen? Das machte mich unwahrscheinlich stutzig. Also musste er doch mehr als nur der Sohn des Zimmermanns Josef aus Nazareth sein! Aber nicht nur das. Dazu gab er mir noch einen Beweis seines göttlichen Wissens: „Schon bevor dich Philippus gerufen hat, habe ich dich unter dem Feigenbaum gesehen." Genau dort war ich gesessen und habe in den heiligen Schriften gelesen, als Philippus mich ansprach. Damit gab mir Jesus ein Codewort: Der Feigenbaum. Und er knackt so den Tresor in meinem Herzen. Mit dem Stichwort Feigenbaum zitierte Jesus indirekt den Propheten Sacharja 3,8–10: „Denn siehe, ich will meinen Knecht

kommen lassen, den Spross ... Ich tilge die Schuld dieses Landes an einem einzigen Tag. An jenem Tag ... werdet ihr einander einladen unter Weinstock und Feigenbaum." Also ein Bild des Friedens, der vom Messias aus-
geht. Endlich begriff ich: der Moment als ich unter dem
Feigenbaum saß, war der Schicksals-Augenblick, als der
Messias mich sah. Jesus hatte mir die Augen für die Schrift
geöffnet und ich erkannte ihn: Sohn Gottes, König von
Israel, wahrer Gott und wahrer Mensch in einem. In dieser Begegnung mit Jesus musste ich gleichzeitig einsehen,
dass der wahre König Israels niemand ist, den ich mir anschauen und über den ich ein Urteil bilden kann. Vielmehr schaut er mich an und beurteilt mich. Dieser Blick
stellte mich in ein Licht, in dem vor ihm nichts verborgen
bleibt. In diesem Licht war ich so wie ich bin. Ich begann
zu begreifen: dieser Jesus verfügt über ein Wissen, über
eine Erkenntnis, die von Gott kommen muss. Da mussten
letztlich meine Skepsis und Zweifel schwinden. Das Geschenk des Glaubens brach in mir durch zum Bekenntnis: „Rabbi, du bist der Sohn Gottes, du bist der König von
Israel!" Und Jesus antwortete mir: „Du wirst noch Größeres sehen! Ihr werdet den Himmel geöffnet und die Engel
Gottes auf- und niedersteigen sehen über dem Menschensohn" (Joh 1,51). Da erinnerte ich mich an das Buch Genesis 28,12, wo Jakob in einem Traum eine Leiter sah, die
auf die Erde gestellt war und deren Spitze den Himmel
berührte: „Und siehe, Engel Gottes stiegen darauf auf und
nieder." Jetzt war mir klar: Jesus ist die Leiter, die Himmel
und Erde miteinander verbindet. Der Menschensohn.

Licht vom Licht. Wahrer Gott vom wahren Gott. Der Abglanz des ewigen Vaters, in dem die Fülle der Gottheit und alles Gute ist.

Eigentlich ist deine erste, skeptische Reaktion sehr gut nachvollziehbar. Bis heute stoßen sich viele Menschen an der Abstammung von Jesus als Sohn eines einfachen Bauunternehmers. Vom Tellerwäscher zum Millionär, das mag es ja vielleicht noch geben – aber vom Handwerker aus Nazareth zum Mitglied der Dreifaltigkeit? Andere stoßen sich daran, dass in einem Mann, der jämmerlich am Kreuz geendet hat, das Heil der Welt begründet sein soll.

Auch der Dichterfürst Wolfgang von Goethe stieß sich daran mit der Bemerkung, er könne dem Leben und Sterben Jesu keine Heilsbedeutung abgewinnen. „Komm und sieh!" sagte Philippus zu dir. Meinst du, dass uns Jesus auch heute durch andere Menschen so anspricht? Gerade dann, wenn uns Zweifel quälen oder wir unbeantwortete Fragen mit uns herumtragen?

Auf jeden Fall. Bei Jesus sind Zweifel und kritische Rückfragen zugelassen. Davon bin ich fest überzeugt. Sie sollen ja zur Klarheit der Entscheidung beitragen. Ihr dürft sie auch äußern, offen aussprechen. So wie ich. Es kommt darauf an, dass ihr nicht sitzen bleibt unter dem Feigenbaum eurer Zweifel. Wenn ihr trotz allem bereit seid, euch auf Jesus einzulassen und euch von ihm ergreifen zu lassen, seid ihr auf dem richtigen Weg. Auch ihr könnt zum Glauben finden wie ich und mit der Erfahrung beschenkt werden: dieser Jesus ist der Sohn Gottes. Er kennt das Leben eines jeden Menschen.

Bedeutet das, er kennt auch mich und mein Herz? Er ist mein Erlöser und Retter?

Ganz richtig. Deshalb rufe ich dir heute zu: „Lass dich ein auf Jesus! Vertraue auf ihn! Lebe mit ihm! Du wirst bei ihm Offenheit und Zuneigung erfahren. Du darfst dich angenommen wissen trotz all deiner Schwächen. Sie sollen dir keine Angst machen, weil Jesus den schwächsten Punkt in dir nicht dazu benutzt, um dich zu vernichten. Ganz im Gegenteil. Genau da möchte er dich heilen und verwandeln. Und eines Tages wirst auch du den geöffneten Himmel erleben."

Deine Berufungsgeschichte ist schon etwas, das einem unter die Haut geht, ebenso wie das, was uns die christliche Tradition über dein Wirken als Apostels nach Pfingsten berichtet.

Alles war eine Frucht der Gnade und Barmherzigkeit meines Meisters Jesus. Nach dem Pfingstfest verkündigte ich unerschrocken Jesus den Gekreuzigten. Bald darauf reiste ich mit einer Abschrift des Matthäus-Evangeliums nach Indien und gewann zahlreiche Menschen für Christus. Viele verehrten in der Hoffnung auf Gesundung in einem Tempel das Bild des Gottes Astraroth. Als ich eines Tages das heidnische Heiligtum betrat, spürten die Kranken, dass das Götzenbild keine Kraft mehr besaß.

„Wer ist dieser Bartholomaeus?", fragten die Leute; denn es hatte sich herumgesprochen, dass ich sämtliche Götterbilder Indiens entmachten konnte. Die Götzenpriester fahndeten nach mir. Ich zog weiter nach Armenien. Als der König Polimius von mir erfuhr, ließ er mich zu sich rufen und bat mich, seine Tochter, die wegen einer gefährlichen Krankheit ans Bett gebunden worden war, von ihrem Leiden zu befreien. Ich ließ ihr die Fesseln abnehmen. Bald darauf war sie vollkommen gesund. Der König wollte mich mit Gold, Silber und Edelsteinen belohnen. Ich aber nahm kein Geschenk an. Weil ich mich an die Worte Jesu erinnerte: „Umsonst habt ihr von Gottes Kraft empfangen, umsonst sollt ihr sie weitergeben" (Mt 10,8). Vielmehr erzählte ich dem König und seinem Hof von Jesus Christus. Da sie aber dem Götzenglauben nicht abschwören wollten, konnte ich sie nicht taufen. Mit innerer Vollmacht gebot ich stattdessen, dass der Götze Berith aus seiner Statue herausfahre und das Bild zerstört werde. Die Götzen-Priester beschwerten sich darauf hin bei Astrages, dem Bruder des Königs. Dieser ließ mich in der Stadt Albana gefangen nehmen und verprügeln. Auch diese Tortur überlebte ich. Hierauf verkündigte ich in Phrygien, Lykaonien und Großarmenien das Evangelium. In Armenien bekehrten sich viele. Ich gründete Gemeinden und weihte Bischöfe. Nachdem auch der König, die Königin und zwölf Städte sich zum Christentum bekehrt hatten, stachelten die ergrimmten Götzenpriester den Astyages, den Bruder des Königs, gegen mich auf. Dieser ließ mich um das Jahr 71 ergreifen, auf eine Bank spannen und mir bei lebendigen Leib die ganze Haut abziehen. Als dann immer noch am Leben war, ließ er mich enthaupten.

Matthäus – vom Geldeintreiber zum Evangelisten

Matthäus, warum wirst du in den Evangelien einmal Levi und dann wieder Matthäus genannt?

Doppelnamen waren in meiner Zeit durchaus gebräuchlich wie Simon Kephas oder Josef Kajaphas.

Man sagt, der Name eines Menschen sei wie ein Programm für sein Leben.

Bei mir stimmte das ganz sicher. Der Name Matthäus, im Hebräischen Matitjahu, bedeutet so viel wie Geschenk Jahwes. Schließlich war meine Berufung in der Tat ein wahres Geschenk Gottes. Auch mein zweiter Name Levi mit seiner hebräischen Bedeutung von „anschließen" drückt meine Anhänglichkeit an Jesus aus.

Als Jesus dich berief, warst du ein Steuereintreiber, ein Zöllner. Das war wohl die schlechteste Empfehlung, die man für einen Jünger Jesu erwartet hätte und der zu einem der wichtigsten Führer der Gemeinde des Evangeliums werden sollte.

Da hast du vollkommen recht. Schließlich waren wir Zöllner die meist verachten Menschen in ganz Israel. Wir wurden von der jüdischen Gesellschaft gehasst und geschmäht. Wir waren unehrlich und haben unsere Autorität regelmäßig missbraucht. Obwohl ich wohlhabend war, galt ich nicht als angesehene Person. Stand ich doch auf dem gleichen Niveau wie Zuhälter und Verräter. Aber es gab gutes Geld für relativ einfache Arbeit. Deshalb wurden wir noch mehr verspottet als die römischen Besatzer. Als Zöllner hatten wir vom Kaiser eine Lizenz zur Steuereintreibung gekauft und erpressten von den Israeliten hohe Summen, um die römische Staatskasse und unsere eigenen Taschen zu füllen. Oft quetschten wir sogar mit Hilfe von Schlägern das Mammon aus den Menschen heraus.

Was hast du alles kassiert?

Steuerabgaben für Im- und Exporte, für Waren, die für den Binnenhandel bestimmt waren. Praktisch für alles, was auf der Straße transportiert wurde. Ich erhob Straßen- und Brückenzölle, besteuerte Lasttiere und die Achsen von Transportfahrzeugen. Ich veranschlagte Tarife für Pakete und Briefe. Diese legte ich oft willkürlich nach Laune fest. Ich saß allein im Zollhaus und hatte täglich mit Menschen zu tun. Die Leute sahen mich und ärgerten sich. Ich galt für sie als ein mieser Kerl. Kein Jude, der etwas auf sich hielt, wäre jemals Zöllner geworden. Denn dies hätte ihn nicht nur von seinem eigenen Volk getrennt, sondern auch von Gott. Aber das war nun mal mein Schicksal. Ich war aus der Synagoge ausgeschlossen, durfte im Tempel nicht opfern oder anbeten. So erging es mir in religiöser Hinsicht sogar noch schlechter als einem Heiden.

Vielleicht könnte man dich mit einem „Cityboy" aus unserer Zeit vergleichen, der alles tut, was er kann, um schnell Geld zu machen. Moral und Ethik bleiben da auf der Strecke. Der im Hinblick auf die Finanzkrise Millionen einsackt, während andere ihre Existenzgrundlage einbüßen.

Das könnte passen. Auf jeden Fall arbeitete ich im Auftrag der Römer und des Herodes, was mich in der Beliebtheitsskala auf die gleiche Ebene setzte wie Gesetzesbrecher und Prosituierte. Die Folge war mein zwar reiches, aber gebrandmarktes und einsames Leben. Oft wurde ich bei der Arbeit als Blutsauger, Vaterlandsverräter und skrupelloser Sünder beschimpft. Kein normaler Mensch wollte etwas mit mir zu tun haben. Geschweige denn die Pharisäer und Schriftgelehrten, die in mir einen heißen „Höllenkandidaten" sahen.

Es musste für dich ein überwältigendes Ereignis gewesen sein, als Jesus dich rief. Wie kam es dazu?

Ich saß an der Zollbank und zählte Münzen. Wohlgeordnet nach Art und Größe hatte ich sie vor mir liegen und schüttete sie in Säckchen von verschiedenen Farben. Als der lange Schatten eines Mannes auf den Tisch fiel, hob ich den Kopf, um festzustellen, wer der verspätete Zahler war. Vor mir stand ein Mann. Sein durchdringender Blick war jedoch nicht der eines strengen Richters, sondern voller Liebe. Ich war verwirrt und wurde rot. Ich wusste nicht, was ich tun oder sagen sollte. „Matthäus, Sohn des Alphäus, die Stunde ist gekommen. Komm, folge mir!" erklärt er mir mit einer inneren Autorität. „Ich, Herr?" reagierte ich total verwirrt. „Weißt du überhaupt, wer ich bin?" – „Komm, folge mir", wiederholte Jesus sanft. „Ich, ich? Wieso gerade ich?" „Matthäus, ich habe in deinem Herzen gelesen. Komm, folge mir nach!" In diesem Augenblick spürte ich: Während andere in mir nur Abschaum sahen, sah Jesus eine hoffnungsvolle Zukunft für mich voraus. Während er mich am Zoll sitzend beobachtete, wie ich die Leute übers Ohr haute, sah er in mir einen Jünger-Kandidaten, einen potentiellen Apostel, ein Mitarbeiter des Reiches Gottes. Seine Aufforderung war kurz und knackig: "Folge mir nach!" (Mt 9,9). Ich wusste einfach nicht, was mit mir geschah. Das Wasser schoss mir in die Augen, als ich hinter meinem Arbeitstisch hervorkam. Ohne mich um die noch herumliegenden Münzen zu kümmern oder die Kassette zu schließen, ging ich mit ihm. Kündigungszeiten gab es damals sowieso nicht zu berücksichtigen. So lief das Ganze sehr zackig ab. Auf jeden Fall ahnte ich eines: hier ging es um kompromisslose Nachfolge.

Ohne sicheren Job und das schöne viele Geld. „Wohin gehen wir, Herr?" fragte ich. „In dein Haus", war die Antwort. Die Jünger, die mit Jesus waren, reagierten sprachlos. Sie folgten mir über den sonnigen Platz. Kein Lebewesen war auf der Straße. Nur Sonne und Staub. Nach einer kurzen Gasse betraten wir mein Haus. Hinter dem breiten Portal erreichten wir den schattigen, kühlen Säulengang. „Bringt Wasser und Getränke!" rief ich den Dienern zu. Er sollte ein riesiges Bankett zu Ehren Jesu starten. Nicht so eine kleine Hinterhof- Grillparty. Nein, was ganz Edles. Mit allen Schikanen. Geld dafür hatte ich ja mehr als genug. Bald wurde das Haus voll. Viele Zöllner kamen und verschiedene andere soziale Außenseiter. Sie alle wollte ich meinem neuen Freund Jesus vorstellen.

Warum hast du solche Typen eingeladen?

Weil das die einzigen Menschen waren, die ich kannte. Die mit einem Mann wie mir verkehrten. Von der gesellschaftlichen Elite wurde ich ja gemieden.

Die religiösen Führer reagierten darüber empört und schockiert.

Genau. Plötzlich bemerkte ich drei Pharisäer. Sie schauten sich mit einem bösen Lachen um. Tuschelten miteinander: „Dieser Jesus gibt sich mit Zöllnern ab? Während einer zwielichtigen Party? Eine wahrhaft erwünschte

Bekehrung! Ha Ha! Schau dort, da ist Joschija, der Frauen-jäger. Oder Simon, Sohn des Isaak, der Ehebrecher. Da ist Asarja, der Wirt, in dessen Spelunke Römer und Juden spielen, betrügen, sich betrinken und sich mit Frauen vergnügen. Gibt es denn in Israel kein Ehrgefühl mehr?" Die drei Männer verschwendeten keine Zeit, ihre beißen-de Kritik loszuwerden. Aber Jesus hielt ihnen entgegen: „Die Kranken brauchen den Arzt. Ich bin nicht gekommen, um Selbstgerechte zu rufen, sondern Sünder zum Ge-sinnungswandel" (Mt 9,12).

Jesus konnte also nichts für diese religiöse Elite tun, solan-ge sie an ihrer heuchlerischen Scheinheiligkeit festhielten, draußen standen und die Nase rümpften.

Weil sie sich nicht vorstellen konnten, dass Gott so stark ist. Dass einer wie Jesus so barmherzig sein konn-te. Die glaubten, jetzt sei er endgültig von diesem Milieu infiziert. Aber in Wirklichkeit war es gerade umgekehrt. Trotzdem war mir die ganze Sache peinlich. Ich zupfte Jesus am Ärmel. „Aber Meister, weißt du wenigstens, wer meine Gäste sind?" – „Ich weiß es", war die Antwort. „Ich will diesen Menschen ihre verlorenen Seelen zurückgeben. Sie sind krank, verwundet, schmutzig. Ich will sie heilen. Dazu bin ich gekommen." Jesus sprach so überzeugend, voller Demut und Sanftmut. Doch die drei Pharisäer waren wie verdorrte, stachelige Disteln. Sie wandten sich ab und gingen mit angewidertem Gesichtsausdruck fort.

Das Essen scheint bei Jesus keine nebensächliche Sache gewesen zu sein. Hat er sich uns doch selbst für alle Zeiten beim letzten Abendmahl geschenkt. Bei jeder Eucharistiefeier dürfen wir das erneut erleben. Jetzt begreife ich auch, was der Propheten Jesaja meint, wenn er sagt: „Und der Herr Zebaoth wird auf diesem Berge allen Völkern ein fettes Mahl machen, ein Mahl von reinem Wein, von Fett, von Mark" Jes 25,6). Das ist wohl Gottes großer Traum für die Völker. Ein Tag, an dem alle zu seinem großen Fest kommen dürfen. So hart die Weltgeschichte auch war. Auch wenn die Nationen sich so viel angetan haben in blutigen Kriegen. Aber am Ende wird es ein Versöhnungsfest geben, wo sie miteinander an einem Tisch sitzen anstatt in Panzern und hinter Maschinen-Gewehren. Sie werden auch nicht mehr in Büros Berechnungen anstellen, wieviel sie an den andern verdienen können. Sie werden das alles hinter sich lassen und anfangen, wirklich zu leben. Und das beginnt mit Essen und Trinken.

Ja, so wird es sein. Wir feierten schon damals in Kafarnaum ein richtiges Versöhnungsfest. Dass Jesus bei diesem Mahl mit uns sozial Ausgestoßenen aß, war für viele Außenstehenden schon ein starkes Stück. Gemeinsame Mahlzeiten symbolisierten geteiltes Leben, Intimität, Verwandtschaft, Einigkeit. Durch seine Gegenwart überwand Jesus die Widersprüche und Konflikte. Auch im eigenen Volk. Aber nicht erst am Ende aller Zeiten, sondern jetzt schon. Und damit heilte er unser krankes Milieu. Er schenkte uns die Freude, dass wir auch ganz anders sein konnten als man uns normalerweise kannte. Wir brauchten uns nicht mehr hinter einer großspurigen Fassade verstecken. Wir sahen ganz deutlich, dass es etwas viel Besseres gibt. Und dass wir es tatsächlich haben konnten. Natürlich hätte ich das meinen Zöllner-Kollegen nie erklären können. Deshalb habe ich sie eben eingeladen. Ich wollte ihnen Jesus live präsentieren.

Was bedeutet so ein Verhalten Jesu für uns heute?

Jesus ist für die da, die ihn brauchen. Ob es nun angesehene Leute sind, oder verachtete. Stellt euch mal ehrlich die Frage: Wo gibt es Menschen in eurem Leben, die als Außenseiter gelten? Die das wissen und darunter leiden. Bei denen im Leben einiges schiefgelaufen ist. Die Hilfe brauchen. Geht diesen Leuten nicht aus dem Weg. Pflegt Tischgemeinschaft mit ihnen. Ladet sie ein. Dann werdet ihr auch die Möglichkeit haben, Zeugnis von Jesus zu geben, der euch im Leben trägt und Kraft gibt. Ohne verkrampft und kompliziert zu sein. Ihr müsst gar nicht predigen, Traktate verteilen, oder sonst irgendwie evangelisieren. Es genügt, wenn ihr Begeisterung für Jesus ausstrahlt. Dann wird sich auf eurem Weg manches verändern. Das wünsche ich euch von ganzem Herzen.

Wie ging dein Leben weiter nach der Auferstehung Jesu?

Wie alle Apostel bin ich dem Auftrag Jesu nachgekommen, das Evangelium unter den Völkern zu verkünden. Zunächst predigte ich das Wort Gottes bei den Hebräern. Als ich mich dann einem anderen Schaffensfeld zuwandte, drängte mich die hebräische Gemeinde, mein Evangelium zu schreiben. Ich wirkte im Land der Parther und in Mesopotamien. Im Namen Jesu erweckte ich den Sohn des Königs Egippus zum Leben und heilte dessen Tochter Ephigenia vom Aussatz. Der Bruder des Königs wollte Ephigenia heiraten. Doch diese hatte sich Gott geweiht. Deshalb erklärte ich vor allem Volk, dass sie die Braut eines höheren Königs sei. Daraufhin wurde ich mit dem Schwert hingerichtet.

Judas Iskariot – vom Verräter zum Provokateur einer „Felix Culpa"

Judas, als der Mann aus dem Dorf Kariot warst du der einzige unter den Jüngern, der aus Judäa stammte.

Alle anderen waren aus Galiläa im Norden. Als Judäer hatten wir keine hohe Meinung über die einfacheren Galiläer. Ich fühlte mich wie ein Fremder in dem Kreis um Jesus.

Judas, du giltst als der Verräter schlechthin. Begriffe wie „Judas-Lohn" und „Judas-Kuss" sind sprichwörtlich geworden. Wer warst du eigentlich, der du mit deinem Verrat die Lawine der letzten Passionstage ausgelöst hast?

Ich wurde von Jesus als einer seiner Jünger berufen. Alles, was die 12 erlebten, wurde auch zu meiner Erfahrung. Ich reiste mit Jesus durchs Land, hörte all seine Reden und war Zeuge seiner Wunder. Ich wurde mit den anderen Aposteln auch ausgesandt, salbte die Kranken mit Öl, heilte sie und trieb Dämonen aus. Manchmal hat mich dieses Leben schon genervt. Immer alles gratis geben. Warum sollte man von den Geheilten kein Geld nehmen? Warum sollte man für seinen Dienst nicht auch entsprechend entlohnt werden?

Du warst also drei Jahre mit Jesus unterwegs. Du erhieltst bestimmt viele Chancen, deinen etwas „einnehmenden" Charakter positiv zu verändern.

Das stimmt. Aber mein Stolz ließ eine Korrektur nicht zu. Ich wehrte mich dagegen. Schließlich zerbrach ich an meinem eigenen Dämon der Lust am Geld. Ich verkleidete dieses Laster hinter sozialen Anliegen. An dem unmöglichen Verhalten Jesu zu den Leuten habe ich mich manchmal grün geärgert. Er gab zum Beispiel in einem seiner Gleichnisse den Arbeitern, die in der letzten Stunde ankamen, so viel wie denen, die den ganzen Tag geschuftet hatten.

Warum bist du dann überhaupt Jesus gefolgt?

Weil ich einerseits sah wie groß seine Anhängerschaft war. Andererseits glaubte ich, wie die meisten Menschen meiner Zeit, dass der Messias die römische Besatzung aus dem Land jagen und die Führungs- und Machtposition über die Nation Israel übernehmen würde. Natürlich hegte ich dabei die Hoffnung, nach der Revolution einen Führungsposten in der neuen Regierungsmacht zu ergattern, wenn ich mit Jesus verkehrte.

Hast du während deiner Jüngerschaft an Jesus als Gott geglaubt?

Nie. Das wäre für mich Blasphemie gewesen. Ich nannte auch Jesus nicht wie die anderen Jünger „Herr". Ich sprach ihn immer als „Rabbi" an, womit ich zum Ausdruck bringen wollte, dass er für mich ein Lehrer und Hoffnungsträger für einen weltlichen Messias war.

Wenn du Jesus nicht als Gott erkennen konntest, den einzigen, der Vergebung für unsere und deine Sünden schenken kann, dann verstehe ich, warum du mit einer Vielzahl an Problemen konfrontiert wurdest.

Wie war deine persönliche Beziehung zu Jesus?

Mangelhaft. Vielleicht werde ich deshalb bei Markus, Matthäus und Lukas unter den Zwölf immer als letzter aufgeführt. Das war schon ärgerlich genug. Einmal fühlte ich mich gewaltig vor den Kopf gestoßen, wie es bei Lukas 22,48 dokumentiert wird: Damals goss Maria, die Schwester des Lazarus kostbares Nardenöl verschwenderisch über seine staubigen, ungewaschenen Füße. Jesus ließ diese Vergeudung von einem Jahreslohn in Form von superteurem Parfum zu. Ich erinnerte ihn daran, dass man diese Salbe für 300 Denare hätte verkaufen können, um den Erlös unter die Armen zu verteilen. Da wies er mich schroff zurecht: „Lasse sie! Dies hat sie für den Tag meines Begräbnisses aufbewahrt.

Denn die Armen habt ihr allezeit bei euch; mich aber habt ihr nicht allezeit" (Joh 12,7). Diese seltsamen Worte habe ich überhaupt nicht verstanden.

Der Evangelist Johannes sagt, dass du ein Dieb warst, bevor dich Jesus berief. Jetzt drängt sich mir die Frage auf: Wenn dir so sehr am Geld gelegen ist, warum vertraute Jesus dir die Jünger-Kasse an?

Vielleicht wollte Jesus mir eine Riesen-Chance geben, meine Schwäche zu überwinden. Aber ich war blind dafür. Wohl deshalb, weil ich immer mehr mit Jesus Mühe hatte, wie er als der erhoffte Messias die Probleme anging. Dass er uns unterdrückte Juden nicht mit Gewalt befreien wollte, sondern das er die Ungerechtigkeiten einfach aushielt. Frust und Verbitterung wuchsen immer mehr in mir. Ich war von Jesus maßlos enttäuscht. Noch weniger begriff ich seine Ankündigung vom Leiden und Kreuzestod. Ich hatte in den drei Jahren das Verhalten seiner Anhänger gründlich beobachtet. Nun hörte ich, wie die Volksmenge den Mann aus Nazareth auf seinem letzten Weg nach Jerusalem begrüßte: „Hosianna, gelobet sei, der da kommt im Namen des Herrn, der König von Israel." Ich hatte mir den Einzug in die Hauptstadt ganz anders vorgestellt. Statt mit den freiheitsdurstigen Widerständlern des jüdischen Volkes gegen das fremde Besatzungsregime auf die Barrikaden zu gehen, predigte er Sanftmut und begründete sein Verhalten mit den Worten: „Mein Reich ist nicht von dieser Welt" (Joh 18,36). Statt als nationaler Held den Widerstand zu entfachen, führte er eine schwärmerische Komödie auf einem Esel auf. Als Zelot, ein glühender Eiferer für unsere nationale Freiheit, die sich für Gottes Herrschaft einsetzte – heute würdest du mich vielleicht einen Taliban nennen – war ich davon überzeugt, dass man nur mit Terror die verhassten Römer aus dem Land jagen konnte. Aber da war mit Jesus nicht zu rechnen. Deshalb sah ich in ihm einen gefährlichen, falschen Messias. Als Konsequenz beschloss ich, dass mit ihm Schluss sein musste. Ich ging zu den Führern des Volkes und bot mich an, ihn auszuliefern. Natürlich gegen einen ansehnlichen Geldbetrag.

Trotzdem ließ Jesus für dich bis zum Schluss die Tür offen. Auch dir wusch er die Füße, wie Johannes 13,12 berichtet. Du hättest Vergebung haben können. Die Schlüsselszene in der Passionsgeschichte ereignete sich dann im Garten Gethsemane, als du Jesus durch einen Kuss verraten hast.

Ich sah darin eine letzte Chance, Jesus doch noch zu bewegen, sich als der politische Messias zu manifestieren. Damit wollte ich ihm noch eine Möglichkeit geben, endlich zuzuschlagen und unsere Gegner mit dem Feuerhauch seines Mundes niederzustrecken. Hatte ich ihn doch erlebt, wie er bei der Tempelreinigung in heiligen Zorn geraten konnte. Wie er die Tische der Geldwechsler umstieß, die Opfertiere aus ihren Käfigen befreite, die Händler davonpeitschte. Das war „Power pur". Und die Tempelwächter standen mit offenem Mund da und wagten keinen Finger gegen ihn zu rühren. Auch den Hohepriestern schien wie von einer höheren Macht die Hände gebunden. Als Jesus sich im Garten Gethsemane den Gerichtsdienern und den Pharisäern mit den Worten „ich bin es" zu erkennen gab, wichen sie zurück und stürzten zu Boden. Da war ich für einen Augenblick sicher, doch richtig gehandelt zu haben. Aber was er dann tat, kotzte mich total an: Er befahl dem Petrus sein Schwert in die Scheide zu stecken. Dem Henkersknecht Malchus heilte er sein Ohr, das ihm der von Jesus ernannte Felsenmann mit seinem ungeschickten Hieb abgesäbelt hatte. Damit war mir klargeworden, dass Jesus sterben und keine Revolte gegen Rom anzetteln würde. Also konnte er nicht der Messias sein.

War es die Perspektivenlosigkeit, die dich zu deinem tragischen Ende des Selbstmords geführt hat?

Welche Alternativen blieben mir noch? Musste ich doch im letzten entscheidenden Moment von meiner Messias-Erwartung endgültig Abschied nehmen. Dazu kam der Verrat, der bei den anderen Misstrauen auslöste und in mir Ängste weckte. Auch mein Glauben an den hohen Stellenwert des Geldes ging total unter. Die 30 Silberlinge warf ich dem Hohepriester vor die Füße. Scheißgeld! Ich hatte einen Unschuldigen verraten. Einen harmlosen Träumer und Schwärmer, der mit Feindes-und Nächstenliebe die Welt verbessern wollte. Das Vertrauen auf eine göttliche und barmherzige Gnade des Allerhöchsten war mir längst davon getriftet. Da gab es keinen gnädigen Richter mehr für mich. Also musste ich mich selber richten. Was mir schließlich noch blieb, waren Einsamkeit und Verzweiflung, die in den Suizid mündeten.

Die anderen Jünger Jesu waren ja auch verzweifelt angesichts des Todes Jesu. Was sie jedoch dann später mit Jesus verband, war ihre eigene Auferstehungserfahrung mit ihm. Das Licht des Ostermorgens hatte ihnen Versöhnung geschenkt. Sie durften jetzt gewiss sein, dass nichts mehr sie trennen konnte von der Liebe Gottes. Alles Gewesene erschien ihnen in einem neuen Licht. Jetzt erst wurde ihnen klar, wie sehr sie versagt hatten. Sie selbst hatten Jesus missverstanden und im Stich gelassen. Sie waren mit schuldig geworden. Sie schonten sich nicht, wenn sie davon erzählten. Davon geben die Evangelien Zeugnis. Sie wussten sehr wohl, dass auch du einer wie sie gewesen warst. Einer, der auf seine Art irrte, wie sie auf ihre Art geirrt hatten. Hatte Jesus nicht die Schuld der ganzen Menschheit auf sich genommen und war für sie gestorben, damit Versöhnung mit seinem himmlischen Vater möglich würde? Sind wir Christen es nicht selbst, die wir Jesus verraten, wenn wir einander die Versöhnung verweigern? Steht nicht zwischen dem verzweifelten Anlegen des Strickes und dem endgültigen Loslassen des Strickes doch die unendliche Barmherzigkeit Gottes? Wurde nicht die Schuld durch die freie Entscheidung des ersten Menschenpaares, als sie vom verbotenen Baum der Erkenntnis Gottes aßen, zu einer „Felix Culpa", einer glücklichen Schuld, die den Erlöser der Menschheit auf den Plan rief? So wie durch deine freie Entscheidung, Jesus „ans Messer" zu liefern, für uns Menschen ebenso eine „Felix Culpa" wurde, die das Erlöserleiden und die Auferstehung von Christus provoziert hat?

Mögest du damit recht haben! Deine Worte in Gottes Ohr!

KLEOPAS – VOM FRUSTRIERTEN EMMAUSJÜNGER ZUM VERKÜNDER MIT BRENNENDEM HERZEN

Lieber Kleopas, Wenn ich eure Emmausgeschichte bei Lukas im 24. Kapitel lese, da kommt es mir vor, als wolltet ihr beide lieber auf dem Boden der Tatsachen bleiben. Jesus war tot. Schlimm, dass er so böse enden musste. Aber jetzt konnte man auch nichts mehr machen. Niederschlagen und enttäuscht gingt ihr beide nach Hause. Zurück nach Emmaus. Da wurdet ihr in euer Hoffnungslosigkeit unterbrochen. Was geschah da genau?

Plötzlich holte uns ein Fremder ein. Statt entschieden weiterzuschreiten, wandte er sich an uns und fragte: „Von wem redet ihr? Ich habe einige eurer Worte aufgeschnappt. Wer ist getötet worden?" Ich denke, die Enttäuschung konnte er nicht nur an unserem Gesicht ansehen, sondern auch an unserem Gang. Langsam, schleppend und zusammengesunken stolperten wir dahin.

Auch ich kenne solche Gefühle enttäuschter Hoffnungen. Das kann einen so ausfüllen, dass man nichts mehr wahrnimmt. Ein Schulterklopfen oder ein gut gemeinter Ratschlag hilft da nicht weiter. Ich denke an die vielen Men-

schen im Nahen Osten, die in den Kriegswirren Angehörige verloren haben. Plötzlich gerät der Glaube ins Wanken. Die Zweifel und Ängste werden stärker. Alles scheint vergeblich gewesen zu sein. Geplatzte Hoffnungen können blind machen. Selbst für ganz nahe und bekannte Menschen, die helfen wollen.

Genauso ging es uns. Wir beide waren auf der Flucht vor unseren Enttäuschungen. Weg aus Jerusalem! Jedenfalls stand unser Dorf Emmaus für die Realität. Wir wollten wieder Bodenhaftung bekommen.

Von all den dramatischen Ereignissen in Jerusalem hatte der Fremde offensichtlich nichts mitbekommen. Wohl ein Tourist, ein Passahpilger aus dem Ausland.

Den Eindruck hatten wir auch. Wohl oder übel kamen wir mit ihm ins Gespräch. „Bist du hier fremd, Mann?" stellte ich ihm die Gegenfrage. „Hast du dich nicht in Jerusalem aufgehalten? Dein verstaubtes Gewand und die abgenützten Sandalen lassen auf einen unermüdlichen Pilger schließen."

„Das bin ich", war die knappe Antwort. „Ich komme von sehr weit her ..." –

„Dann wirst du müde sein", versuchte ich das Gespräch in Gang zu halten. „Hast du noch einen weiten Weg vor dir?" Der Dialog entwickelte sich zu einem Ping Pong. „Einen sehr weiten Weg", fuhr er fort. Er ist noch länger als der, den ich bereits zurückgelegt habe."

Der Fremde musste dich also neugierig gemacht haben.

Das kannst du wohl sagen. „Hast du Geschäfte zu erledigen?" fragte ich weiter. „Begibst du dich auf die Märkte?"

„Ich muss eine riesige Anzahl Herden für den mächtigsten aller Herren erwerben", antwortete er vieldeutig. „Die ganze Welt muss ich durchwandern, um Schafe und Lämmer auszuwählen. Ich muss auch zu den wilden Herden gehen. Wenn diese erst einmal gezähmt sind, sind sie besser als die zahmen."

Ich wurde immer neugieriger. „Schwierige Arbeit. Und du hast dich nicht in Jerusalem aufgehalten?"

Der Fremde schaute mich überrascht an. „Weshalb fragst du dies?"

„Weil du anscheinend der einzige bist, der nicht weiß, was in diesen Tagen dort geschehen ist.

„Ja was denn?"

„Du müsstest eigentlich wissen, selbst wenn du in den Diensten eines fremden Königs stehst, dass vor drei Jahren in unserem Land ein großer Prophet namens Jesus von Nazareth die Gemüter erregt hat. Er war mächtig in Worten und Taten vor Gott und den Menschen. Als Wanderprediger zog er durch alle Regionen. Von Galiläa bis Judäa. Sogar bis hinauf in den Norden nach Caesarea Philippi. Wir waren überzeugt, dass er der Messias sei. Er nannte sich selbst der Sohn Gottes. Und wir glaubten ihm. Ich schloss mich der Gruppe seiner 72 Jünger an. Wir erwarteten mit Spannung die Schaffung des sichtbaren Reiches Gottes mit äußerem Erfolg, Wohlstand, Ruhm und Macht. Aber am Ende gab es nur ein Fiasko."

„Und wie ist es dazu gekommen?" bohrte er weiter.

„Jesus strebte nicht nach irdischer Macht, sondern nannte sich König eines ewigen und geistigen Reiches. Am Ende hat er Israel nicht geeint, sondern nur gespalten. In jene, die an ihn glaubten und jene, die ihn einen Übeltäter nannten. Er hatte wirklich nicht das Zeug zu einem irdischen König. Er wollte nur Sanftmut und Verzeihung. Wie soll man mit solchen Waffen die Völker unterwerfen und siegen?"

Du hast also deinen ganzen Frust rausgelassen.

Und wie! Aber das schien ihn absolut nicht zu beeindrucken. „Und dann?" fragte er weiter. Ich begann mich weiter in Rage zu reden. „Nun, dann haben die Hohepriester und die Ältesten unseres Volkes ihn gefangengenommen und zum Tod verurteilt, indem sie ihn Verbrechen beschuldigten, die er nie begangen hatte. Seine einzige Schuld war, zu barmherzig mit den Sündern und zu streng mit den Selbstgerechten umgegangen zu sein." Der seltsame Fremde schien von den Grausamkeiten der Besatzer keine Ahnung zu haben. Sonst hätte er nicht so naiv gefragt: „Und Rom hat erlaubt, dass ein Unschuldiger getötet wurde?"

„Was liegt denen schon an einem von uns" sagte ich total resigniert. „Pilatus hat ihn verurteilt. Aber er wollte es eigentlich nicht. Er nannte ihn einen Gerechten. Doch dann drohten sie ihm und wollten ihn beim Caesar anschwärzen. Da bekam er kalte Füße und willigte in den

Justizmord ein. So wurde Jesus zum Tod am Kreuz verurteilt und musste sterben. Dieser Tod hat uns alle sehr
entmutigt."

**Warum hast du den Fremden nicht nach seinem Namen
gefragt?**

Das wollte ich gerade tun. Aber er kam mir zuvor: „Wie
ist dein Name?" – „Ich bin Kleopas, der Sohn des Klopas.
Und der da ist mein Sohn Simeon. Wir sind beide aus
Emmaus. Wie ich schon sagte, wir waren Jünger des
Propheten."

Er blickte uns beide überrascht an: „Und nun seid ihr
es nicht mehr?"

„Die Jünger eines Toten. Nein danke," knirschte ich.
„Wir hatten gehofft, dass er es sei, der Israel von der Besatzungsmacht der Römer befreien würde. So wie es damals die Makkabäerbrüder taten und die griechischen Eroberer aus unseren Land jagten. Aber er hat uns zutiefst
enttäuscht. Wir hatten mit Jesus alles auf eine Karte gesetzt. Er war unser Hoffnungsträger, unsere Lichtgestalt.
Ein Spezialist für Unmögliches. Wir hatten uns von ihm
mehr als das Blaue vom Himmel versprochen. Wir sahen
uns schon als Leibgarde des Messias."

Der Mann ließ einfach nicht locker. Fast begann er
mich mit seiner Fragerei zu nerven. „Was hat er denn euch
versprochen?"

Ich musste zweimal durchatmen, um nicht zu explodieren. „Dass er das Reich Davids wieder aufrichten werde. Als Friedenskönig. Doch er hat uns das Reich nicht gegeben und damit sein Versprechen nicht gehalten. Und noch mehr. Er behauptete sogar, er werde am dritten Tag von den Toten auferstehen. Heute ist schon der dritte Tag. Und nichts ist geschehen. Die Mächte des Todes haben triumphiert. Die Mörder sind die Sieger der Geschichte. Da gibt es nichts zu rütteln. Mit dem muss man sich abfinden. Zwar haben wir auf Umwegen etwas von Frauen läuten gehört, dass sein Grab leer sein soll. Sie waren zutiefst erschrocken und vermuteten alles mögliche: Grabraub, Halluzination, eine Racheaktion der Römer. „So hat also die Nachricht vom leeren Grab in euch keine neue Hoffnung geweckt?" wollte er jetzt wissen. „Ganz im Gegenteil", fuhr ich fort. Sie steigerte noch mehr unsere Verwirrung. Selbst das Gerücht von einer Erscheinung der Engel und ihre Rede brachte nur noch größeres Durcheinander. Wahrscheinlich alles nur Weibergeschwätz. Um auf Nummer sicher zu gehen, eilten zwei von seinem engen Zwölferkreis zum Grab, um zu sehen, ob etwas daran war, was die Frauen gesagt hatten. Sie fanden zwar das Grab leer. Aber ihn selbst sahen sie nicht. Das war die letzte Ernüchterung. Inzwischen behaupten sogar die Wachsoldaten vor dem Grab, die Frauen hätten dies nur erfunden, um den Diebstahl des Leichnams durch die Jünger des Nazareners zu verheimlichen. Ausgerechnet wir Jünger! Das ist ja lachhaft. Wir hatten ihn alle vor lauter

Bammel im Stich gelassen, als er festgenommen wurde. Jetzt wissen wir überhaupt nicht mehr, was wir denken sollen."

Der Mann hatte dir also die ganze Zeit geduldig zugehört? Nur ab und zu Fragen gestellt?

Genau. Endlich konnte ich mal meinen ganzen Frust loswerden, ohne dass mir einer mit guten, wohlgemeinten Ratschlägen ständig dazwischenfuhr. Als ich mich endlich leer geredet hatte, blieb er plötzlich stehen und schaute mich durchdringend an. „Oh, wie seid ihr doch schwerfällig in eurem Denken! Wie lange braucht ihr, um den Worte der Propheten Glauben zu schenken? Stand nicht alles schon in euren heiligen Schriften?"

So ganz ohne Ahnung schien der Fremde dann doch nicht zu sein. Immerhin kannte er sich in der heiligen Schrift ganz gut aus.

Und ich kam immer mehr ins Staunen, als er fortfuhr: „Ihr, seine Jünger, und das ganze Volk habt sein Königtum falsch ausgelegt. Deshalb hat man ihm nicht geglaubt. Die Wiedererrichtung des Reiches Gottes ist nicht an Zeit und Raum gebunden. Jedes irdische Königtum, auch das mächtigste, besteht nicht ewig. Erinnert euch an die großen Pharaonen. Was ist von ihnen geblieben? Nur entseelte Mumien im Innern geheimnisvoller Gräber. Das Reich Gottes aber ist ewig. Es beschränkt sich auch nicht auf den kleinen Raum eures Landes. Es erstreckt sich von Norden nach Süden, von Osten nach Westen. Überall dorthin, wo Menschen guten Willens leben. Die irdischen Reiche werden durch Unterdrückung der Völker geschaffen. Das Reich Gottes aber entsteht durch die Liebe. Darin lag euer Irrtum: dass ihr euch eine messianische Idee mit weltlichen Machtansprüchen zurechtgelegt habt."

„Und wann wird dieses Königtum Gottes kommen?" wollte ich nun ganz konkret wissen.

Der Fremde begann liebevoll zu schmunzeln, als er weitersprach: „Mein lieber Kleopas, bist du immer noch begriffsstutzig? Das Reich Gottes ist mit dem Kommen Jesu schon angebrochen. Niemand kann es mehr von ihm wegnehmen. Keine menschliche Macht. Auch nicht der Tod. Ein geistiges und ewiges Königtum. Unbefleckt von Raub und Blut. Das keinen Verrat und keine Gewalt kennt. Hat nicht David schon das Königtum der ewigen Güte und Freude vorausgesagt? Dass diesem mächtigen König alles als Schemel zu Füßen liegen wird? Steht nicht bei Jesaja seine ganze Passion beschrieben? Lest ihr nicht in den heiligen Schriften, dass er durch sein Opfer die schuldig gewordene Menschheit erlösen wird? Hat er nicht selbst von sich gesagt, dass er den Tempel seines Leibes, nachdem er zerstört worden ist, in drei Tagen wiederaufrichten werde?"

Ich wurde immer aufgeregter. Dann sprach er es aus: „Ja, er ist auferstanden, wie es unter dem Schleier der Prophezeiungen vorausgesagt worden war. Er lebt. Mitten unter euch.

Und dir gingen immer noch nicht die Augen auf?

Ich war wie mit Blindheit gestraft. Selbst, als er fortfuhr: „Mit seiner Liebe und Autorität wird er die Völker der Welt zusammenführen. Es wird keine Juden oder Römer, Araber, Skythen oder Afrikaner, Iberer oder Kelten, Ägypter oder Phrygier mehr geben. Rassen und Sprachen, Sitten und Hautfarben werden keine Rolle mehr spielen. Es wird ein einziges zahlloses, leuchtendes Volk geben. Eine einzige Sprache, eine einzige Liebe. Auch ihr dürft zu diesem Volk gehören!"

Inzwischen hatten wird Emmaus erreicht. „Freunde", sagte der Fremde. „Ich gehe weiter. Dem Wanderer, der noch einen weiten Weg zurücklegen muss, ist kein Aufenthalt gegönnt."

Wie hast du darauf reagiert?

„Herr, du bist gelehrter als ein Rabbi", drängten sich mir die Worte auf die Lippen. „Wir möchten noch mehr Wahrheiten von dir hören. Doch er sagte nur: „Lebt wohl!" Ich aber ließ nicht locker. „Herr, es will schon Abend werden. Die Sonne geht bald unter. Du bist genau wie wir müde und durstig. Komm herein! Bleibe bei uns! Während wir Brot und Salz miteinander teilen, hören wir dir gerne zu, wenn du weiter mit uns über Gott und sein Reich sprichst.

Und der Fremde ließ sich tatsächlich erweichen und ging mit euch ins Haus?

Ja. Wir waren überglücklich darüber. Jetzt durften wir ihm unsere Gastfreundschaft anbieten. Meine Frau brachte Getränke und Wasser für die müden Füße. Dann legten wir uns zu Tisch und baten den bibelkundigen Mann die Mahlzeit zu segnen, was eigentlich meine Aufgabe als Hausvater gewesen wäre. Er stand auf, hielt das Brot auf den flachen Händen, erhob die Augen zum roten Abendhimmel, dankte für die Speise und setzte sich auf eines der Kissen. Dann brach er das Brot und teilte es mit uns, seinen Gastgebern. Während dies geschah, sahen wir die Wunden an seinen Händen. Da wurde vor unseren Augen wie ein Schleier weggezogen. Wir hatten es ja schon die ganze Zeit geahnt. Aber wir wollten es einfach nicht wahrhaben: der auferstandene Jesus stand vor uns. Im Innern tief erschüttert fielen wir auf die Knie.

Und dann?

Als wir es wagten, wieder aufzublicken, blieb von ihm nur noch das gebrochene Brot. Wir nahmen es und küssten es. Wir weinten vor Freude und ich sagte zu Simeon: „Er ist es gewesen! Und wir haben ihn nicht erkannt. Brannte nicht auch dir das Herz in der Brust, als er uns die Schrift auslegte?"

„Ja", antwortete mein Sohn. „Jetzt sehe ich ihn mit neuen Augen. Im Licht Gottes. Er ist wahrhaftig der Erlöser!" Wir beiden hielt es nicht mehr länger zuhause aus, obwohl wir heute schon genug gelaufen waren. „Gehen wir!" rief ich voller Begeisterung „Ich spüre weder Müdigkeit noch Hunger. Wir wollen nach Jerusalem eilen und es seinen Jüngern berichten! Aus der Ungewissheit zurück in die Gewissheit." Während wir auf dem Hinweg nach Emmaus noch Kopf hängend dahin geschlichen waren, legten wir den Rückweg nach Jerusalem im Mondschein fast tanzend zurück. Vor Freude nämlich! „Wir werden mitten in der Nacht ankommen. Aber wenn er es will, finden wir schon einen Weg, in die Stadt zu gelangen", ermunterte ich uns beide. „Er, der die Tore des Todes geöffnet hat, kann ebenso die Tore der Stadtmauern öffnen."

In Jerusalem fanden wir die Elf versammelt. Kaum wurde uns die Tür aufgemacht, da schallte es uns schon entgegen: „Der Herr ist wahrhaftig auferstanden und Simon erschienen." Auch in unserem Ruf „der Herr ist wahrhaft auferstanden", klang die überschäumende Freude mit, dass Jesus lebt. Dann erzählten auch wir ihnen, was auf dem Weg geschehen war und wie wir ihn erkannt hatten, als er das Brot brach. Unsere geteilte Freude wurde zur doppelten Freude.

Ich verstehe sehr gut deine Begeisterung. Die Mächte der Finsternis und des Todes sind zwar grundsätzlich überwunden. Die Mörder von Karfreitag wurden vom Thron der Geschichte gestürzt. Und doch ist die Botschaft von Ostern für uns heute nicht leicht zu fassen. Weil die Macht des Todes immer noch so stark ist. Weil wir die finsteren Mächte täglich erfahren und wir ihnen aus eigener Kraft so wenig entgegenzusetzen haben. Wir verrennen uns

zu schnell in Schmerz und Leid. Wir lassen uns manchmal vergiften von Neid und Hass. Wir unterstellen anderen Böses und schenken unserem Nächsten oft nicht die nötige Liebe und Zuwendung. Wir hören die Geschichten von Jesus, die Gleichnisse von Gottes Reich, das mitten unter uns ist. Aber unsere Augen werden gehalten.

Stellt euch mal ganz ehrlich die Frage: Brennt unser Herz noch? Immer noch? Oder ist es inzwischen nur noch lauwarm, vielleicht gar versteinert oder resigniert. Oder ist das Feuer verglüht? Asche zu Asche? An dieser Frage kommt ihr nicht vorbei. Macht euch bewusst: Auf dem Weg zu eurem persönlichen „Emmaus" ist Jesus mit dabei. So wie er damals zu uns beiden sprach, so spricht er auch zu euch. So wie wir damals am Abend unserer Hoffnung angekommen waren, stärkt und kräftigt er auch euch immer wieder, dass ihr einen neuen Morgen, neue Freude, neue Begeisterung erfahren könnt. Dann werdet ihr innerlich bewegt, aufgeregt, aufgewühlt, von dem, was Jesus getan und gesagt hat. Wie er lebte, starb und neu zum Leben kam. Lasst euch von ihm umkrempeln! Lasst euch von ihm entzünden und verwandeln! Von ihm, der Mitte eures Lebens. Dann nistet er sich bei euch ein, entzündet euch neu und euer Herz fängt tatsächlich, wie bei uns damals, zu brennen an. Dann wird der Auferstandene in euch wahr und breitet sich aus wie eine ansteckende Gesundheit. Dann geschieht Ostern auch heute.

Pontius Pilatus – vom skrupellosen Statthalter zum Wahrheitssucher

Pontius Pilatus, manche halten dich für einen spöttischen Skeptiker, andere behaupten, dass du ein Christ geworden seist. Äthiopische „Christen" machten dich sogar zum Heiligen. Eusebius, ein Kirchenschriftsteller am Ende des dritten Jahrhunderts, schreibt, du hättest wie Judas Iskariot, Selbstmord begangen.

Das sind alles reine Spekulationen.

Vom Standpunkt Roms aus gesehen warst du bestimmt ein fähiger Mann. Manche bezeichnen dich als Feigling, der Jesus frevelhafterweise foltern und töten ließ, um dich selbst zu schützen. Andere argumentieren, deine Pflicht sei nicht so sehr gewesen, das Recht aufrechtzuerhalten, sondern die „pax romana" zu wahren und die Interessen der damaligen Weltmacht zu vertreten. Wie kam es zu deiner steilen Karriere?

Ich entstammte der Familie der Pontier aus dem südlichen Italien. Im Jahr 26 n. Chr. wurde ich vom römischen Kaiser Tiberius zum Präfekt der Provinz Judäa ernannt. Leute wie ich waren Männer des sogenannten niederen Amtsadels im Gegensatz zu den Aristokraten des Senatorenstandes. Meine Laufbahn hatte ich als Militärtribun begonnen. Ich durchlief alle Ränge der Offiziere, bis ich noch vor Vollendung meines 30. Lebensjahres Statthalter wurde. Dort war ich nicht nur für das Aufrechterhalten der Ordnung verantwortlich, sondern auch für das Eintreiben der indirekten Steuern und der Kopfsteuer. Die alltägliche Rechtsausübung oblag zwar den jüdischen Gerichten, aber Vergehen, auf die die Todesstrafe stand, wurden an mich als höchste richterliche Instanz der Besatzungsmacht weitergeleitet.

Warum hieltest du dich zum Passah-Fest der Juden gerade in Jerusalem auf?

Da zu diesem Anlass viele Juden den Tempel besuchten, sah ich mich gezwungen, mit Soldatenmacht von meiner Residenz Caesarea in die den Juden heilige Stadt zu ziehen. Im Herodespalast nahm ich Quartier. Dort erwartete mich der Vorsitzende des Hohen Rats, Kaiphas. Aus der Sicht der jüdischen Rechtsprechung hatte der Wanderprediger Jesus das Volk zum Götzendienst verführt, worauf die Strafe der Steinigung stand. Da aber die Blutgerichtsbarkeit mir als dem Statthalter zukam, musste ich Jesus verhören.

Historiker haben dein Verfahren als Justizmord bezeichnet. Weil es nicht nach den Regeln des römischen Prozessrechts abgelaufen sei.

Der Fall Jesus war als Hochverrat zu bewerten und stand deshalb unter Kriegsrecht. Eine Ausführungsbestimmung lautete: „Wer einen Tumult erregt und das Volk verhetzt, wird, je nach Personenstand, gekreuzigt, den Zirkusbestien vorgeworfen oder auf eine Insel verbannt." Das galt auch für den, der eine neue Sekte oder eine unvernünftige Religion einführte.

Die Behauptung der jüdischen Oberpriester, Jesus würde sich als König ausgeben, wurde in den Augen deines Kaisers wohl als Hochverrat angesehen.

Na klar. Doch schnell durchschaute ich das Ansinnen der Gegner Jesu, dass hinter ihren Anklagen nur Neid und gekränktes Selbstbewusstsein steckten. Als sie den Anklagepunkt vorbrachten, Jesus habe die Herrschaft des Kaisers angezweifelt, stellte ich ihm die Frage: „Bist du der König der Juden?" In seiner Antwort ließ er seine Erhabenheit spüren, indem er mich nach der Informationsquelle fragte. Das war in einem Gerichtsprozess ungewöhnlich. In der Regel stellte der Angeklagte keine Fragen an den Richter. Dass der Angeklagte sich nicht fürchtete, spürte ich sehr deutlich. Diese mutige Haltung ärgerte und beeindruckte mich zugleich. Jesus bezeugte seine Souveränität als König, dessen Reich von anderer Beschaffenheit sein sollte als die Reichssysteme dieser Welt. So suchte ich erneut das Gespräch mit ihm. Ich wusste auch, wie die weltlichen Herrscher oft willkürlich regierten. Hier jedoch stand einer vor mir, dessen Herrschaft sich ganz anders ausdrückte. In seiner Würde, seiner Selbstbeherrschung, in seinem Blick frei von Hass, Verachtung und Vergeltung. Keine Klage gegen seine Feinde und Peiniger. Noch nie hatte ich solch einen Gefangenen vor mir gehabt. In seinem Verhalten kam wie etwas Göttliches zum Ausdruck. Mir war, als fürchtete sich Jesus nicht vor diesem Gericht, sondern ich begann, mich vor ihm zu fürchten, der der eigentliche Richter in diesem Prozess zu sein schien. Diese erste Begegnung mit Jesus werde ich nie vergessen. Unserer Blicke waren wie ein gegenseitiges Erkennen unserer Herzen. Ich beurteilte den Mann als den, der er war. Er beurteilte mich als den, der ich war. Es war, als hätte er Mitleid mit mir und würde mich durchschauen. Weil ich zwar nach außen hin mächtig, aber in meinem Innern ein Schwächling war. Und ich empfand Mitleid für ihn, weil er unschuldig war.

Aus deinen Worten verstehe ich, dass hier eigentlich kein Verhör stattfand, sondern ein Gespräch zwischen dir und Jesus auf Augenhöhe. Da standen sich zwei Machthaber gegenüber. Du, der äußerlich der Stärkere zu sein schien, war in Wahrheit der Schwächere.

Selbst als ich versuchte, Jesus mit Hinweis auf meine Macht einzuschüchtern, sagt er seelenruhig zu mir: „Du hättest keine Macht über mich, wenn es dir nicht von oben hergegeben wäre." Wie sollte ich die Doppeldeutigkeit dieser Antwort verstehen?

„Von oben her" – das bedeutet von deinem Kaiser in Rom her, der dich als Statthalter eingesetzt hatte. „Von oben her" bedeutet auch von ganz oben her, nämlich von Gott. Denn kein Mensch hätte irgendwelche Macht auf Erden, wenn der Höchste sie ihm nicht einräumte. Dir war die Macht nur für begrenzte Zeit „von oben her" gegeben. Dass Jesus es sich gefallen ließ, von dir der Misshandlung ausgeliefert und an Ende zum Tod verurteilt zu werden, gehörte zu seiner Erniedrigung, zum Verzicht auf seine Gottgleichheit. Der ganz Mächtige wurde zum Machtlosen, der ganz Freie zum Gefangenen, der Ewige zum Sterbenden! Für uns hat er das getan. Auch für dich, um uns zu erlösen.

Diese Sache mit dem Oben und dem Unten öffnet mir jetzt noch mehr die Augen für meine Schuld.

Sie kann dir auch die Augen öffnen für den, der deine Schuld überwindet. Er ist in die tiefste Tiefe gegangen, damit du nicht in deiner Sünde zugrunde gehen musst. Deine Frage „was ist Wahrheit" hat dich weltberühmt gemacht.

Ich stellte diese Frage mit einer gewissen Resignation: Was soll das schon sein, die Wahrheit? Zu meiner Zeit gab es römische Philosophen, die an einem Tage eine überzeugende Rede für ein bestimmtes Thema hielten und am nächsten Tag vor demselben Publikum eine überzeugende Rede gegen dasselbe Thema von sich gaben. Die Zuhörer waren völlig verunsichert: Was meint der denn nun wirklich? Was ist richtig? Was ist Wahrheit? Deshalb meine berechtigte Frage: Wo kann man denn Wahrheit finden?

Wenn man ihr begegnet, dann ist sie doch so sehr mit Irrtum und Lüge vermischt, dass niemand sie wirklich erkennen kann. Was ich kannte, waren Heuchelei, politische Intrigen, Korruption, Selbstsucht, Machtgier. Wahrheit und Gerechtigkeit wurden im Römischen Reich allzu oft nach Belieben definiert und angewendet. Das Ganze erhielt dann eine offizielle und gesetzmäßige Form. Hinter meiner Frage: „Was ist Wahrheit?" stand die traurige Erfahrung, dass das gesamte Leben in den Reichssystemen dieser Welt von Ungerechtigkeit und Lüge durchdrungen war. Als Jesus mir während des Verhörs erklärte, „mein Reich ist nicht von dieser Welt. Wenn es so wäre, würden meine Anhänger mit Waffen für mein Reich kämpfen", hakte ich nach und fragte ihn: „So bist du dennoch ein König?" Er bejahte es und fuhr fort: „Ich bin dazu geboren und in die Welt gekommen, dass ich die Wahrheit bezeuge. Wer aus der Wahrheit ist, der hört meine Stimme." Jetzt wiederholte dieser König ohne Krone, ohne Reich, ohne Hofstaat und ohne Soldaten, dass sein Reich nicht von dieser Welt sei. Das sah ich ein; denn kein Beamter und kein Militär griff ein, um seinen König zu verteidigen und ihn seinen Feinden zu entreißen. Ich setzte mich und schaute Jesus fragend an. Er blieb mir einfach ein Rätsel, obwohl mein Interesse für ihn zu wachsen begann. Ich spürte, wie sich mein Herz öffnete. Doch das Gespräch endete trotzdem ungünstig. Widerstand bäumte sich in mir auf. Ich konnte nicht begreifen, was sein Reich ist. Und was mich heute noch besonders schmerzt, das sich es versäumte, ihn zu bitten, dass er es mir erkläre. Anstatt seine Wahrheit kennenzulernen, antwortete ich in zynischer Weise und schüttelte mit einem Achselzucken diese lebenswichtige Frage ab. Bei Jesus schien es um eine ganz andere Wahrheit zu gehen. Wollte er damit sagen, dass er „von Oben" gesandt worden war wie ein Lichtstrahl in unsere dunkle Welt? Obwohl ich begierig darauf aus war, der Wahrheit näher zu kommen, habe ich trotzdem eines geahnt: Wenn ich mich auf Jesu Worte einlasse, dann stellt das mein ganzes bisheriges Leben in Frage. Dann fällt ein blendend heller Lichtstrahl in mein dunkles Leben und macht sichtbar, was ich da alles vermasselt habe. Heute muss ich zugeben, ich scheute dieses Licht. Deshalb sagte ich: „Was ist schon Wahrheit? Für mich blieb sie im Zweifelsfall nur ein anderes Wort für Nützlichkeit. Wahr war für mich, was funktionierte, was mir für den Moment Erleichterung brachte. Ich erkannte zwar in Jesus einen Revolutionär der Liebe, der am Ende jedoch von der Wirklichkeit eingeholt und abserviert wurde. Ich war schon zu oft Menschen begegnet, die felsenfest davon überzeugt waren, dass allein sie und niemand anders die Wahrheit kennen würden. Ich hatte gelernt, mich vor solchen Menschen zu hüten. Als ob man Wahrheit wie einen Besitz mit sich herumtragen könnte. Das Leben war für mich so komplex, dass es kaum ewige Wahrheiten geben konnte.

Bei der Wahrheitssuche geht es nicht so sehr darum nach dem „Was", sondern nach dem „Wer?" Wer ist die Wahrheit? Das hattest du offenbar übersehen. Jesus sprach nicht davon, was wahr sei, sondern wer die Wahrheit ist. Das war seine Botschaft an dich. Er wollte damit sagen: Wahrheit ist keine Sache. Wahrheit ist eine Person – nämlich er.

Meinst du damit, dass man Wahrheit nicht besitzen kann?

Wir können gemeinsam nach dieser Wahrheit fragen. Du und ich. Immer im Bewusstsein, dass es sie täglich neu zu entdecken gilt. Obwohl du so nahe der Wahrheit in Jesus gekommen warst, hast du ihn trotzdem nicht freigelassen.

Ich wusste, dass ich mir mit einer Freilassung große Schwierigkeiten einhandeln würde. Das wollte ich vermeiden. Probleme hatte es bereits zur Genüge gegeben. Barabbas und andere waren wegen Aufstand und Mord im Gefängnis gelandet. Zudem hatte mein Ruf beim Kaiser durch vorausgegangene Auseinandersetzungen mit den Juden schon ziemlich gelitten. Tiberius war bekannt dafür, dass er mit schlechten Statthaltern nicht viel Federlesen machte. Den Juden gegenüber klein beizugeben wäre allerdings ein Zeichen von Schwäche gewesen. Also stand ich vor einem Dilemma. Als ich erfuhr, wo Jesus herkam, versuchte ich den Fall an Herodes Antipas abzutreten, den Bezirksherrscher von Galiläa. Ich wusste nur zu gut, dass dieser gerissene König, der zwischen Rom und seinem Volk lavierte, so handeln würde, dass er Rom nicht beleidigen und das hebräische Volk nicht verstimmen wollte. Ich muss zugeben, in meiner Schwäche drückte ich mich vor der Entscheidung. Doch Herodes machte sich nur lustig über Jesus und schicke ihn mit einem Spottgewandt zu mir zurück. Um keine Unruhe unter den Anklägern herauf zu beschwören und um den Prozess schnell zu beenden, tat ich so, als ob Jesus zumindest einer war, der zurecht gefangen genommen wurde. Also wollte ich ihn mit Hilfe des Passahgnadenaktes freigeben. Dann musste ich das Todesurteil nicht gegen meine Überzeugung aussprechen. Die Ankläger könnten ebenfalls ihr Gesicht wahren. Ich sah darin eine letzte Möglichkeit, Jesus doch noch zu retten. Weil ich mir nicht vorstellen konnte, dass die Menge den Terroristen Barrabas bevorzugen würde. Mein Angebot wurde abgelehnt.

Damit hast du die Rechnung ohne den Wirt gemacht: Die Ankläger verlangten nicht Jesus, sondern Barrabas, einen stadtbekannten Räuber und politischen Freischärler. Die Ankläger sahen in Jesus einen schlimmeren Übeltäter als Barrabas! Obwohl du dich jetzt scheinbar zurücklehnen konntest mit dem Gedanken, ich war es nicht, so war es doch deine Taktik, die Jesus ans Kreuz brachte. Vorher ließt du ihn noch geißeln und hast deinen Soldaten erlaubt, Spott mit ihm zu treiben, ihn zu schlagen und anzuspucken.

Immer noch wollte ich Jesus freilassen. Doch damit seine Gegner auf ihre Kosten kamen, ordnete ich eine Geißelung an. Ich appellierte an das Mitleid der Menge und stellte ihr den von Blut überströmten Mann zur Schau:

„Ecce homo!" – „Seht, welch ein Mensch!" Ich lebte in der falschen Hoffnung, dass er mit seinem zerschundenen Körper Barmherzigkeit beim Volk weckte. Ich hätte wissen müssen, dass die Meute wie eine wilde Bestie reagierte, sobald sie Blut roch. Die Forderungen nach einer Hinrichtung wurden noch heftiger.

Der Evangelist berichtet: „Als Pilatus das hörte, wurde er noch ängstlicher."
Das stimmt leider. Ich gab jeden Widerstand auf und verkündete das Todesurteil.

Also gabst du klein bei.
Es stand doch lediglich das Leben eines scheinbar unbedeutenden Juden auf dem Spiel. Es wäre dumm gewesen, deswegen beim Cäsar angeschwärzt zu werden. Außerdem war Jesus kein Bürger Roms, der ein Anrecht auf ein ordentliches Gerichtsverfahren gehabt hätte. Er war zudem bereits durch eine Untersuchung des jüdischen Hohen Rates des Aufruhrs überführt und abgeurteilt. Die Kreuzigung von Aufrührern war auch kein Einzelfall, sondern gängige Praxis. Die Überstellung an mich, den römischen Statthalter zur Verkündung und Vollstreckung des Todesurteils, war nur noch eine Formsache. Weshalb hätte ich wegen eines galiläischen Wanderpredigers und Störers der öffentlichen Ordnung einen Konflikt mit der Priesterschaft riskieren sollen, mit der ich gut zusammenarbeitete? Insbesondere mit dem Hohepriester Kaiphas. Schließlich beließ ich ihn zwölf Jahre im Amt.

Das heißt, deine Karriere war dir wichtiger als Recht und Gewissen.

Das lässt sich heute so leicht sagen. Als der Volksauflauf unter meinem Palast immer hysterischer brüllte und in Sprechchören nach dem Blut des Nazareners lechzte, ließ ich mir Wasser bringen, wusch mir die Hände und sprach mich von der Schuld dessen los, dessen Todesurteil die aufgehetzte Menge von mir forderte.

Du schriebst eine Aufschrift und ließest sie sie auf das Kreuz anbringen: „Jesus von Nazareth, der König der Juden". Was war der Grund dafür?

Es war mein kleiner Racheakt gegenüber den Hohepriestern. Denn wer nun vor dem Kreuz stand, konnte lesen: Hier hängt der König der Juden am Kreuz. Das hatten sie nicht beabsichtigt.

Du warst dir wohl nicht bewusst, dass in deiner Spottschrift eine tiefe Aussage verborgen war: Den Messias, den Gott zur Erlösung seines Volkes schickte, hat man als König der Juden erwartet. Darum steckt in diesem Titel am Kreuz eine versteckte Botschaft: Jesus ist der von Gott gesandte König der Juden. Wenn auch eben in einer anderen Weise, als es das Volk damals erwartete. Diese Botschaft war ja nicht nur in Hebräisch auf dem Schild verfasst, sondern auch in den beiden damaligen Weltsprachen Latein

und Griechisch. Damit hatte der Erlösungstod Jesu eine Bedeutung über Jerusalem und Israel hinaus für die ganze Welt.

Du meinst, es besteht dadurch für jeden Menschen Hoffnung? Also auch für mich?

Gott ist größer als unser Herz. „Gelitten unter Pontius Pilatus", so bekennen wir heute im Glaubensbekenntnis. Erstaunlicherweise bist du einer von nur zwei Menschen, die außer Jesus namentlich darin genannt werden. Der einzige Mann neben der Jungfrau Maria. Ohne es zu wissen und zu wollen, wurdest du zu einem Werkzeug Gottes und hast durch dein bewusstes Fehlurteil dazu beigetragen, dass wir für immer erlöst im Wahrheitsreich des Königs Jesus Christus leben können.

So habe ich das noch nie gesehen. Danke für diese Erkenntnis.

Der Gelähmte am Teich Bethesda – vom hoffnungslosen Kranken zum lebensfrohen Gesunden

Guter Mann, du warst 38 Jahre lang krank. Doch wird uns nicht exakt berichtet, an welcher Krankheit du littest. Vielleicht warst du lahm. Darf ich dich bitten, uns etwas aus deinem Leben zu erzählen?

Im Norden der Stadt Jerusalem war das Schaftor. In seiner Nähe befand sich der Teich Bethesda. Fünf Säulenhallen umgaben ihn. Bethesda heißt Haus der Barmherzigkeit. Es war der Ort, an dem Menschen Hilfe und Heilung erhofften. Manche warteten schon sehr lange – so wie ich – andere erst vor kurzem. Von meiner Matte aus kannte ich jede Säule, jeden Stein, jede Unebenheit in der Verfugung. Ich sah, wie der Boden verschmutzt war, wie er wieder gesäubert wurde. Ich wusste, welche Teile der Halle am Morgen vom Sonnenlicht beleuchtet wurden und welche am Abend. Ich wusste, wie die Schatten der Säulen verliefen. Ich kannte mich richtig gut aus. Aber eines wusste ich nicht: ob ich doch noch eines Tages Heilung erfahren würde. Meine Füße trugen mich nicht mehr. So befand ich mich umgeben von Blinden, Schwindsüchtigen, Gelähmten und anderen von Gebrechen geplagten

Menschen. Es gab in meinem Leben nichts Bewegendes. Und das im wahrsten Sinne des Wortes. Ich konnte dort nur warten. Das restliche Leben zog an mir vorbei. Für die Menschen, die mich kannten, war es einfach „normal", dass ich dort lag. Auch für mich war es mittlerweile normal geworden. Außerdem schien das ein relativ bequemer Platz; denn ich war sowohl vor der Sonnenhitze als auch vor den kalten, beißenden Winterwinden geschützt. Und der Ort eignete sich gut zum Betteln. Kamen doch immer viele Menschen zum Teich, um ab und zu eine sensationelle Heilung zu erleben. Wir alle warteten darauf, dass sich Kreise auf dem Teich zeigten. Sobald das geschah, wurde das Wasser energetisiert und bekam heilende Kraft. Weil von Zeit zu Zeit ein Engel Gottes hinabstieg. Der Erste, der dann das Wasser berührte, wurde gesund. Ganz egal, an welcher Krankheit er litt. Auch ich versuchte jedes Mal mit aller Kraft dorthin zu gelangen. Aber es gab so viele andere, die alle nach vorne tappten, humpelten, krochen und sprangen, dass ich nie schnell genug war. Immer war einer eher dort als ich. Es kam auch vor, dass ich stark zur Seite gestoßen wurde. Ich kippte um und blieb einfach liegen. Bis ich mich erholte, war alles vorbei und ein anderer erhob sich gesund. Ich streckte oft die Hände aus, dass mir jemand half, um der Erste zu sein. Doch es gab leider niemand, der mir unter die Arme griff. Einmal war ich ganz nah am Wasser, als es sich bewegte. In diesem Moment rannte ein Blinder einfach drauflos und sprang vor mir hinein. Als er herausstieg konnte er sehen.

Ich kann mir gut vorstellen, wie es dir dabei zumute war.

Trotzdem hatte ich die Hoffnung auf Heilung noch nicht ganz aufgegeben. Vielleicht würde mir eines Tages doch jemand helfen, aus meiner schweren Behinderung herauszukommen.

Kümmerte sich denn niemand um dich?

Keiner! Wir Kranken am Teich Bethesda waren den Menschen egal. Wenn dort ein Gesunder hinging, dann nur, weil er hoffte, gleich eine Sensation zu erleben.

Und doch kam eines Tages einer, der nicht achtlos an dir vorüberging, in dessen Augen du nicht wertlos warst.

Das Leid der letzten Jahre musste mir ins Gesicht geschrieben gewesen sein. Dieser Mann bemerkt das sofort, was nicht selbstverständlich war; denn an dieser Stelle lag ja nicht nur ich, sondern auch eine ganze Menge andere Gebrechliche. Aber der Fremde schien nur mich im Blick zu haben. Das war kein oberflächliches Mustern, sondern ein intensives Betrachten. Mir war, als würde er hinter meine Fassade schauen, in der ich den ganzen Frust meiner ausweglosen Situation aufgestaut hatte. Der Mann schien tatsächlich ein ehrliches Interesse an mir zu haben. Er ging nicht einfach vorbei und zeigte mit einem bedauerlichen Kopfnicken kurz Mitleid mit mir. Ganz im Gegenteil. Er sprach mich sogar an: „Willst du gesund werden?" (Joh 5,6). Er fragt mich nicht, ob ich den Glauben habe, geheilt zu werden. Eine merkwürdige Frage. „Willst du gesundwerden?" Wer wollte das nicht? Natürlich wollte ich das. Aber da ich niemand hatte, der mir half, hatte ich doch fast alle Hoffnung aufgegeben. Voller Skepsis und Zweifel suchte ich Ausflüchte: „Ach Herr, ich habe niemanden, der mir in den Teich hilft, wenn sich das Wasser bewegt. Versuche ich es aber alleine, komme ich immer zu spät. Jeder sieht nur auf sich und will als Erster im Wasser sein. So nach dem Motto: nur der Schnellste überlebt. Ich habe kaum eine Chance, je ins Wasser zu kommen." Im Stillen dachte ich: „Vielleicht wird mir dieser Mann helfen. Das wäre super!" Während ich noch meinen Gedanken nachhing, forderte er mich auf: „Steh auf, rolle deine Matte zusammen und geh!" Ich staunte nicht schlecht. Da stand ein Fremder vor mir und sagte: „Steh auf!" – „Was? Ich soll aufstehen und gehen?" fragte ich zurück. Natürlich wollte ich nach 38 Jahren endlich mal gesundwerden. „Muss ich nicht zuerst ins Wasser?" hakte ich nach. Der Mann ließ sich jedoch nicht beirren. „Erhebe dich", forderte er mich auf mit einer Autorität, die keinen Widerspruch duldete. „Nimm dein Bett und geh!" –„Was für eine Zumutung! Ich und aufstehen!" begann ich zu zweifeln. „Wie soll ich das denn hinkriegen? 38 Jahre liege ich hier schon da. Wie soll das klappen?" Doch aus einem unerklärlichen Grund vertraute ich dem fremden Mann und stand langsam auf. Ich kam aus dem Staunen nicht heraus, als ich merkte, wie mich meine Beine tip top trugen! Ich bewegte mein linkes Bein und auch das rechte. Beide funktionierten wieder. Ich zog sie an, ging vorsichtig in die Hocke. Dann erhob ich mich. Nach 38 Jahren konnte ich wieder stehen. Ich tat meine ersten Schritte. Unglaublich. Ich war so glücklich. Ich konnte mich sogar bücken und die Matte zusammenrollen. Mehr hatte ich nicht an Besitz. Ich begann zu laufen. Ich musste einfach meine Beine ausprobieren. „Ich kann wieder laufen!" rief ich voller Freude. „Ich kann laufen!" Ich wollte gar nicht aufhören zu laufen. Ach war das schön! Als ich nach dem Mann Ausschau hielt, um mich bei ihm zu bedanken, war er nicht mehr zu sehen. Nur die vielen anderen kranken Menschen lagen weiterhin um mich herum. „Wo ist der Mann, der mich gesundgemacht hat?" rief ich laut, ganz außer mir vor Freude. Doch so sehr ich auch nach allen Richtungen blickte, ich sah ihn nicht.

Vielleicht wollte er vermeiden, dass durch deine Spontanheilung gleich eine große Szene entstand und Hysterie unter den Massen ausbrach.

Das kann gut sein. Ich war auf jeden Fall so richtig glücklich. Da konnte ich nicht einfach gemütlich herumlaufen. Nein, ich rannte und sprang vor Freude. Das fiel natürlich auf. Zumal ich ja auch noch meine Matte unter dem Arm trug.

War der Tag nicht ein Sabbat, der „Sonntag" der Juden? Nach den damaligen Regeln durftest du an diesem von Gott geheiligten Ruhetag keine Sachen herumtragen. Auch nicht deine Matte.

Einige Juden, die die religiösen Regeln ganz streng befolgten, sahen mich mit der Matte unter dem Arm. Sofort rannten sie zu mir hin und begannen zu schimpfen: „Heute ist doch Sabbat! Was fällt dir eigentlich ein, deine Matte zu tragen! Das ist doch nicht erlaubt. Und du weißt das ganz genau! Willst du das Gesetz brechen?" Sie interessierten sich eigentlich gar nicht für mich, geschweige denn dass sie sich über meine Heilung freuten. Das einzige, was ihnen an mir auffiel, war, dass ich gegen ihre religiösen Regeln verstoßen hatte. Um sie nicht noch mehr in Raserei zu bringen, hatte ich schnell eine Entschuldigung bei der Hand: „Aber der Mann, der mich heilte, hat es mir ausdrücklich befohlen! Wenn er mir befehlen konnte zu gehen und ich tatsächlich gehen kann, dann muss es doch nicht nur falsch sein, ihm zu gehorchen." Sie aber schüttelten nur unwirsch den Kopf und bezeichneten mich als einen unwissenden Vollidioten. „Wer hat dir denn so etwas Unerhörtes befohlen?" geiferte einer. Doch ich hatte keine Ahnung, wer es gewesen war; denn der Mann war ja unerkannt in der Menschenmenge verschwunden. So konnte ich den Gesetzestreuen keine Antwort geben. Aber ich wollte unbedingt diesen Mann finden. Es war ein Getümmel überall. Die Stadt wimmelte von Menschen. „Wo soll ich ihn suchen?" dachte ich bei mir. „Vielleicht im Tempel. Dort gehe ich jetzt hin. Da will ich auf jeden Fall Gott für meine Heilung danken."

Und dort fandest du ihn auch.

Genau. Er ging direkt auf mich zu und sprach mich an: „Du bist gesundgeworden. Sündige nicht mehr, damit du nicht etwas Schlimmeres als deine Krankheit erlebst!" (Joh 5,14).

Nach außen hin konntest du ja nicht viel Schlechtes getan haben, da du nie von der Stelle kamst.

Aber in Gedanken und mit Worten hatte ich schon einiges auf dem Kerbholz. Wie oft kamen mir böse Worte über andere über die Lippen. Ich beschimpfte solche, die mich achtlos zurückließen, wenn das Wasser sich bewegte. Böse Gedanken waren bei mir an der Tagesordnung. Der Mann fuhr fort: „Jetzt, wo du auch noch laufen und dich bewegen kannst, hättest du auch die Möglichkeit viel Schlechtes zu tun. Aber entscheide dich für das Gute!" Endlich dämmerte es mir: Das war Jesus, der mich geheilt hatte. Ich hatte schon viel von ihm gehört. Er hatte ja mit einem heiligen Zorn den Tempel von den gierigen Geschäftsleuten gereinigt. Nun sollten alle wissen, wer mich geheilt hatte. Ganz besonders diejenigen, die mich nach ihm gefragt hatten. So berichtete ich ihnen: „Jesus hat mich gesundgemacht." Es ging mir darum, Zeugnis abzulegen, nicht nur für meine Heilung, sondern auch für das großartige Werk, das Jesus an meiner Seele vollbracht hatte. Leider konnten diese Männer sich nicht darüber freuen. Sie ärgerten sich vielmehr, dass dies an einem Sabbat stattgefunden hatte. Sie empfanden sogar gegen Jesus Hass, der sich in lebensvernichtender Energie äußerte. Noch im Tempel begannen sie, mit ihm über den Sabbat zu diskutieren. Ich schlich mich in ihre Nähe und war jetzt ganz Ohr. Da fiel es mir wie Schuppen von den Augen, als ich ihn sagen hörte: „Mein Vater ist fortwährend am Werk, und auch ich bin am Werk." Das heißt, also auch am Sabbat. Also war ich in Jesus dem Gottmenschen begegnet. Nach dieser Erkenntnis begann ich nicht nur mein bisheriges passiven, in Selbstmitleid verfallenes Leben zu ändern, sondern ich glaubte auch an ihn als meinen Erlöser.

SIMON VON CYRENE – VOM WIDERWILLIGEN KREUZTRÄGER ZUM PROTOTYPEN EINES JESUS-JÜNGERS

Lieber Simon, über dein Leben ist uns wenig bekannt. Im Markusevangelium wirst du erwähnt. Dort heißt es: „Einen Mann, der gerade vom Feld kam, Simon von Cyrene, den Vater des Alexander und des Rufus, zwangen sie, sein Kreuz zu tragen." Auch Lukas und Matthäus nennen dich beim Namen. Wer warst du eigentlich?

Mein hebräischer Name Simon bedeutet „Erhörung" und deutet schon darauf hin, dass ich ein Jude war, und Meine Eltern lebten in Cyrene. Natürlich wünschten sie sich ein Kind, wie so viele andere Ehepaare. Als schließlich ihr Gebet erhört wurde, nannten sie mich Simon.

Wo lag Cyrene?

Cyrene war eine bedeutende Stadt in Nordafrika. Im heutigen Libyen. Seit Alexander dem Großen hatten die Griechen das Sagen. Aber es lebten dort auch andere Bevölkerungsgruppen, nicht zuletzt Juden. Als Schwarzafrikaner waren wir zum Judentum übergetreten und galten als sogenannte Proselyten, fremdländische Mitglieder der jüdischen Gemeinschaft. Seitdem die Römer den gesamten Mittelmeerraum beherrschten, hatten wir Juden in Cyrene nicht mehr dieselben Rechte wie die Griechen. Wir wurden unterdrückt. In diesem Klima des Völkerhasses bin ich aufgewachsen. Als die Situation für meine Familie irgendwann unerträglich wurde, verließen wir Cyrene und zogen nach Palästina. Dort bauten wir mühsam eine neue Existenz auf. Wir wollten bei all den widrigen Umständen uns nicht verhärten und verbittern lassen. Aufgeschlossen und positiv nahmen wir unseren neuen Lebensabschnitt in Angriff.

Hast du denn gleich eine Arbeitsstelle gefunden?

Ja doch. Im Jerusalemer Umland verdiente ich meinen Lebensunterhalt als Feldarbeiter.

Als dein Lebensweg den Leidensweg Jesu kreuzte, kamst du gerade von der Arbeit. Ich kann mir gut vorstellen, dass du müde und hungrig warst.

Nach einem Tag mühsamer Plackerei auf dem Acker schmerzten mir alle Glieder. Ich war rechtschaffen müde. Endlich sah ich dem Ausklang des Tages im vertrauten Familienkreis entgegen. Vielleicht durch ein anregendes Gespräch mit meiner Frau und den Söhnen. Außerdem stand ein besonderes Wochenende bevor: das herrliche Passafest. Der Höhepunkt des jüdischen Kalenderjahres. Noch ehe ich das Stadttor passierte, geriet ich in einen Menschenauflauf. Viel Volk hatte sich angesammelt, das offenbar eine Sensation witterte. Ich kannte solche Szenen. „Einen hat's wieder einmal erwischt," dachte ich. Den Mann, den sie in Ketten abführten, kam mir bekannt vor. War das nicht Jesus von Nazareth? Ich hatte schon vorher einiges von ihm gehört. Von seinen unerschrockenen Worten, seinen Taten und seinem triumphalen Einzug in Jerusalem. Erst vor ein paar Tagen. Das konnte ja niemandem verborgen bleiben. Auch ich hatte mich gefragt, ob er wirklich der Messias sei. Jetzt sah ich den Mann vor mir. Obwohl ich schnell nach Hause eilen wollte, begann ich mich doch für die Szene zu interessieren. Erbärmlich zugerichtet sah Jesus aus. Die Soldaten hatten – wie meist üblich – erst einmal ihren Spott mit ihm getrieben. Er trug einen Kranz aus Dornengeflecht. Die Stacheln hatten sich tief in seinen Kopf gebohrt. Blut lief ihm über die Stirn. Deutliche Spuren von brutaler Folter. Aber merkwürdig. Dieser Mensch fluchte und schimpfte nicht wie all die andern, wenn sie hier vorbeigeführt wurden. Ich bemerkte an ihm keine Spur von Hass auf seine Peiniger oder Wut über das Unrecht, das man ihm vermutlich antat. Oft genug waren sie keine Verbrecher, die ihrer Todes-Strafe entgegengingen, sondern arme Kerle, die in die Mühlen der Macht geraten waren und nun gnadenlos niedergemacht wurden. Ergeben schleppte der Mann den schweren Kreuzes-Querbalken, der ihm über die Schultern gebunden war. Er schaffte es kaum noch. Ich ging ein Stück näher an das Geschehen heran. „Feiges Spiel!" dachte ich. „Diesen Mann derart brutal zu quälen!" Immer und immer wieder blieb er stehen. Am Ende seiner Kräfte. Er schwankte mit zittrigen Knien ein Stückchen weiter. Wie von einer inneren Macht getrieben, die auch den letzten Lebensfunken noch aufbot, um den Weg zu Ende zu bringen. „Der packt das nicht!" rief plötzlich ein Soldat dem andern zu. „Der ist fix und fertig! Den kriegen wir den Hügel nicht mehr hinauf!" Dann sah ich seine Augen auf mich gerichtet. Schnell versuchte ich, dem Blick auszuweichen. Zu spät! Ein gewaltiger Schrecken durchfuhr meine Glieder, als ich ihn rufen hört: „He, du Muskelprotz, komm du mal her! Pack hier mit an!" Ich fühlte ohnmächtige Wut in mir aufsteigen. „Was soll das! Was habe ich damit zu tun! Es stehen doch so viele Gaffer nichts tuend herum. Was geht das ganze mich an?" Ich sträubte mich innerlich total dagegen. Aber ich hatte keine andere Wahl. Außerdem hatte man mir angesehen, dass ich als Afrikaner ein Ausländer war. Auch ein Grund mehr, mich zu ergreifen. Freiwillig hätte ich das nie getan. War es doch äußerst entehrend und diskriminierend einem zum Tod Verurteilten das Kreuz tragen zu helfen.

Da kam dir also wohl die römische Politik in die Quere.

Jawohl die Politik. Die Besatzungsmacht zwang mich, dass ich einen Feierabend aufschieben musste. Römische Soldaten nahmen sich immer wieder dreist das Recht heraus, die Bürger der besetzten Länder zu Transportleistungen heranzuziehen. Bis zu eineinhalb Kilometer mussten sie den Römern ihr schweres Gepäck tragen helfen. Davon machte jetzt der Wachtrupp Gebrauch. Ich wusste auch: Jetzt bloß keinen Aufstand! Keine aufmüpfigen Widerworte! Diese Soldateska versteht keinen Spaß! Im Recht fühlen die sich so wie so! Schon packte mich eine harte Faust im Nacken und stieß mich unter den Balken. Sein Gewicht sank auf meine Schultern. Mein Gott, war der schwer. Bleischwer! Das hätte ich nicht gedacht! Kein Wunder, dass der Mann fast zusammengebrochen war.

Du hättest einen berechtigten Zorn auf die Römer haben können, die dich so demütigten und deinen Feierabend verdarben. Du hättest auch eine Wut auf Jesus haben können, der sein Kreuz nicht selbst tragen konnte. Wenn man verhärtet und verbittert ist, fallen einem sehr viele Leute ein, die das Leben schwermachen. Wie war deine Reaktion?

Ich sah den blutüberströmten, im Straßenkot liegenden Gefangenen. Mitleid überkam mich. Als er mich jetzt voller Dankbarkeit ansah, war es mir, als hätte er all meine Schmerzen, Enttäuschungen, Frustrationen selbst auf sich genommen. Ich werde diesen Blick niemals vergessen. Dieser Blick voller Barmherzigkeit und Liebe aus einem zerschlagenen, grauen Antlitz, das bereits vom Tode gezeichnet war. Dennoch! Das Kreuz ließ er auch jetzt nicht los. Als müsste er es behüten und persönlich dafür Sorge tragen, dass es heil oben auf dem Galgenhügel ankam. So schleiften wir beide Stück für Stück das schwere Holz den Berg hinauf. Dabei strahlte Jesus Trost und Frieden aus. Mir war als blieb er selbst im Leid der Größere. Ich kann es heute nur als eine Gnade Gottes bezeichnen, dass ich auf der staubigen Straße Jerusalems auf dem Weg zur

Hinrichtungsstätte Golgota ihn traf. Der alle Bitterkeit aus meinem Herzen nahm und das Licht des Glaubens in mir anzündete.

Auf Golgota angekommen, konntest du endlich die Last des Kreuzesbalkens von dir abwerfen.

Genau. Plötzlich ein gewaltiger Ruck. Ich ging fast zu Boden. Die Henkersknechte stießen mir den Holzbalken von den Schultern. Ein Ellenbogen drückte mich beiseite. Ich wurde nicht mehr gebraucht. Wir waren auf der Bergkuppe angekommen. Ich sank benommen in den Staub. Die Hände vors Gesicht geschlagen saß ich regungslos da. Unbeachtet von all den vorbeihastenden Menschen. Einige stolperten fast über mich. Als ich endlich wieder zu mir kam und aufblickte, hatten sie das Kreuz mit Jesus bereits aufgerichtet. Ehrfurchtsvoll sah ich zu ihm hinauf. Ein Gedanke durchzuckte mich: „Du hast dein Kreuz würdevoll getragen. Auch ich hätte es ohne dich bis hier oben niemals geschafft. Nur gut, dass du an meiner Seite geblieben bist!" Ich begann zu verstehen, dass auf diesem Balken der Gottessohn alle Last der Welt auf sich genommen hatte. Unzählige Male habe ich später davon erzählt.

Dass du Jesus trafst, war sicherlich Gottes Handschrift. Gott nahm dich hinein in die Geschichte Jesu mit uns Menschen und ließ dich zum Prototyp eines Nachfolgers Jesu werden.

Was mir zuerst ein Zufall zu sein schien, wurde schließlich zur Fügung. Deshalb war ich kein Zufallsopfer, sondern herausgeliebt von Gott. Im Nachhinein durfte ich das immer deutlicher erkennen.

Der Evangelist Markus hat uns von dir berichtet, dass deine Söhne Alexander und Rufus hießen (Mk 15,21).

Markus hielt das deshalb für erwähnenswert, weil man uns in der Urgemeinde kannte; denn diese schicksalhafte Begegnung mit Jesus von Nazareth hat mich so entscheidend geprägt, dass ich mit meiner ganzen Familie Christ geworden bin. Mein Sohn Rufus ging dann später mit seiner Mutter nach Rom und genoss dort einen guten Ruf in der christlichen Gemeinde. Der Apostel Paulus hat die beiden am Ende des Römerbriefs ausdrücklich grüßen lassen (Römer 16,13).

Die Tochter des Jairus – von dem erstarrten Kind auf dem Totenbett zum quicklebendigen Mädchen

Jairus, du warst der Synagogenvorsteher von Kafarnaum. Heute könnten wir dich vielleicht nach unseren Begriffen als Pfarr-Gemeinde-Rats-Vorsitzenden bezeichnen. Als eines Tages Jesus von Gerasa zurückkam, wo er einen Besessenen geheilt hatte, hast du dich mit einer dringenden Bitte an ihn gewandt.

Als er am galiläischen Ufer des Sees Genezareth im Boot seiner Jünger landete, erwarteten ihn schon viele Leute. Alle wollten etwas von ihm. In diesem dichten Menschengewühl drängte ich mich entschieden nach vorn. Mit Hilfe meiner Ellbogen. Mein einziger Gedanke war: ich muss Jesus bitten, sofort in unser Haus zu kommen; denn meine 12-jährige Tochter lag im Sterben.

Möglicherweise war das gar nicht so einfach für dich. Du warst ein hoher Funktionär in der jüdischen Gemeinde und hattest ein angesehenes und würdevolles Amt. In den Synagogen gab es ja Probleme mit Jesus. Gerade viele theologisch gebildete Menschen hatten mit seiner sehr radikalen und herausfordernden Verkündigung ihre liebe

Not. Dazu hatte er am Sabbat einen Mann mit einer verdorrten Hand gesundgemacht. Die Schriftgelehrten und Pharisäer waren empört darüber. Der Evangelist Lukas berichtet uns davon: „Da wurden sie von sinnloser Wut erfüllt und berieten, was sie gegen Jesus unternehmen könnten (Lk. 6,11). Du wusstest sicherlich davon. Nun kamst ausgerechnet du, der Synagogenvorsteher, zu diesem umstrittenen Rabbi Jesus und batst ihn um Hilfe. Und das vor allen Leuten.

Trotzdem rang ich mich gegen alles mögliche Gerede durch, fiel vor Jesus sogar auf die Knie und flehte ihn an: „Jesus, bitte komm und lege meiner Tochter die Hände auf, dass sie wieder gesund wird und lebt."

Normalerweise fiel kein Vorsteher irgendjemand vor die Füße. Schon gar nicht Jesus, der bei den Theologen geächtet war. Dieser Kniefall muss großes Entsetzen bei den Umstehenden ausgelöst haben.

Was tut man nicht alles für sein Kind, wenn sämtliche ärztlichen Möglichkeiten ausgeschöpft sind? Ich vertraute Jesus. Ein blindes Vertrauen. Er war meine letzte Hoffnung. Wenn überhaupt einer, dann nur er konnte mein Kind gesundmachen. Aber wir mussten uns beeilen! Es war höchste Zeit! Mein Kind lag im Sterben.

Und Jesus ging mit dir.

Ohne zu zögern. Es war nicht leicht durchzukommen. Es herrschte ein riesiges Gedränge. Die Leute erdrückten Jesus fast. Wir kamen kaum voran. Da passierte das Unvermeidliche: Jesus wurde aufgehalten. Jemand hatte sein Gewand berührt. Meine Erleichterung über die zugesagte Hilfe wich einer aufkeimenden Verzweiflung, als Jesus dann auch noch eine Diskussion darüber anfing, wer gerade seine Kleider berührt habe. Und das in einer Menschenmenge, in der die ganze Zeit jeder jeden anrempelte. Auch seine Jünger fragten erstaunt nach, was das denn solle. Jesus jedoch ließ sich nicht beirren. Er hatte gespürt, wie eine Heilkraft von ihm ausgegangen war. Da meldete sich eine Frau zu Wort, die seit Jahren an Blutfluss gelitten hatte. „Ich wusste, ich werde gesund, wenn ich nur den Saum deines Gewandes berühre", erklärte sie unter Zittern. Und Jesus antwortete: „Meine Tochter, dein Glaube hat dich gesundgemacht. Geh in Frieden!" Unter meinen Füssen brannte es wie glühende Kohlen. „Das darf doch nicht sein! Die Zeit läuft uns davon. Es ist zum Verzweifeln!" Und dann kam der Hammer: „Deine Tochter ist gestorben!" riefen mir einige Leute zu. „Bemühe den Meister nicht länger. Zu spät!"

Was hast du in dieser Situation empfunden? Was ist mit deinem Glauben, deinem Vertrauen passiert, das du zu Jesus gefasst hattest?

Mein Glaube brach zusammen: „Jesus kommt zu spät. Es hat nicht gereicht." Alle meine Hoffnungen waren dahin. Ich hatte geglaubt, gebetet. Ich hatte Jesus mein Anliegen vorgebracht. Ich hatte mich wie an einen Strohhalm an ihn geklammert, dass er rechtzeitig eingreift. Und dann war doch der „worst case" eingetroffen. Das war Stress pur für meinen Glauben. Was jetzt? Warum? Eine Berg- und Talfahrt meiner Gefühle: Erst die Krankheit meines Kindes, die immer weiter fortschritt. Mit ansehen zu müssen, wie meine einzige Tochter unaufhaltsam dem Tod entgegenging. Die eigene Ohnmacht zu erleben. Dann die Hoffnung wider alle Hoffnungen: Jesus ist auf dem Weg zu uns nach Kafarnaum. Er könnte das Mädchen heilen. Und jetzt die Todesnachricht: Zu spät. Alles umsonst.

Was sagte Jesus angesichts dieser niederschmetternden Nachricht zu dir?

Als die Trauer um meine Tochter mich zu überrollen drohte, hörte ich ihn wie aus weiter Ferne sagen: „Sei ohne Furcht; glaube nur, dann wird sie gerettet! Lass nicht die Angst eindringen in dein Herz." Liebevoll legte er den Arm um meine Schultern. In diesem Moment weckte er neuen Glauben in mir. Einen Glauben, der nicht aus mir selbst kam. Der mir von Jesus selbst geschenkt wurde. Er machte mir Mut, mich einfach ihm anzuvertrauen. Ohne zu wissen, was er jetzt genau tun würde. Ich sollte mich nur einfach auf ihn verlassen und ihm folgen. Er ging mit mächtigen Schritten voraus und nahm mich mit. Wir erreichten unser Haus. Dort war schon der ganze Bestattungsapparat im Gange, wie es damals üblich war. Die professionellen Klagemusiker erfüllten das Trauerhaus mit Geheul und Flötenmelodien. Die Klageweiber beweinten mit lauter Stimme den Tod meines Kindes. Die Nachbarn drängten herein, um ihr Beileid zu bekunden. Die Totenbahre stand schon bereit.

Und was tat Jesus?

Jesus setzte dem ganzen Lamento, das nur die Macht des Todes bestätigte, sein Machtwort entgegen. „Das Kind ist nicht gestorben. Es schläft nur." Aber sie lachten nur: „Haha, von diesem Schlaf wird keiner mehr auferstehen! Wissen wir doch, dass es tot ist." Jesus ließ sich nicht im Geringsten davon beeindrucken. Er nahm es in Kauf, ausgelacht zu werden. Die Klageweiber, die sich ja auskannten mit dem Tod, warf er schließlich zur Tür hinaus. Dann ging er mit uns, meiner Frau und ich, mit seinen Jüngern Petrus, Johannes und Jakobus in das Obergemach, wo das Kind auf dem Totenbett lag. Wahrscheinlich wollte er das, was jetzt geschah, von uns als Zeugen bestätigt haben. Ich sah mein Töchterchen reglos in ihrem Bett liegen. Sie atmete nicht mehr. Dabei hatte ich meinem Kind doch immer ein langes und glückliches Leben gewünscht. Jesus ließ mich aber gar nicht weiter nachdenken. Er trat zu dem Bett. Er fasste unser totes Kind an der Hand. In dem Moment fiel mir ein, dass nach dem mosaischen Gesetz es verboten war, Tote anzufassen. Die Berührung mit ihnen bewirkte unmittelbare Unreinheit. Nicht einmal der Hohepriester durfte seine verstorbenen Eltern berühren, um sie zu bestatten. Aber Jesus tat jetzt etwas, was kein Mensch durfte. Er ergriff die Hand meines toten Mädchens. Doch anstatt dass er unrein wurde, erwachte mein Töchterchen zum Leben. Jesus hatte auf aramäisch gesagt: „Talita kumi! Steh auf!" Dabei benutzte er das Kosewort Talita, was soviel wie Zicklein, Rehlein bedeutet. Ihr würdet vielleicht Bambi sagen. Jesus gebrauchte also nur zwei Worte: „Talita kumi". Zunächst hatten wir den Eindruck, wir wären einer Sinnestäuschung zum Opfer gefallen. Dann forderte uns Jesus auf: „Gebt dem Kind etwas zu Essen! Damit ihr seht, dass es wirklich wieder lebt!" Das Wunder war tatsächlich geschehen! Obwohl mein Glaube zu schwanken begonnen hatte, waren die Möglichkeiten, die Jesus hatte, noch lange nicht ausgeschöpft. Er rief ins Leben und es geschah. Ähnlich wie bei der Schöpfung. „Gott sprach: Es werde Licht! Und es wurde Licht." Da verstand ich: Weil Jesus vollmächtig im Namen Gottes redete und handelte, war Gott selbst in ihm zu uns Menschen gekommen. Er ist der Sohn Gottes. Es ist der Selbe. Damals wie auch heute.

Wie ging es dann weiter?

Unbändige Freude machte sich in mir breit. Am liebsten wäre ich gleich auf die Straße gerannt und hätte jedem erzählt, dass meine Tochter lebte. Wirklich und leibhaftig. Aber Jesus hatte uns Eltern streng geboten, dass niemand etwas davon erfahren sollte, wie es Markus ausdrücklich betont (Mk 5, 43). Natürlich erzählte ich die Geschichte später trotzdem immer wieder. Zu groß war mein Glück, als dass ich dieses Wunder hätte für mich behalten können. Bald wusste jeder in Kafarnaum, mit welcher Selbstverständlichkeit Jesus den Tod überwunden und meiner Tochter das Leben neu geschenkt hatte. Für mich war klargeworden, was Jesus verkündete: Das Reich Gottes ist bereits angebrochen. Gott hat Gutes mit den Menschen im Sinn und führt jeden, der sich ihm im Glauben zuwendet, auf den Weg zum Leben.

Die blutflüssige Frau – von einer Ausgestossenen zur Tochter des himmlischen Vaters

Gute Frau, der Evangelist Markus erzählt uns, dass du zwölf Jahre unter Blutfluss gelitten hattest.

Nach dem Gesetz des Moses war ich unrein und beständig vom Gottesdienst ausgeschlossen (Lev 15,31). Meine sozialen Kontakte waren sehr rar; denn durch den Blutfluss verunreinigte ich rituell alles in meiner Umgebung. Ich war verstoßen. Selbst von meiner Familie. Ich durfte mich nicht unter Menschen wagen und musste mich selbst als unrein, als Quelle des Schmutzes und der Ansteckungsgefahr empfinden. Dazu trug ich noch den Makel des angeblich eigenen Verschuldens dieser Krankheit an mir. Ich zog mich immer mehr zurück. Es war mir schon peinlich, überhaupt über meine Gebrechen zu sprechen. Das war ja sehr intim. Außerdem waren die Ärzte alle Männer. Trotzdem hatte ich einen nach dem anderen abgeklappert. Doch mein Wunsch auf Heilung war größer als alle Hemmschwellen. Die Mediziner verlangten hohe Honorare. Doch auch das spielte keine Rolle. Ich nahm jede finanzielle Hürde in Kauf. Ich wollte gesundwerden, und koste es was es wolle! Mit meiner Kämpfernatur investierte ich meine ganze Mitgift, die ich in die Ehe eingebracht hatte. Doch es blieb leider ohne Erfolg. Die Behandlungen waren eine Tortur. Es wurde nur noch schlimmer. Niemand konnte mir helfen. Ich war austherapiert. Ich hatte die Station „Hoffnungslosigkeit" erreicht. Ich verströmte mit meinem Blut gleichzeitig meine innerste Lebenskraft und blutete förmlich aus. Das führte zu starken Angst- und Schuldgefühlen. Ich fühlte mich sehr geschwächt. Sowohl seelisch als auch körperlich. Zwölf Jahre durfte ich niemanden berühren. Auch nicht die Menschen, die ich liebhatte. Ich konnte keine Kinder kriegen. Ich galt als unrein. Ich war gesellschaftsunfähig.

Umso erstaunlicher, dass du bei der großen Menschenmenge dich bis zu Jesus vordringen konntest.

Eigentlich durfte ich mich als Unreine nicht unters Volk mischen. Das war verboten. Doch ich überwand selbst diese gesellschaftlichen Hürden, um mich Jesus zu nähern. Ich hatte Gerüchte gehört, dass von ihm Heilung ausgehe. Deshalb pirschte mich von hinten durch die Menge an ihn heran. Aus einer Mischung aus vager Hoffnung und Angst siegte schließlich die Überzeugung, dass ich Jesus nicht unrein machen, sondern dass er mich heilen würde. Dass seine Reinheit stärker war als meine Unreinheit.

Du musstest ja einen geradezu unverschämten Glauben gehabt haben. Deine Not war heimlich und deine Bitte unausgesprochen. In deiner Einsamkeit, Hoffnungslosigkeit voller Enttäuschungen hängtest du dich wie ein kleines, hilfloses Kind an den Rockzipfel Jesu.

Ich scheute mich, Jesus öffentlich um Heilung zu bitten, wie andere es getan hatten. Ich fürchtete die ungehaltene Reaktion der Leute. Deshalb näherte ich mich ihm scheu von hinten und berührte einer der vier Quasten, die an Seinem Gewand baumelten. Sofort merkte ich, dass der Blutfluss zum Stillstand kam und eine Kraft meinen Körper durchströmte. Ich war von meiner Plage geheilt. Diese Heilung war sozusagen die Umkehrung der Ansteckung meiner Krankheit. Das bloße Berühren von seinem Gewand bewirkte in mir die Ansteckung zu meiner Heilung. Dem Himmel sei gedankt, dass ich für diese erfolgreiche „Behandlung" kein ärztliches Honorar bezahlen musste. Ich war ja inzwischen arm wie eine Kirchenmaus, wie ihr heute sagen würdet.

Gewöhnlich merkt man im Gedränge nicht, wenn man gezielt berührt wird. Aber Jesus war das nicht entgangen. Wie reagierte er auf dein anonymes Heranschleichen?

Obwohl er auf dem Weg zu Jairus war, der es sehr eilig hatte, blieb Jesus stehen und sah mich liebevoll an. Er schob mich nicht weg. Er wollte sicherlich nicht, dass ich mich einfach mit dem „gestohlenen Segen" davonmachte. Deshalb wandte er sich um und fragte: „Wer hat meine Kleider angerührt?" Als alle das verneinten, antworteten seine Jünger voller Verwunderung: „Meister, die Volksmengen umdrängen und drücken dich, und du sagst: Wer ist es, der mich angerührt hat?" (Lk 8,45). Ich wäre eigentlich gerne unerkannt geblieben. Doch Jesus bestand darauf, dass ich mich outete. Wie beschämend vor all den Leuten!

Genügte es ihm nicht, dass du geheilt warst?

Offensichtlich nicht. Ich denke, Jesus wollte mir zu erkennen geben, dass er ein echtes Interesse an mir hatte, indem er mir die volle Gewissheit um meine Heilung schenkte. Vielleicht war es ihm auch ein Anliegen, dass ich mich öffentlich zu meinem Retter bekannte. Außerdem war ich so sehr von seinem Blick getroffen, dass ich mich nicht länger verbergen konnte. Voller Furcht und Zittern kam ich zu ihm, fiel auf die Knie und sagte ihm unaufgefordert die ganze Wahrheit. Es interessierte mich nicht mehr, ob die umstehenden Leute das hörten und was sie dachen. Ängstlich lag ich vor seinen Füßen, ohne zu wissen, was nun kommen würde.

Und wie reagierte Jesus darauf?

Seine Anrede „Tochter" war allein schon Balsam für mein zitterndes Herz; denn dadurch zeigte er sein Mitgefühl und sein Interesse. Ich war verstoßen und verachtet. Auch von der eigenen Familie. Jetzt nahm mich Jesus als seine Tochter an. Damit hatte ich absolut nicht gerechnet. All das hätte ich verpasst, wäre ich im Stillen wieder verschwunden. Dann fuhr er fort: „Sei guten Mutes!

Dein Glaube hat dich geheilt." Er fragt mich nicht nach meinem Motiv. Er unterzog mich keiner Glaubensprüfung. Er sagte nur zu mir: „Dein Glaube hat dir geholfen." Damit macht er mich gesund. Zuversicht und Mut hatten mich in den vergangenen Jahren kaum begleitet. Mit diesen Worten machte Jesus deutlich, dass ich nicht in erster Linie durch die Berührung geheilt wurde, sondern durch meinen Glauben an ihn. „Geh hin in Frieden!" entließ er mich. Ich spürte eine Veränderung zum Guten. Ich hatte 12 Jahre lang versucht, alles zu geben, nur um ein wenig Bestätigung, Wertschätzung und Liebe zu bekommen. Doch meine Sehnsucht blieb ungestillt. Niemand wollte mich akzeptieren, so wie ich war. Auch nicht meine engsten Verwandten. Erst in dem Moment als Jesus zu mir sagte: „Meine Tochter", wurde diese Sehnsucht für immer gestillt. Seine Worte öffneten mir den Himmel. Dort war ein Vater, der mich liebte. Dem ich nichts beweisen musste. Wo alles für mich hoffnungslos, verriegelt war, fand ich durch Jesus die Tür zu einem neuen, heilen Leben. Ich konnte mich mit meiner Biographie versöhnen. Ich fand meine Identität in Jesus, der lebendigen Ikone des liebenden Vaters im Himmel.

Hohepriester Kaiaphas –
vom bestechlichen Amtsträger zum prophetischen Heilsverkünder

Kaiaphas, du hattest in jenem Jahr das Amt des Hohepriesters im Tempels von Jerusalem inne. Also beriefst du kurz vor dem bevorstehenden Passah-Festes eine Sondersitzung der Mitglieder des „Hohen Rates" ein. Was war der Grund dafür?

Im Hinblick auf unsere Aufgabe, Schaden vom jüdischen Volk abzuhalten, hatte ich unser Gremium zusammenkommen lassen. Ich war dankbar, dass alle ihr Erscheinen so kurzfristig möglich machen konnten, obwohl das Passahfest mit all seinen Verpflichtungen vor uns lag. Also trat der Hohe Rat zusammen und beriet: Was sollte man tun? Ich hatte die Führungskompetenz, die Verantwortung. Deshalb kam ich sofort zur Sache: "Gerade in den letzten Tagen erreichen Entwicklungen einen neuen Höhepunkt, die uns schon seit einiger Zeit beschäftigen. Die terroristischen Gruppen zur Befreiung unseres von den Römern okkupierten Landes haben immer mehr Zulauf. Die Anschläge werden immer dreister. Es sind schon viele Menschenleben zu beklagen. Zwar konnten unsere und die römischen Geheimdienste vereinzelte Erfolge verbuchen. Barabas zum Beispiel wurde dingfest gemacht. Aber schlägt man der Schlange dieser Bewegung einen Kopf ab, wachsen gleich zwei nach.

Lag die Lebenskraft dieser Befreiungs-Bewegung nicht in der Messias-Erwartung.

Das einfache Volk hoffte auf einen Erlöser, der sich an die Spitze der Befreiungsbewegung setzte. Noch waren die einzelnen Gruppen untereinander zerstritten. Wenn sie es aber schafften, sich auf einen Anführer zu einigen, dann brauchte ich mir die Konsequenzen nicht weiter auszumalen. Die Römer waren nicht bereit, irgendwelche Unruhen tatenlos hinzunehmen. Wenn die Anhängerschaft Jesu massenhaft würde, hätten die Römer allen Grund dazu, brutal dagegen vorgehen. Weil sie einen Aufruhr unter einem selbst ernannten Messias niemals dulden könnten. Sie würden nicht danach fragen, ob die Bewegung geistlich oder politisch motiviert sei. Wenn es zu einem Großeinsatz militärischer Kräfte kommen sollte, würden auch wir ins Kreuzfeuer der Kritik geraten. Alles, was wir in mühsamen Verhandlungen mit den Römern erreicht hatten, wäre von heute auf morgen in Gefahr. Alles, was unserem Volk unter den gegebenen Umständen noch an Selbstbestimmung und Freiheit geblieben war, wäre aufs Spiel gesetzt. Sollten wir wirklich abwarten, bis es so weit kam?

Du wolltest also handeln.

Ob ich wollte oder nicht, ich musste jetzt handeln. In wenigen Tagen stand das Passahfest in Jerusalem vor der Tür. Die Stadt würde aus allen Nähten platzen. Ein idealer Nährboden für Unruhen aller Art. Jetzt hatten wir noch Zeit den Römern zu zeigen, dass wir an der Bewahrung des „Status Quo" interessiert waren. Daher schlug ich vor, ein Exempel zu statuieren.

Was für ein Exempel?

Ich dachte an diesen Jesus von Nazareth. Seine Lehren waren gotteslästerlich. Besonders die Pharisäer unter uns hatte er schon mehrfach bloßgestellt und beleidigt. Dieser Mann brachte Unruhe in unser Volk und in die Synagogen. In den mir vorliegenden Geheimdienstberichten wurde zwar nicht erwähnt, dass Jesus zur Gewalt aufrief. Aber niemand konnte übersehen, wie sich immer mehr Leute um ihn scharten, die zum Teil aus dem terroristischen Umfeld stammten. Ein Bericht nannte in diesem Zusammenhang Judas Iskariot, der zu seinem engsten Jüngerkreis gehören sollte. Tatsächlich ließ sich der Mann aus dem Ort Kariot gegen eine entsprechende Summe Geld vor unseren Karren spannen, sodass wir Jesus um in einer Nacht- und Nebelaktion festnehmen konnten.

Mit der Eröffnung der Anhörung hast du deine Zeugen zu Wort kommen lassen.

„Was haben die heiligen Mitglieder des Rates über diesen Mann hier zu sagen? begann ich die Befragung. „Er hat in meinem Haus den Sabbat geschändet", rief Ismael Ben-Ami in die Runde. „Ist es wahr, Angeklagter?" wandte ich mich an Jesus. Er aber schwieg. „Ich habe ihn mit bekannten Dirnen zusammenleben gesehen," kam eine Stimme aus den vordersten Reihen. „Er gab sich als Prophet aus und hat aus seinem Schlupfwinkel ein Bordell gemacht. Dazu noch mit heidnischen Frauen. Mit mir zusammen waren Zadok und Nahum, der Vertrauensmann des Hannas. Widersprecht mir, wenn ich es verdiene!" – „Es ist wahr! Es ist wahr!" beteuerten die beiden Männer. – „Was sagst du dazu?" Wiederum schwieg dieser Mann aus Nazareth. Andere Stimme wurden laut: „Er hat uns Bibelgelehrte zum Gespött des Volkes gemacht. Die Leute lieben uns seinetwegen nicht mehr!" Ich versuchte diesen Jesus mit meinen Blicken zu durchbohren. „Hörst du? Du hast die heiligen Mitglieder des Synedriums entehrt." Langsam brachte er mich mit seinem eisigen Schweigen zur Weißglut. Die Anschuldigungen wurden immer schlimmer. „Dieser Mensch ist besessen!" rief einer. „Aus Ägypten zurückgekehrt, betreibt er schwarze Magie! Ich schwöre es auf meinen Glauben und die Gesetzestafeln!" – „Wie kannst du das beweisen?" fragte ich zurück. „Verteidige dich!" wiederum keine Reaktion. Jetzt fuhr ich mein schwerstes Geschütz auf: „Gesetzwidrig ist das Amt des Messias, das du dir angemaßt hast. Du weißt es. Darauf steht der Tod. Sprich!" Ich stieg von meinem erhöhten Sitz herab und stellte mich direkt vor den Angeklagten. „Du antwortest mir nicht? Hörst du, welche Anschuldigungen sie gegen dich erheben? Furchtbare Anschuldigungen! Sprich, um dich von dieser Schmach zu reinigen!" Aber keine Silbe kam über seine Lippen. Er sah mich an, dass ich unwillkürlich den Blick senken musste. Als ich wieder meine Augen erhob, fuhr ich fort: „Antworte wenigstens mir! Ich bin dein Hohepriester. Im Namen des lebendigen Gottes beschwöre ich dich. Sage mir: Bist du der Messias, der Sohn Gottes?" – „Du sagst es. Ich bin es.", antwortete er. „Ihr werdet den Menschensohn zur Rechten der Kraft des Vaters sitzen und auf den Wolken des Himmels kommen sehen." Das schlug ein wie eine Bombe. „Du Gotteslästerer!" schrien alle im Chor. „Anathema! Er ist des Todes schuldig." Ich erhob meine heiser gewordene Stimme, zerriss mein leinenes Gewand in einer Geste des Entsetzens. „Was brauchen wir noch Zeugen? Die Gotteslästerung ist ausgesprochen. Was sollen wir mit ihm machen?" Und alle im Chor: „Töten!"

Hatte nicht kurz vorher Jesus im nahen Bethanien seinen Freund Lazarus vier Tage nach seinem Tod wieder zum Leben erweckt?

Während meine Kollegen aus dem „Hohen Rat" diese Nachricht von der Totenauferweckung als Lüge geradezu lächerlich empfanden, nahm ich sie ernst. Da sammelte sich ein Potential, das nicht unterschätzt werden durfte. Dieser Mann tat angeblich erstaunliche Dinge! Wenn wir ihn gewähren ließen, würden sich viele aus dem Volk auf seine Seite schlagen und ihn zum König Israels ausrufen. Ein ernsthaftes Signal in diese Richtung war schon sein feierlicher Einzug auf einem Esel nach Jerusalem, wo die Massen ihn mit Hosianna-Rufen als den Sohn Davids umjubelt hatten. Das brachte uns, die religiöse Obrigkeit, gewaltig in die Bredouille. Wie sollten wir es anstellen, diesen Jesus zu beseitigen, wenn ihm das Volk zujubelte? Schließlich würden die Römer kommen, unser Land verwüsten und die Bevölkerung ausrotten. Weil sie einen von Gott eingesetzten, souveränen König Israels niemals dulden konnten. Kurz vor dem Passahfest hatten die römischen Besatzer einen Vollstreckungstermin auf dem Totenkopfhügel festgesetzt. Vielleicht könnten wir dort Jesus von Nazareth mit unterbringen. Wir wären ein religiöses Problem los und ein politisches dazu.

Aber meldeten nicht einige Ratsmitglieder aus dem „Hohen Hause" Bedenken an?

Natürlich teilten nicht alle meine Ansicht. Besonders Nikodemus und Josef von Arimathäa. Im Stillen hatten sie begonnen, mit diesem Jesus zu liebäugeln als wäre er der Messias. Aber schwere Zeiten erfordern schwere Entscheidungen. Auch die Opposition hatte jetzt die Gelegenheit zu zeigen, dass sie stolz war auf unser Land und unseren Glauben. Wenigsten auf das, was davon noch übriggeblieben war. Wer eine solche Entscheidung nicht treffen wollte, musste dann auch den Mut haben, den Müttern ins Auge zu sehen, die um ihre von römischen Soldatenstiefeln zertrampelten Kinder trauerten. Wer hatte schon solchen Mut!? Deshalb plädierte ich entschieden dafür, diesen Jesus von Nazareth für das Wohl, die Sicherheit, die Freiheit und den Frieden unseres Volkes zu opfern.

Nach der Sitzung mit dem „Hohen Rat" war es also für dich beschlossene Sache, Jesus zu töten.

Wie hättest du an meiner Stelle gehandelt? War das nicht eine blitzsaubere Entscheidung? Wie allen Politikern blieb mir nur die Wahl zwischen dem kleineren und dem größeren Übel. Und das kleinere Übel war, Jesus von Nazareth der großen Politik zu opfern. Ich dachte staatsmännisch und hatte das Ganze im Blick. Deshalb sagte ich den Männern des Synedriums ganz offen ins Gesicht: „Es ist besser für euch, wenn ein einziger Mensch für das Volk stirbt als dass das ganze Volk zugrunde geht" (Joh 11,50). Diesen Satz meinte ich keineswegs zynisch oder religiös verwerflich. Er war verantwortungsethisch korrekt. Einer stirbt, damit alle anderen leben können. Wie viele würde sein Tod vielleicht vor Verletzung und Verderben bewahren! Die Welt würde daran achtlos vorbeirollen. Das Kreuz des Jesus von Nazareth als ein unbedeutendes Zeichen am Straßenrand der großen Politik. Ein bedauerlicher Kollateralschaden einer eben heillosen Welt.

Du hättest wohl recht, wenn nicht jene seltsame Wandlung passiert wäre, die deine Worte nahmen. Gerade sprachst du hier noch als der Manager einer heillosen Welt. Doch ehe du dich versahst, hatte Gott dir Worte in den Mund gelegt,

die seiner Verheißung entsprachen. Gerade noch erschien dir der Jesus von Nazareth als eines der unzähligen, ohnmächtigen Opfer der Weltgeschichte, da tauchte hinter dir der Wille und Plan des allmächtigen Gottes auf. Denn bei ihm herrscht in Wahrheit nicht der blinde Zufall oder die Logik einer trostlosen Welt. Es ging in Erfüllung, was Gott in Jesus von Nazareth beschlossen hatte: er marschierte in das Getriebe dieser Welt, auf dass sich ihre Zahnräder an ihm ausbeißen würden. Niemand konnte ihn daran hindern. Sein Kreuz wurde nicht zum Mahnmal der Vergangenheit, sondern zum Zeichen der Hoffnung. Nicht Ausweis einer verlorenen Welt, sondern Wegweiser zum ewigen Leben. Aus dem schmerzverzerrten Gesicht des ohnmächtig Gekreuzigten blickte der Mächtige schlechthin. Während Jesus im Tod die Augen schloss, nahm er dir, Kaiaphas, die Feder aus der Hand, mit der du Weltgeschichte schreiben wolltest.

Wäre dieser Jesus vom Kreuz herabgestiegen, dann hätte auch ich an ihn geglaubt. Aber er tat es nicht, obwohl ich ihn mit den Pharisäern und Schriftgelehrten dazu aufforderte. Ich sah in ihm keine Spur von einem Messias, der unserem Volk die ersehnte Freiheit brachte, sondern einen in seiner Hilflosigkeit und Armseligkeit von Gott verlassenen, sterbenden Mann. Da sollte ein gekreuzigter Jude, der zwischen die Mühlen der Justiz geraten war und in einem Winkel des Römischen Reiches sein Leben aushauchte, der Retter der Welt sein? Das wäre doch absurd.

Sein Tod sollte die Menschen mit Gott versöhnen? Das klingt doch eher nach einem schlechten Krimi – würde man wohl heute bei euch sagen – als nach einer Tat Gottes.

Menschlich gesehen war Jesu Tod ein Scheitern und ein Sieg seiner Feinde, zu denen auch du dich zähltest. So erleben wir es oft in der Geschichte: Der Stärkere setzt sich im Kampf um Macht und Geltung gegen den Schwächeren durch. Doch die scheinbare Niederlage Jesu war der Weg, den Gott gewählt hatte, um dann mit der Auferstehung seine Macht und seinen Sieg zu offenbaren. Wenn Jesus aber der Sohn Gottes war, dann war er bereit, sich für sein Volk und für die ganze Menschheit hinzugeben. Der Tod Jesu war zwar ein vergleichsweise unbedeutendes Ereignis. Nicht zuletzt, weil in jener Zeit viele Menschen gekreuzigt wurden. Aber er übersteigt bei weitem die Bedeutung der größten Schlachten der Weltgeschichte und der größten Leistungen der Menschheit. Der Prophet Jesaja hatte das schon Jahrhunderte vorher vorausgesagt, indem er in dem leidenden Gottesknecht den Erlöser erkannte: „Er hatte keine schöne und edle Gestalt, sodass wir ihn anschauen mochten. Er sah nicht so aus, dass wir Gefallen fanden an ihm. Er wurde verachtet und von den Menschen gemieden, ein Mann voller Schmerzen, mit Krankheit vertraut. Wie einer, vor dem man das Gesicht verhüllt, war er verachtet; wir schätzten ihn nicht" (Jes 53, 2–3). Jesus war nicht nur ein Bauernopfer in einer politisch brenzligen Situation, um die Römer zu beschwichtigen. Seine Kreuzigung wird von denen, die ihm glauben als Erhöhung zu Gott hin gedeutet. So wie er es selbst vorausgesagt hat: Wenn ich erhöht werde von der Erde, so will ich sie alle zu mir ziehen.(Joh 12,32). Jesus zieht nicht nach unten, er zieht nach oben. Daraus wird deutlich, dass Gott in seiner Liebe alles von langer Hand geplant hatte, indem sein Sohn die ganze Schuld der Menschheit auf sich nahm und unter ihrer Last zum Knecht Gottes wurde, die verstreuten Kinder Gottes aus allen Völkern zusammenzubringen. „Durch seine Wunden sind wir geheilt", bringt es schließlich der Prophet auf den Punkt (Jes 53,5). Worte, die dir als Bibelkundiger nicht fremd sein dürften. Deshalb möchte ich behaupten: Wir brauchen seit Jesus nicht mehr faule Kompromisse in der Politik. Wir brauchen in der Politik Menschen, die aus Liebe handeln. Nur die haben Zukunft. Auch heute.

Höre auf, weiter so zu reden! Sonst bekomme ich noch Lust, an deinen Jesus zu glauben!

Herodes Antipas –
vom gewissenlosen Lustmolch zum
Wegweiser auf das Königsgewand
des Auferstandenen

Herodes Antipas, der historische Hintergrund deiner Lebensgeschichte mutet einen richtig mondän an. Vielleicht kannst du uns etwas darüber sagen.

Ich war der zweite Sohn des Herodes des Große mit seiner vierten Ehefrau, der Samaritanerin Malthake. Zusammen mit einem Bruder und einem Halbbruder wurde ich in Rom erzogen. Als mein Vater im Jahr 4 vor eurer Zeitrechnung starb, wurde ich zu einem der Tetrarchen, also der „Vierfürsten", ernannt. Ich sollte unter römischer Aufsicht über Galiläa und Peräa herrschen. Meine Residenz war Sephoris, etwa acht Kilometer nordwestlich von Nazareth gelegen. Später gründete ich die Stadt Tiberias am See Genezareth. Sie sollte später zur Hauptstadt der Tetrarchie werden. Ich verliebte mich in meine Schwägerin Herodias, die Frau meines Halbbruders Philippus. Daraufhin verließ Herodias ihren Mann. Ich

meinerseits verstieß meine Frau. Ihr Vater, der Araber-
fürst Aretas, war darüber so erzürnt, dass er einen Krieg
anzettelte und mir eine schwere Niederlage beibrachte.

**Diese Verwirrungen zwischen Vernunft- und Liebesheirat
klingen nach Regenbogenpresse: Kabale und Liebe an
Fürstenhöfen. Euer Verhalten erregte bei der jüdischen
Bevölkerung als doppelter Ehebruch großen Anstoß.
Johannes der Täufer verlieh der Empörung wortgewalti-
gen Ausdruck.**

Es war vorauszusehen, dass der Täufer mit mir in Konflikt geraten musste. Er rief zur Umkehr auf. Er redete
nicht nur den gewöhnlichen Leuten ins Gewissen, er nahm
sich auch die Freiheit, mir alle meine Schandtaten – wie er
es nannte – vor Augen zu halten. Die Verbindung mit der
Frau meines Bruders bezeichnete er dreist als eine Eheve-
fehlung: „Es ist dir nicht erlaubt, die zu haben" (Mk 6,18).

**Die Ehe mit der Frau eines noch lebenden Bruders war
nach jüdischem Gesetz streng verboten.**

Was interessierten mich als Nichtjude schon religiöse
Gesetze! Ich stand weit drüber. Also beantwortete ich die
unangenehmen Vorhaltungen des Johannes, indem ich
ihn kurzerhand festnehmen ließ.

Aber die Haft schien nicht allzu schwer gewesen zu sein; denn du ließest Johannes immer wieder zu dir rufen. Warum eigentlich?

Natürlich ging es mir nicht um den Wahrheitsgehalt seiner Predigten, sondern um die Sensation seiner Beredsamkeit. Dem konnte man wirklich stundenlang zuhören.

Aber Johannes war nicht der Mann, der seine Botschaft abschwächte, um sich deine Gunst zu erwerben. Eine Frau vergaß er nicht, wenn er mit dir redete: Herodias.

Und sie war eine Frau, die ihn nicht vergaß. Bei einer günstigen Gelegenheit bewog sie mich, den Johannes hinrichten zulassen.

Bei welcher Gelegenheit?

Bei meiner Geburtstagsparty. Salome, die Tochter der Herodias, tanzte vor den geladenen Gästen. In der Mitte der Zecher bewegte sie sich rasend wie eine Bacchantin. Sie schüttelte wild ihr Haar, drehte sich würdelos, streckte die Arme aus, entblößte die Brüste, warf die Füße abwechslungsweise in die Höhe. Mit unanständigen Blicken lenkte sie die Augen aller Anwesenden auf sich und steigerte damit die Fantasie der Zuschauer, sodass auch ich bei so viel sinnlicher Körperlichkeit den Kopf verlor. Ich schwor, ihr jeden Wunsch zu erfüllen, den sie begehrte. Sie rannte zu ihrer Mutter, die ihr etwas ins Ohr flüsterte. Dann eilte sie zu mir zurück und rief mit lauter Stimme, sodass es alle im Festsaal hören konnten: „Ich begehre den Kopf des Täufers auf einer Schüssel." Tief in meinem Herzen habe ich seiner Tötung nur widerwillig zugestimmt. Kurz darauf brachte der Henker ihr das Haupt. Irgendwie war ich angewidert. Nun stand das gleiche Mädchen vor mir. Aber nicht mehr in lebensfroher Bewegung, sondern in ihrer Hand eine Schüssel mit dem blutigen, abgeschlagene Kopf des Johannes. Salome übergab ihn ihrer Mutter.

Wann hast du das erste Mal von Jesus gehört?

Nach der Enthauptung des Johannes. Ich geriet echt in Besorgnis. Manche behaupteten: „Johannes ist von den Toten auferstanden." Andere: „Elias ist erschienen." Wieder andere: „Einer von den alten Propheten ist auf die Erde zurückgekehrt." Bei meinem kühlen Verstand sagte ich mir: „Den Johannes habe ich enthaupten lassen. Aber wer ist dieser, von dem ich höre?" Ich war brennend darauf aus, ihn zu sehen. Von diesem Wundermann Jesus hatte ich schon viele Geschichten gehört. Außerdem befanden sich an meinem Hof Johanna und Manahem, die mit ihm befreundet waren. Johanna war die Frau des Chuza, meines Verwalters. Diese hatte Jesus angeblich von Dämonen befreit und war daraufhin seine Jüngerin geworden. Sie diente sogar ihm und seinen Begleitern mit ihrem Vermögen. Der anderer, Manahem, war einer meiner Jugendgefährten.

Wir wissen aus der Apostelgeschichte, dass Manahem später das Evangelium in Antiochien verkündete. Also reichte tatsächlich Jesu Einfluss bis an deinen Hof. Du wirst in den Evangelien als schwach und manipulierbar dargestellt.

Aber dumm war ich bestimmt nicht. Eines Tages überbrachten mir zwei Pharisäer eine Botschaft von diesem Jesus: „Sagt diesem Fuchs, siehe, ich treibe Geister aus und vollbringe Heilungen, heute und morgen, und erst am dritten Tage werde ich vollendet. Es ist unmöglich, dass ein Prophet umkomme außerhalb von Jerusalem" (Lk 13, 32–33). Sollte er doch ein Wahrsager sein, indem er seinen Tod in Jerusalem voraussah? Vielleicht würde sich vorher noch eine günstige Gelegenheit mir bieten, seine Zauberkünste zu erleben. Deshalb war ich geradezu aufgeregt, als Pontius Pilatus ihn kurz vor dem Paschafest zu mir schickte.

Warum tat Pilatus das?

Pilatus herrschte als Statthalter des südlichen Königreiches Juda, während ich über Galiläa regierte. Als Jesus von seinen Gegnern zu Pilatus gebracht wurde, kamen sie mit der Anklage: „Dieser Mann bringt Unruhe unter das Volk, indem er im ganzen Lande als Lehrer auftritt, von Galiläa angefangen bis hierher." Damit war das Stichwort gefallen: Galiläa. Wenn dieser Jesus aus Galiläa stammte, dann war ja ich für ihn zuständig. Deshalb ließ Pilatus ihn zu mir abführen, zumal ich zum Osterfeste in Jerusalem mich aufhielt. Natürlich war meine Präsenz dort eher religionspolitisch motiviert als aus echter Frömmigkeit.

So stand also Jesus jetzt vor dir, der dich einen „Fuchs" genannt hatte.

Ich weiß bis heute nicht, sollte ich diese Bezeichnung als Kompliment oder als Beleidigung auffassen? Wie immer auch, jedenfalls freute ich mich unwahrscheinlich darüber, dass der Mann zu mir gebracht wurde. Ich wusste nie so recht, was ich von diesem Propheten und Wundertäter aus Nazareth halten sollte. Deshalb schwankte ich immer so zwischen Interesse, Unruhe und Feindseligkeit. Nun konnte ich ihm endlich einmal ganz direkt begegnen. So Aug in Aug. Im Unterschied zu Pilatus war es mir deshalb auch nicht lästig. Obwohl der Tross von Hohen Priestern und Schriftgelehrten, der Jesus begleitete und lautstark ihn anklagte, mich ziemlich nervte. Auf jeden Fall erhoffte ich mir irgendein Zaubertrick von ihm oder wenigstens eine Heilungsshow. Auf so einen Sensation hatte ich schon lange gewartet. Sozusagen als vorübergehende Ergötzung, die über meine unerträgliche Langeweile hinweghelfen konnte. Der ganze Hof war anwesend. Meine Leibgarde, meine Kurtisanen, meine Schmeichler. Auch Herodias und Salome. Ich begann damit, dem Wundertäter aus Galiläa viele Fragen zu stellen. Nicht über seine Lehre und seine Jünger. Ich hatte kein Verlangen nach moralischer Erneuerung. Das interessierte mich keinen feuchten Kehricht. Ich wollte einfach meine Neugierde befriedigen. Ich stieg von meinem Thron und ging um Jesus herum, während ich die Anklagen seiner Feinde anhört. Ich lächelte süffisant und begann zu spötteln: „Du bist groß. Ich weiß es. Ich habe mich darüber gefreut, dass Chuza dein Freund und Manahem dein Jünger geworden sind. Die Augen des Johannes und seine Stimme klagen mich an und verfolgen mich. Du bist der Heilige, der die Sünden vergibt. Sprich mich los von meiner Schuld!" Jesus aber schwieg. „Ich habe gehört, dass du angeklagt wirst", fuhr ich fort, „weil du dich gegen Rom aufgelehnt hast. Nochmals Schweigen. „Man hat mir gesagt, dass du das Ende des Tempels und Jerusalems prophezeist. Doch keine Silbe kam aus seinem Mund. Jetzt aber riss mir der Geduldsfaden. „Bist du verrückt?" schrie ich ihm ins Gesicht. „Hast du deine Macht verloren? Hat Satan dir das Wort genommen? Hat er dich im Stich gelassen?" Dann brüllte ich einen Befehl. Sofort brachten die Diener einen schwachsinnigen, sabbernden Stallknecht mit einem Wasserkopf herbei, mit dem sie sich die Zeit vertrieben. „Befiehl, dass er geheilt wird!" forderte ich nun diesen Jesus auf. „Wirke ein Wunder an ihm!" Doch er sah mich streng an und schwieg. „Habe ich dich beleidigt? Er ist ein Mensch, wenn auch nur wenig mehr als ein wildes Tier. Gib ihm den Verstand. Den Geist deines Vaters! Sagst du nicht so?" Wieder dieser strenge Blick und eisiges Schweigen. „Genug!" rief ich schließlich. „Ich habe dich als Gott behandelt. Du aber hast nicht als Gott gehandelt. Ich habe dich als Mensch behandelt, und du hast nicht als Mensch gehandelt. Du bist verrückt. Legt ihm ein weißes Gewand an, damit Pontius

Pilatus weiß, dass der Tetrarch seinen Untergebenen für nicht zurechenbar hält. Damit war der sogenannte Wundermacher aus Galiläa für mich total unten durch. Nur noch verachtenswert. Sollte sich doch Pilatus mit diesem eigenartigen und starrköpfigen Fall weiter befassen.

Jesus schwieg, weil dein Gewissen tot war. Seine Botschaft der Liebe und Menschfreundlichkeit konntest du nicht ertragen. Deine Seele war durch Luxus und Menschenverachtung so abgestumpft, dass ein neuerlicher Appell deine Schuld nur vermehrt hätte. Du warst völlig taub für den Anruf Gottes. Du suchtest nicht die Rettung deiner Seele, sondern den reinen Nervenkitzel. Deshalb sprach Jesus kein Wort zu dir. Dein Vater, Herodes der Große, hatte drei Jahrzehnte vorher mit den drei Weisen gesprochen. Aber das hielt ihn nicht davon ab, den Massenmord an den unschuldigen Kindern zu verüben. Du, sein Sohn, hattest Johannes den Täufer gehört. Aber das hinderte dich nicht, ihn umbringen zu lassen. Eigentlich wusstest du bereits genug über die Religion, aber du hast dich geweigert, danach zu handeln. Gott richtet mitunter schweigend. Eine solche Stille aber ist wie Donnerhall. Einen Menschen sich selbst überlassen, ist wahrscheinlich die schwerste Strafe, die Gott verhängen kann.

Dein theologisches Geschwafel über das Schweigen Gottes ist mir zu hoch. Was hätte ich denn mit dem schweigenden Wundertäter anderes tun können als ihm voller Hohngelächter ein weißes Narrengewand überzuwerfen und ihn zu Pilatus zurückzuschicken?

Da kommt mir ein Brauch aus dem alten Rom in den Sinn. Da war es üblich, dass ein Mann, der für ein Amt kandidierte, sich ein weißes Gewand, die „toga candida", anzog. Von daher kommt ja das Wort Kandidat. Dann ging er von Wähler zum Wähler und warb um Stimmen. Auf was wolltest du hinweisen, als du Jesus mit einer „toga candida" bekleidet hast?

Dass hier einer war, der beanspruchte, ein König und göttlichen Ursprungs zu sein. Also ein Kandidat besonderer Art. Ich fasste das natürlich als ein Witz auf. Damit konnte ich einen doppelten Zweck erreichen: einmal würde ich damit beweisen, dass Jesus verrückt war, und zweitens, dass Pilatus mit mir darüber lachen konnte; denn von dem Tag an wurden wir Freunde. Wir hatten nämlich vorher in Feindschaft gelebt. Natürlich handelt es sich hier um politische Freundschaft, nicht um eine echte und aufrichtige Beziehung.

Jesus trug jetzt zwar das weiße Gewand des Spottes. Doch damit hast du unwissentlich mit beigetragen, dass es nach seiner Auferstehung zur „toga candida", seiner Verklärung wurde. Die Stimme des Propheten hat sich nicht zum Schweigen bringen lassen. Johannes war nicht nur der, der mit seinen Worten auf Jesus hinwies. Er nahm auch durch dich in seinem Schicksal voraus, was schließlich der Messias durchleiden würde.

Ehrlich gesagt, ich konnte Johannes zwar einen Kopf kürzer machen lassen, doch seine Botschaft hatte sich irgendwie in mir festgesetzt. Auch wenn ich mich dagegen wehrte. Das muss ich heute im Nachhinein anerkennen.

War dieser Stich in deinem Herzen im Grunde der Stachel deines Gewissens?

Vielleicht. Unbequem war dieser Stich für mich allemal. Auch ärgerlich. Er störte mich in meinen Plänen. Bis heute stellt er für mich bohrend die Frage, ob ich auf eine für mich verheerende Weise die Wege Gottes aufgegeben hatte.

Longinus – vom Hinrichtungs-Kommandanten zum Gottessohn-Bekenner

Longinus, unter dem Kreuz, an dem Jesus hing, standst du als römischer Hauptmann. Die Evangelien erwähnen deinen Namen nicht. Die christliche Tradition nennt dich Longinus, den Lanzenträger. Wer warst du eigentlich?

Ich war Hauptmann einer römischen Legion und damit ein Vertreter der Besatzungsmacht in Palästina. Ich führte den Titel „Zenturio" und war der Vorgesetzte über 80 bis 100 Legionäre. Als hoher Offizier verdiente ich viermal soviel Geld wie ein normaler Soldat. Ich war in einem Einzelquartier untergebracht, verfügte über ein Reitpferd und durfte zum Zeichen meiner Würde den Federbusch auf dem Helm quer tragen. Trotzdem hatte ich mir das nicht ausgesucht, ausgerechnet in dieser unruhigen Ecke des römischen Reiches meinen Dienst zu tun. Keiner ging freiwillig an einen solchen Ort, wo es dauernd Aufstände und Probleme wegen der Religion gab. Aber als Soldat musste ich meine Pflicht tun. Dazu gehörten auch Hinrichtungen. Mörder, Rebellen und solche, die die Herrschaft und die Göttlichkeit des römischen Kaisers nicht anerkennen wollten, wurden besonders brutal mit dem Kreuzestod bestraft. Und bei so einen musste ich nun wieder einmal die Hinrichtung leiten: für einen gewissen Jesus aus dem Gebiet von Galiläa.

Hast du Jesus gekannt?

Obwohl ich ihm persönlich noch nie begegnet war, so war mir doch zugetragen worden, dass dieser Mensch verschiedene ausserordentliche Wunder getan hätte. Er würde von sich behaupten, er sei von Gott gesandt, ja er sei der Sohn Gottes und dass die Priester und religiösen Führer ihm mit einem grossen Hass begegnet waren. Ich wusste auch, dass sich mein Vorgesetzter, der Statthalter Pontius Pilatus, besonders schwer getan hatte mit seinem Todesurteil. Doch letztlich war es für mich eine gewöhnliche Hinrichtung. Eine Routinearbeit. Als Zenturio war ich verpflichtet, dafür zu sorgen, dass alles richtig und geordnet ablief. Dass es keine Unruhen gab und dass meine Soldaten ihre grausame Arbeit mit dem Annageln ans Kreuz ungestört verrichten konnten. Ich stand ganz nahe dabei und bekam alles mit: jede Regung, jedes Wort, jedes Stöhnen des Verurteilten. Wie gesagt, eigentlich eine Routinearbeit. Und doch erlebte ich bei diesem Hinrichtungskommando etwas Ausserordentliches.

Was zum Beispiel?

Statt wie normalerweise die Verbrecher zu fluchen begannen, indem sie ihre Henker und die ganze Welt verwünschten, ertrug dieser Jesus alles ganz ruhig. Als ich mich umschaute, sah ich in einer kurzen Entfernung das schmerzgequälte Gesicht einer Frau. Das musste seine Mutter sein. Ich rief einem meiner Soldaten zu, der mit dem Würfelspiel beschäftigt war: „Wenn die Mutter und der junge Mann, der sie begleitet, heraufkommen wollen, sollen sie es tun. Hilf ihnen dabei!" Er griff der weinenden Frau unter den Arm und sie stieg auf den in den Melekestein gehauenen Stufen empor, ging durch die Absperrung hindurch bis an den Fuß des Kreuzes. Der umstehenden Pöbel überhäufte auch sie mit den schmutzigsten Schmähungen und stießen Lästerungen gegen ihren Sohn aus. Aber sie versuchte mit bebenden, blutleeren Lippen durch ein schmerzliches Lächeln ihn zu trösten. Die Priester, Schriftgelehrten, Pharisäer, die Sadduzäer und Herodianer schleuderten dem Sterbenden bösartige Worte entgegen: „Nun? Du Erlöser des Menschengeschlechtes! Warum rettest du dich nicht? Hat dein König Beelzebul dich verlassen? Hat er dich verleugnet? Stellt euch vor: Er sagt, er habe die anderen mit Gottes Hilfe gerettet. Und sich selbst kann er nicht retten! Du willst, dass man dir glaubt? So wirke doch ein Wunder! Du kannst es wohl nicht mehr? Weil man dir die Hände angenagelt und dich entblößt hat! „Gotteslästerer! Du willst der Sohn Gottes sein? Dann steige doch von dort herab! Zerschmettere uns, wenn du Gott bist. Wir fürchten dich nicht und spucken auf dich." Auch die Soldaten konnten ihre Lästermäuler nicht halten: „Lasse Feuer auf diesen Abschaum fallen! Ja, der Abschaum des Reiches seid ihr jüdische Kanaillen! Tue es, und Rom wird dich auf das Kapitol erheben und wie einen Gott verehren!" Andere warfen Steine: „Verwandle sie in Brot, du Brotvermehrer!" Er aber reagierte nicht darauf. Ich konnte mich diesem Spott nicht anschließen. Ich stand einfach nur daneben. Schon etwas skeptisch. Aber ich verachtete ihn nicht. Ich belächelte ihn auch nicht. Allmählich wurde ich nachdenklich. Es schien, als stünde der Mann im Dialog mit einem unsichtbaren, hören Wesen. Plötzlich hörte ich ihn die Worte sagen: „Vater, vergib ihnen! Denn sie wissen nicht, was sie tun." Was war das für ein Mensch, der da am Kreuz hing und dabei die Grösse besaß, bei Gott für seine Gegner um Gnade zu bitten, bevor er starb? Schon viele hatte ich hinrichten lassen, aber ich wusste von keinem in dieser Art. Ich hatte den Eindruck, als ob er eine riesige Last tragen würde. Immer mehr regte sich in mir Bewunderung für diesen Jesus, je länger ich seine Geduld und Leidensbereitschaft beobachtete. Andere, die ich bei ähnlichen Hinrichtungen hatte sterben gesehen, verendeten wie ein wildes Tier umdüstert von den Schatten der Verzweiflung. Dieser Jesus aber gab zuletzt so willig und bereit seinen Geist auf, als ob er selbst es so verfügt hätte. Um besser sehen zu können, beschattete ich mit der Hand meine Augen, da die Sonne mich störte. Es war wirklich eine eigenartige Sonne. Rot und gelb wie das Feuer eines Brandes. Dann schien es, als ob das Feuer plötzlich erlöschen würde. Eine pechschwarze Wolke stieg hinter den Bergen Judäas auf, zog mit großer Geschwindigkeit über den Himmel und verschwand hinter einem anderen Gebirge, als würde sogar das Universum mittrauern. Mit großer Mühe stützte sich Jesus noch einmal auf die gequälten Füße. Dabei richtete er sich am Kreuz auf, erhob das Antlitz und betrachtete mit weit aufgerissenen Augen die Stadt Jerusalem. Durch die Kraft seines Willens, mit der verdickten Zunge und der ödematösen Kehle rief er mit lauter Stimme: „Eloï, Eloï, lama sabachtani! – Mein Gott, warum hast du mich verlassen?" Die Pharisäer lachten darüber: „Gott weiß mit dir nichts anzufangen." Andere riefen: „Gebt ihm etwas Essig, damit er gurgeln kann. Das ist gut für die Stimme!" Aber niemand kam vom Himmel, um ihn zu trösten. Die Dunkelheit wurde immer undurchdringlicher. Jerusalem verschwand gänzlich darin. Es wehte ein starker Wind. Stürmisch. Voller Staub. Kalt und beängstigend. Aus dieser Finsternis hörte ich wiederum die klagende Stimme des Gekreuzigten: „Mich dürstet!" Ich gab einem Soldat einen Wink. Der verstand sofort und nahm ein Gefäß mit Essig und Galle vermischt. Der Inhalt sollte mit seiner Bitterkeit den Speichelfluss der Hingerichteten vermehren. Der Legionär nahm einen in die Flüssigkeit getauchten Schwamm, steckt ihn auf ein dünnes Hysop-Rohr und reicht ihn dem Sterbenden. Jesus wandte sich dem Schwamm zu und saugte begierig die scharfe, bittere Flüssigkeit ein. Dann wandte er angewidert den Kopf ab. Die Flüssigkeit musste eine ätzende Wirkung auf seine Wunden und rissigen Lippen gehabt haben. Jetzt sank er in sich zusammen, als wollte er endgültig aufgeben. Sein Kopf hing schwer nach vorn. Sein Atmen wurde mehr und mehr ein unterbrochenes Röcheln. Stockend von Zeit zu Zeit. Obwohl ich kein Mitleid zeigen wollte, veränderte sich mein Gesicht in dem

Bemühen, meinen inneren Aufruhr zu unterdrücken. In meinen Augen glänzten Tränen. Ich konnte sie nur durch eiserne Disziplin zurückhalten. Die Zeit schien stehen zu bleiben in diesem angstvollen Rhythmus. Das raue Atmen des Sterbenden erfüllte die Luft. Sein Leben schwand dahin. Noch einmal ein Keuchen. Es folgte eine tiefe Stille. Dann wie ein flehentliches Gebet: „Vater, in deine Hände empfehle ich meinen Geist!" Sein letztes Wort – laut herausgestoßen – klang wie ein Siegesruf: „Es ist vollbracht!" – In der Tat, so stirbt kein gewöhnlicher Mensch. Allmählich stieg in mir die Ahnung von der übermenschlichen Größe Jesu auf. Ich begann unbewusst meine lässige Ruhestellung mit den über der Brust verschränkten Armen aufzugeben und nahm eine stramme Haltung an. Ich weiß auch nicht, warum. Die linke Hand am Schwert, die rechte gerade an der Seite. Als ob ich an den Stufen des kaiserlichen Thrones stünde. Sein Haupt fiel wieder auf die Brust. Der Körper nach vorn. Das Zittern hörte auf. Der Atem ebenfalls. Jesus hatte diese Welt verlassen. Die Erde antwortete darauf mit einem furchterregenden Getöse. Es schien, als würden Tausende von Riesenmäulern ein einziges Brüllen ausstoßen. Über diesem schrecklichen Akkord zuckten Blitze in alle Richtungen über den Himmel auf die Stadt. Dann plötzlich, während die Entladungen der Blitze noch andauerten, wurde die Erde von einem zyklonartigen Wirbelsturm geschüttelt. Der Totenkopf-Berg schien sich aufzulösen. Ich hielt mich mit beiden Armen am Kreuz Jesu fest, um nicht umzufallen. Die Menge schrie hysterisch und wollte fliehen. Einer stolperte über den anderen. Sie traten sich, stürzten in die Risse des Erdbodens, verletzten sich und rollten den Hang hinunter. Dreimal wiederholten sich das Erdbeben und der Sturm. Dann herrscht vollkommene Reglosigkeit einer toten Welt. Nur Blitze, auf die jedoch kein Donner folgte, fuhren noch über den Himmel. Sie beleuchten die Szene der in alle Richtungen fliehenden Menschen.

Ich wollte nicht, dass man dem gerade verstorbenen Jesus wie bei den beiden noch lebenden mitgekreuzigten Übeltätern die Knochen zerschlug, damit sie sich nicht mehr abstützen konnten, sondern zusammensackten und elendig erstickten. Ich ließ mir von einem Soldaten seine Lanze reichen, stellte mich vor das Kreuz, zielte auf das Herz des Toten und stieß zu. Die breite Lanze drang von unten tief ein. Aus der Wunde quoll viel Wasser und ein wenig Blut, das schon gerann. Währen seine Mutter ihr Gesicht abwandte, versuchte ich sie zu trösten mit den Worten: „Es ist geschehen, Mutter. Besser so. Wie bei einem Ritter. Ohne seine Gebeine zu zerbrechen. Dein Sohn war wirklich ein Gerechter!" Während sie mich mit Tränen verschleierten, aber gütigen, mütterliche Augen ansah, drängte sich mir die Frage auf: Wer war dieser Mensch Jesus? Könnte es vielleicht sein, dass er doch der Sohn Gottes war, wie manche von ihm sagten? Ich wagt es kaum, diesen Gedanken weiterzudenken. Wenn ich ihn äussern würde, könnte ich selbst dafür hingerichtet werden; denn nach römischem Verständnis stand der Gottessohn-Titel nur dem Kaiser zu. Trotzdem ließ mich der Gedanke nicht mehr los, als ich so auf Augenhöhe diesem Jesus gegenüberstand. Er im Tod ans Kreuz genagelt, ich mit der Lanze in der Hand. Als ich seine Seite durchbohrt hatte, waren ein paar Blutstropfen auf mich gefallen. Sie trafen mich wie der Strahl eines Blitzes. Ich wurde plötzlich innerlich sehend und sprach mein kurzes Glaubensbekenntnis: „Wahrhaftig, dieser Mann war gerecht. Er war Gottes Sohn!" Dieser Durchblick hat von da an mein Leben total verändert.

Ein gewaltiges Bekenntnis aus dir, dem Mund eines römischen Offiziers. Viele andere sahen Jesus auch sterben. Gerade auch viele sehr religiöse Menschen. Aber sie kamen nicht zu dieser Erkenntnis wie du. Das Volk musste dein mutiges Bekenntnis gehört haben und es hatte zweifellos einen tiefen Eindruck auf alle gemacht. Denn es heißt bei Lukas 23,48: „Alle, die zu diesem Schauspiel zusammengeströmt waren und sahen, was sich ereignet hatte, schlugen sich an die Brust und gingen betroffen weg."

Der reiche Jüngling –
vom erwartungsvoll Fragenden
zum exietenziell Trauernden

Guter Mann, die Evangelien bezeichnen dich als den reichen Jüngling, der eines Tages Jesus traf. Sicherlich hast du diese Begegnung nie vergessen. Kannst du sie uns etwas näher schildern?

Es war eine wunderbare Szene: Jesus saß auf einem kleinen Felsvorsprung. Um ihn herum tollte eine Schar Kinder. Sie umarmten ihn, lachten mit ihm. Das eine Mädchen strich ihm sogar liebevoll durch sein Haar. Kurz vorher hatte er sie gesegnet und sie zu Erben des Reiches Gottes erklärt. Auch jetzt schenkte er ihnen noch seine volle Aufmerksamkeit. Jeder Maler hätte seine wahre Freude an diesem Schauspiel gehabt. Auch wäre es im Prinzip die perfekte Werbung für Jesus gewesen. Aber an so etwas dachte er bestimmt nicht. Ihm waren in diesem Moment nur die Kinder wichtig. Seinen Jüngern wollte er wahrscheinlich damit verständlich machen, dass sie sich ein Beispiel an diesen Kleinen mit ihrem absoluten Vertrauen nehmen sollten. Nach und nach wurden sie von ihren Eltern gerufen. Es ging schon gegen Abend zu. Auch Jesus machte sich bereit aufzubrechen. Er stand auf, klopfte sich den Staub von seinem Übergewand und sagte zu seinen Freunden: „Hey Leute, wir sollten uns so langsam auf den Weg machen." Das war genau der Augenblick, auf den ich gewartet hatte. Ich sah darin eine gute Chance, mich mit meinem Anliegen an ihn zu wenden, bevor er die Stadt verließ. Genau so, wie man für manche Fragen erst den Mut aufbringt, wenn man bereits die Türklinke in der Hand hält. Als junger Vertreter der Oberschicht ging ich auf Jesus zu. Meine Kleidung wies schon darauf hin und auch an meiner Körperpflege war mir viel gelegen. Ich fiel vor Jesus in den Staub auf die Knie, was die Menschen, die da herumstanden, ziemlich verblüffte. Eigentlich legte ich großen Wert darauf, dass meine teuren und schönen Kleider nicht schmutzig wurden.

Das musste ja im Vergleich zu allem, was bisher geschah, wie ein bizarres Schauspiel ausgesehen haben.

Ich wollte einfach durch diese ehrfürchtige Handlung die Dringlichkeit meines Anliegens zum Ausdruck bringen. Ich war nicht nur reich, ich hatte auch etwas auf der Karriereleiter erreicht. Gleichzeitig spürt ich, dass mir das alles nicht reichte, um die richtige Lebensperspektive zu haben. Mir fehlte einfach noch etwas, das blieb, wenn Geld und Besitz nichts mehr nützten. Das dem Leben wirklich Sinn und Tiefgang gab und was man nicht einkaufen konnte. Schon lange bedrängte mich diese Frage. Ich hatte zwar alle Stufen erklommen, meine irdischen Ziele erreicht und dabei auch noch die zehn Gebote gehalten. Durch die alten Schriften wusste ich eigentlich schon, dass ich viel Gutes tun musste, damit alle meine bösen Taten wieder aufgehoben wurden. Aber wie sollte ich sicher sein, dass es genug war. Musste ich vielleicht doch noch ein zusätzliches Opfer bringen? Benötigte ich als Ausgleich für manche Ausrutscher eine extra gute Tat? War das irdische Leben nur ein jammervoller Wartesaal auf die Freuden im Jenseits? Da konnte ich schon ins Zweifeln kommen. Ich verneigte mich also tief vor Jesus und sagt: „Ich bin ein Sohn wahrer Israeliten. Bis zum Tod meines Vaters war ich ein Jünger des großen Lehrers Gamaliël. Dann musste ich das Geschäft meines Vaters übernehmen. Mehr als einmal habe ich dir zugehört. Ich strebe ein besseres Dasein an, um das ewige Leben zu erwerben. Sage mir also, guter Meister: was muss ich tun, um das ewige Leben zu gewinnen?" (Mk 10,17).

Vielleicht hast du die Frage falsch formuliert: „Was muss ich tun?" Du glaubtest, dass du etwas tun müsstest, um das wahre, erfüllte Leben zu finden, das du dir als erfolgreicher Geschäftsmann irgendwie verdienen kannst. Aber mit dieser Haltung mühtest du dich vergeblich ab im Hamsterrad. Und wie antwortete Jesus auf deine Frage?

„Warum nennst du mich gut?" „Äh!" dachte ich etwas verblüfft. „Das war doch nicht die Frage. Oder? Einen Rabbi mit gut anzusprechen war doch kein Vergehen. Und war es nicht sogar so, dass die Rabbis immer darauf bestanden, etwas Besseres als alle anderen zu sein?" – „Nur Gott allein ist gut", fuhr Jesus fort. Das war eine Aussage, für die ich ihn hätte nicht fragen müssen. Das wusste ich auch selbst. „Klar ist Gott gut. Eine Binsenwahrheit. Es war ja nur eine Art Anrede. Daraus musste man doch kein Theater machen?" ging es mir durch den Kopf. „Um in das ewige Leben einzugehen, musst du die Gebote halten," unterbrach Jesus meine kritischen Gedanken. „Welche, mein Herr? Die alten oder deine Gebote?" – „In den alten sind meine Gebote enthalten. Sie ändern nichts an den alten. Es sind immer dieselben: Du sollst mit wahrer Liebe den einen, wahren Gott anbeten und die Vorschriften des Kultes befolgen. Du sollst nicht töten, nicht stehlen, nicht Ehebruch begehen, kein falsches Zeugnis ablegen, Vater und Mutter ehren und dem Nächsten nicht schaden, sondern ihn lieben wie dich selbst. Wenn du dies tust, wirst du das ewige Leben erwerben." – „Meister, alle diese Dinge habe ich von Kindheit an befolgt", bekräftige ich ganz fest. Jesus schaute mich jetzt liebevoll an und fragte sanft: „Und es scheint dir noch nicht genug zu sein?" – „Nein, Meister. Das Reich Gottes in uns und im anderen Leben ist etwas Großes. Ich fühle, dass alles, was Pflicht ist, zu wenig bedeutet im Vergleich zum allumfassenden, unendlichen, vollkommenen Gott, der sich uns schenkt. Ich glaube, dass es noch etwas Größeres gibt als dass, was durch die zehn Gebote verlangt wird. Ich möchte einfach Gott wohlgefällig sein." Wiederum schaute mich Jesus liebevoll an. „Du hast recht. Um vollkommen zu sein, wie unser Vater im Himmel es wünscht, fehlt dir noch eines." – „Ja was denn?" bohrte ich weiter. „Geh hin, verkaufe, was du hast, und gib es den Armen! Damit wirst du einen Schatz im Himmel haben. Dann komm und folge mir nach! Dein

Glück liegt nicht in der Zukunft. Es liegt greifbar vor dir."
Hätte Jesus zu mir gesagt: „Hilf Menschen in Not", dann
hätte ich gleich zurückfragen können: „Wem soll ich helfen?" und „wieviel soll ich geben?" Aber Jesus verlangte
zu viel von mir: „Gib alles und verschenke es den Armen!"
(Mk 10,21). Damit schnitt er mir jeden Fluchtweg ab und
stellte mich vor eine totale Entscheidung.

**Das Aufgeben deines Besitzes malte dir Jesus als konkre-
te Art der Nachfolge aus. Da er dich liebgewonnen hatte,
traute er dir auch so eine radikale Kehrtwendung zu. Es genügte ihm nicht, dass du dich im Leben gemütlich einrich-
test und dann ihm noch ein bisschen nachfolgst. Er verlangte eine radikale Entscheidung von dir, damit du auch
radikal glücklich sein konntest.**

Damit hatte ich nicht gerechnet. Alles verkaufen und
den Armen geben. Das konnte doch wohl nicht die Lösung
sein. Ich musste doch von etwas leben, hatte meine Familie
zu ernähren. Sollte das etwa glücklicher machen, selbst
nichts mehr zu haben? Ich beutete schließlich niemanden
aus, ab und zu spendete ich sogar etwas. Sollte das nicht
reichen? Man konnte schließlich auch Gutes tun mit seinem Geld. Da konnte es doch nicht grundsätzlich schlecht
sein, etwas zu besitzen. Nein, das verstand ich dann doch
nicht. Ich wurde traurig und sehr nachdenklich. Ich sagte nur: „Ich werde deinen Rat bedenken. Dann machte ich
auf den Absatz kehrt und entfernte mich betrübt. Ich hörte noch, wie Jesus seufzte: „Wie schwer ist es für einen
Reichen, ins Himmelreich einzugehen; denn das Tor ist

schmal und niedrig. Wer beladen ist mit der großen Last der Reichtümer kommt nicht durch." Ich verlangsamte meine Schritte, um mitzubekommen, was Jesus noch seinen Jüngern zu sagen hatte. „Wahrlich, ich sage euch, leichter geht ein Kamel durch ein Nadelöhr, als ein Reicher in den Himmel" Mk 10,25). Über diese Worte erschraken wohl auch die Jünger. Offenbar waren sie genauso ratlos wie ich. Er war aber auch wirklich radikal, dieser Jesus. „Wenn einer in Elend lebt, kann Neid in ihm hochkommen und er versündigt sich durch mangelnde Achtung vor dem Eigentum anderer", meinte ein anderer seiner Anhänger. „So wäre auch Armut ein Hindernis für die Vollkommenheit. Wer also kann dann überhaupt noch gerettet werden?"

Jetzt blieb ich stehen, um noch besser zu kapieren, wie Jesus darauf reagierte. „Was für die Menschen unmöglich ist, ist für Gott möglich." War das jetzt eine Einladung doch auch an mich? Oder wie sollte ich das verstehen? Würde am Ende doch alles gut, ob ich nun mein ganzes Hab und Gut für die Armen gab oder nicht? „Wer guten Willen hat und sich bemüht, vom Reichtum oder Armut frei zu werden und sich löst von allen irdischen Banden, weder der Sklave seiner selbst noch der Welt ist, kann besser die Stimme Gottes in seinem Herzen hören und danach handeln", fuhr Jesus fort. „Wer diese Freiheit einmal geschmeckt hat, ist dann auch bereit, mir nachzufolgen. Jeder, der aus Liebe zu meinem Namen Haus, Felder, Vater, Mutter, Brüder, Frau, Kinder und Schwestern verlässt, um die Frohe Botschaft zu verbreiten, wird das Hundertfache in dieser Zeit erhalten und das ewige Leben in der kommenden Zeit haben." Dann hörte ich einen seiner Freunde fragen: „Aber wenn wir alles verlieren, wie können wir dann unseren Besitz hundertfach vermehren?" Mit großer Entschiedenheit antwortete Jesus: „Ich wiederhole euch: Was den Menschen unmöglich ist, das ist Gott möglich. Mein Vater wird euch tatsächlich die Freude schon auf dieser Welt hundertfach vermehren und auch das ewige Leben in Fülle schenken. Darauf könnt ihr euch verlassen!"

Ich konnte das nicht mehr länger mit anhören. Als würden all meine vielen materiellen Güter einem großen und schweren Rucksack gleichen, mit dem ich nicht durch die Tür zum Leben passte. Mein Reichtum sollte eine Last sein. Natürlich beanspruchte er all meine Kraft, meine Zeit und meine Sorgen. Aber daran war meine Sicherheit festgemacht. Daran klammerte ich mich. Darauf wollte ich auf keinen Fall verzichten. Diese Zumutung und das Sicherheitsrisiko waren einfach für mich ein paar Schuhnummern zu groß. Jesus folgen, ja. Aber nicht um diesen Preis!

Du hättest also gerne alle Vorzüge dieser Welt gehabt und das neue Leben noch oben drauf. Du besaßt zwar viel. Aber in Wirklichkeit besaßen die Güter dich. Und so konnte Jesus dich nicht gewinnen.

Vielleicht war ich deshalb traurig und betrübt, als Jesus mich aufforderte loszulassen, um ihn zu gewinnen. Eine existenzielle Traurigkeit, die mich mein ganzes Leben nicht mehr losließ. Vielleicht hätte ich gar nicht fragen sollen: „Was soll ich tun, damit ich das ewige Leben erbe?" Ich hätte besser umgekehrt fragen können: „Jesus, was hast du getan, um mir das wahre Leben zu ermöglichen? Dann hätte er mir vielleicht geantwortet: „Orientiere dich an meinem Vorbild! Dann wäre es mir möglicherweise leichter gefallen, bei ihm getrost meinen Rucksack abzugeben, der mich am wahren Leben hinderte. So verpasste ich wohl die Chance meines Lebens mehr zu gewinnen als den Gegenwert von materiellem Reichtum, nämlich innigste Gemeinschaft mit Gott für Zeit und Ewigkeit.

Die Ehebrecherin – von der unsittlich Lebenden zur Entdeckerin einer grösseren Liebe

Gute Frau, wir kennen deinen Namen nicht. Aus dem Johannesevangelium wissen wir, dass die Schriftgelehrten und Pharisäer nicht gerade Schlafmützen waren, wenn es darum ging, den Sünden anderer Leute aufzulauern. So hatten sie dich, wie sie behaupteten, beim Ehebruch ertappt. Nun schleppten sie dich in den Tempel. Schließlich betrachteten sie sich als die Hüter von Gesetz und Moral. Wie ging das damals zu?

Ich war noch sehr jung und von meinen Eltern einem Mann versprochen, den ich eigentlich nie selbst als Ehepartner gewählt hätte. Mein Herz gehörte einem anderen. Aber nun hatten sie mich gegen meinen Willen mit dem Mann ihrer Wahl verlobt. So wurde ich seine Braut. Ich war totunglücklich. Eines Tages traf ich zufällig beim Wasserschöpfen an der Gihonquelle meinen Geliebten. Voller Kummer warf ich mich ihm in die Arme. Wir küssten uns heiß und liebten uns leidenschaftlich in einer verborgenen Felsennische. Plötzlich stand hinter uns eine stadtbekannte Schwätzerin. Sie ließ mit einem fürchterlichen Aufschrei ihr Schöpfgefäß stehen, beschimpfte mich als

Hure und eilte mit wehenden Röcken in Richtung Tempel. Zu Tode erschrocken ließen wir voneinander ab. Aber schon tauchte ein Gruppe Pharisäer und Schriftgelehrter auf, die von dem Geplärr der Frau angelockt worden waren. Sie rannten herbei, stießen mich zu Boden und schleiften mich durch den Staub in Richtung Tempel, während sie unablässig schrien: „Da haben wir dieses Luder auf frischer Tat beim Ehebruch erwischt." Gift sprühte aus ihren Augen. Sie waren ja die Richter Israels, studierte Menschen. Sie kannten sich in den Gesetzbüchern aus und hatten über Leben und Tod zu entscheiden. Für sie war der Fall eindeutig klar: auf Ehebruch stand Todesstrafe. Wozu überhaupt noch römische Gerichtsbarkeit, Verhandlung, Urteilsspruch? Warum nicht an Ort und Stelle den Fall erledigen?

Du wusstest also, was dir jetzt blühte.

Verlobte, Bräute wurden wegen Untreue nach damaliger Auslegung und Praxis gesteinigt. Manchmal hat man Ehebrecher auch erhängt. Ich musste also mit dem Schlimmsten rechnen. Die Männer schleppten mich mit meinem aufgewühlten Haar und ungeordneter Kleidung hinter sich her. Ich musste aussehen als wäre ich misshandelt worden. In der Mitte des Tempelhofes saß Jesus und lehrte. Sie warfen mich wie einen Haufen Lumpen vor seine Füße. Ich hatte schon viel von ihm gehört und musste ihm auf diese entwürdigende Weise das erste Mal begegnen. Zusammengekauert blieb ich liegen. Das Gesicht auf den Armen, um es vor den sensationslüsternen Leuten zu verbergen, die in Massen zusammenströmten. Begafft und angestarrt war ich den zudringlichen Blicken ausliefert. Ein Heer von nackten Zeigefingern richtete sich auf mich.

Vielleicht hatten diese frommen Sittenwächter noch etwas anderes im Hinterkopf und dachten sich: „Wie wäre es, wenn man neben diesem Flittchen auch gleich noch diesen unbequemen Jesus verklagen und so richtig in die Ecke drängen könnte. Jetzt sitzt er in der Falle: Ergreift er für die Frau Partei, dann haben wir etwas gegen ihn in der Hand: Er hält sich nicht an das Gesetz, für das er so leidenschaftlich eintritt. Jedes Wort, jede Andeutung, mit der er sich für dieses Weib einsetzt, würde bedeuten, dass er den Ehebruch rechtfertigt und damit gegen das Gesetz verstößt. Grund genug, um auch ihn vor Gericht zu stellen. Stimmt er für die Steinigung, dann maßt er sich das Todesurteil an, das doch der römischen Besatzungsmacht zusteht. Der Lehrer würde zum Richter werden, sodass man ihn am Ende selbst verklagen kann. Außerdem, wer soll dann noch seine Worte über Nächstenliebe und Vergebung ernst nehmen? Keiner würde ihm mehr Glauben schenken. Waren doch viele gerade deswegen seine Anhänger, weil er als ein Freund der Sünder galt. Der sich mit Zöllnern und Huren und ähnlichem Gesindel abgab. Die wäre er dann los. Dann könnte er einpacken und wieder zurückkehren nach Galiläa, um dort alt zu werden und sein Rentnerbrot essen. Vergessen von der Nachwelt und verachtet von seinesgleichen. Seine Lage ist ausweglos. In beiden Fällen werden wir als Gewinner dastehen."

„Meister, dieses schamlose Weib wurde auf frischer Tat ertappt, als sie Ehebruch beging", schrien sie nun Jesus ins Gesicht. „Ihr Verlobter liebte sie und ließ es ihr an nichts fehlen. Aber sie betrog ihn, weil sie eine undankbare, lasterhafte Schlampe ist. Sie hat ihr Haus entehrt. Eine Ehebrecherin ist sie. Nach dem Gesetz des Mose müssen solche Frauen wie unreine Tiere gesteinigt werden. Unrein ist sie, weil sie das Vertrauen des Mannes missbraucht hat, der für sie sorgt. Schlimmer als eine Hure ist sie; denn ohne durch die Not dazu gezwungen zu sein, gab sie sich einem andern hin, um ihre Begierde zu befriedigen. Sie ist ansteckend in ihrer Verkommenheit wie der Aussatz und muss daher mit dem Tode bestraft werden. Mose will es so. Und du, Meister, was sagst du dazu?"

Wie reagierte Jesus darauf?

Durch meinen Tränenschleier konnte ich schemenhaft erkennen, wie er die blutrünstige Meute mit seinen durchdringenden Augen anschaute. Dann senkte er den Blick auf mich, die ich gedemütigt und schluchzend zu seinen Füßen lag. Nun beugte er sich schweigend nieder und schrieb mit einem Finger auf den mit Staub bedeckten Boden der Säulenhalle.

Warum tat er das? Wollte er Zeit gewinnen für sich? Oder wollte er die Verkläger in Verlegenheit bringen? Oder ignorierte er sie damit einfach?

Ich weiß es nicht. Sie redeten aufgeregt weiter und er schrieb. „Meister, wir sprechen mit dir. Höre uns zu! Antworte uns! Hast du nicht verstanden? Diese Frau ist beim Ehebruch ertappt worden." Jesus aber schrieb weiter. „Der Mann ist nicht recht bei Trost", rief einer aus der Menge. „Seht ihr nicht, dass er nichts kapiert und Männchen in den Staub malt wie ein armer Irrer?" Die frommen Sittenwächter wurden ungeduldig und stießen nach: „Was ist denn nun? Meister, um deines guten Namens willen, sprich!" forderte ihn ein Schriftgelehrter auf. „Ich wiederhole es. Dieser Frau hat ihren Mann betrogen, der ihr vertraute. Sie ist eine Rebellin, eine Schänderin, eine Gotteslästerin." In ihrem Gesetzeseifer ließen sie nicht locker. Hartnäckig redeten sie weiter auf ihn ein. Redeten und redeten und redeten, um ihm keine Möglichkeit zu einer wohl überlegten Antwort zu geben. Sie fackelten nicht lange. Sie wollten von ihm eine Stellungnahme erzwingen: eine hitzige Reaktion, ein schnelles Wort, achtlos dahingeworfen, das ihn zu Fall bringen konnte. So hätten sie es gerngehabt. Jetzt sofort. Jesus aber schwieg. Er schrieb weiter in den Staub. Er verwischte das Geschriebene wieder mit seinen Sandalen und schrieb daneben weiter. Er glich einem spielenden Kind. Doch das, was er nacheinander geschrieben hatte, waren nicht die Worte eines Spiels.

Was schrieb er denn? Oder malte er einfach etwas? Schrieb er Worte? Gott hatte mit Seinem Finger die Gebote auf die Steintafeln geschrieben.

Er schrieb:" Pharisäer ... Nattern ... Gräber voller Unrat ... Lügner ... Verräter ... Feinde Gottes ... Beleidiger seines Wortes ... Wucherer ... Immer wieder neue Worte schrieb er, während immer neue Ankläger redeten. „Aber nun höre doch endlich, Meister! Gib ein Urteil ab. Die Frau muss gerichtet werden. Sie darf mit der Last ihrer Sünden nicht die Erde beflecken. Ihr Atem ist ein Gifthauch, der die Herzen verwirrt," schrien sie durcheinander.

Hat Jesus immer noch nicht darauf reagiert?

Doch, doch. Die Arme vor der Brust gekreuzt, stand er aufrecht da. Wie ein Richter, der wartete. Mit unbeweglichem Antlitz. Ohne den leisesten Schatten eines Lächelns um den Mund richtete er seinen Blick auf meine Ankläger. Forschend, durchdringend. Aus seinen Augen zuckten flammende Blitze. Die Pharisäer und Schriftgelehrten wichen zurück wie vor zwei spitzen Schwertklingen. Er schaute einen nach dem anderen mit einer Intensität an, die Furcht einflößte. Der Kreis um mich löste sich langsam auf. Wie von einer geheimen Kraft gesprengt. Endlich sprach er: „Wer von euch ohne Sünde ist, werfe den ersten Stein auf sie!" (Joh 8,7). Seine Stimme glich einem Donner, begleitet von den noch lebhafteren Blitzen aus seinen Augen.

Statt die Härte des Gesetzes zu mildern, tat Jesus das Gegenteil: Er verschärfte das Gesetz. Er wendete es nicht nur auf dich an, sondern auch auf alle anderen umstehenden. Gemessen am Gesetz gab es keinen Menschen, der ohne Sünde war. Das galt auch für diejenigen, die mit dem Gesetz über Leben und Tod richteten. Auch die Richter mussten ihr Leben am Maßstab des Gesetzes messen. Das bedeutete: Sie saßen jetzt alle auf derselben Anklagebank. Du, die Zeugen, die Pharisäer und die Schriftgelehrten. Keiner war ohne Sünde. Wer hier mit Steinen warf, auf den prasselten sie zurück.

Zuerst einer, dann zwei, dann fünf ließen die Steine fallen, die sie in ihren schwitzenden Fäusten hielten. Den Stein, der von meinem Herzen fiel, hörte nur ich. Allmählich leerte sich der Platz. Einer nach dem anderen schlich sich davon. Zuerst die Ältesten. Sie kannten sich selbst wohl am besten. Die jungen Eiferer verließen als letzte das Areal. Als der ganze Hof sich geleert hatte, wirkte Jesus ruhig, traurig, aber nicht mehr erzürnt. Dann richtete er seinen Blick voller Barmherzigkeit auf mich, die ich immer noch weinend zu seinen Füßen lag. Diesen Blick werde ich nie mehr vergessen. Auch sein Lächeln nicht. Er hielt mir die Hand hin und richtete mich auf. Ich brachte mein Kleid in Ordnung und wollte weggehen. Jesus aber sagte: „Warte!" Dann gab er seinen beiden Gefährten einen Wink, sich zum Ausgang zu begeben. Als ich allein mit ihm war, sprach er mich an: „Frau, höre mir zu! Schau mich an!" Er wiederholte seinen Befehl, da ich nicht wagte, mein Haupt zu erheben. „Frau, wir sind allein.

Schau mich an!" Ich erhob mein Gesicht, auf das die Tränen und der Staub eine Maske der Demütigung gezeichnet hatten. Er stellte mir zwei Fragen. Aber es war kein Verhör. Kein Vorwurf klang darin. Er sprach leise. Mit mitleidigem Ernst. Aus seinen Augen sprachen Erbarmen und Aufmunterung. „Frau, wo sind sie, deine Ankläger? Hat dich keiner verurteilt?" Diese Doppelfrage schenkte mir die Gewissheit, dass ich ohne Steinigung davon gekommen war. Ich antwortete zwischen zwei Seufzern: „Nein, Herr, niemand!" Trotzdem fühlte ich mich innerlich zerbrochen. Ich wusste, was ich verdient hatte. Es gab keinen Triumph für mich, auch wenn meine Ankläger für Jesus unter demselben Urteil standen. Ich wagte nicht zu denken: „Diese dreckigen alten Säcke! Denen hat er´s aber gegeben!" Ich wusste nur eines, was ich jetzt brauchte: Gnade. Dann hörte ich Jesus sagen: „So verurteile ich dich auch nicht." In diesem Moment erkannte ich in ihm den Gerechten, den Heiligen, den zum Gericht Berechtigten, den Sohn Gottes. Weil er selbst meine Strafe auf sich nehmen würde. Dann sah er mich nochmals voller liebenswürdiger Barmherzigkeit an und sagte: „Geh, und sündige in Zukunft nicht mehr!"

Das war eine klare Botschaft. Jesus nannte Sünde immer noch Sünde. Er beschönigte und verharmloste nichts. Dass er dich nicht verurteilte, war kein Freibrief für ein unsittliches Leben!

Das verstand ich sehr gut. Es war der Ruf zur Umkehr und die Möglichkeit meines Neuanfangs. Ich ging frei und leicht nach Hause. Gott hatte mir vergeben. Die Freundlichkeit Jesu hatte mein Herz verändert. Er war in mein Leben eingetreten. Er hatte mich geheilt. Ich war entschlossen, seinem klaren Aufruf auf meinem weiteren Lebensweg zu folgen. Weil ich durch ihn eine größere Liebe entdeckt hatte.

Bartimäus – vom blinden Bettler zum Messias-Bekener

Bartimäus, wie uns der Evangelist Markus 10,46–52 berichtet, saßt du als blinder Bettler am Straßenrand in der Nähe von Jericho, als du auf Jesus aufmerksam wurdest. Wie ging es dann weiter?

Die Menschen waren von Jesus begeistert. Solche Worte hatten sie noch nie gehört. Sie waren ganz aus dem Häuschen. Sie staunten über ihn. So wie Kinder über einen Märchenprinzen. Sie kamen von überall her und sie jubelten ihm zu. Aber waren sie diesem Jesus tatsächlich nahegekommen? An all den Menschen, die „Ah" und „Oh" sagten und in Bewunderung am Straßenrand erstarrten, schien er jedoch vorbei zu gehen. Würde es nicht auch mir so ergehen, wenn ich nicht lauthals auf mich aufmerksam machte? Ich war fasziniert von dem Gedanken, dass er der Messias sein könnte. Aber zugleich war ich ein Mann, der nicht vergessen konnte, dass es trotz all der spektakulären Berichte über diesen Jesus Not und Elend gab und dass ich in diesem Leid viel zu tief drinsteckte. Da saß ich nun im Straßengraben. Halb ausgestreckt. Mit meinem schmutzigen, zerrissenen Mantel, der die Farbe des Schlammes angenommen hatte. An meinen

Füßen trug ich zwei ärmliche, ausgetretene Sandalen mit verschlissenen Sohlen. Sie waren mit Schnüren an meinen Füßen festgebunden. Als Wanderstab hielt ich einen Baumast in den Händen. Um die Stirn hatte ich eine schmutzige Binde gewickelt. Ein Häufchen Elend, schmutzig, struppig und ungekämmt. Ein gesellschaftlicher Außenseiter. Ungeborgen. Schutzlos. Eine Jammergestalt. Ein Bild der Erniedrigung. Leibhaftige Hoffnungslosigkeit. Ich konnte nicht einfach Hosianna und Halleluja wie die anderen rufen. Als Blinder sah ich die vielen Menschen nicht. Aber ich konnte sie hören: ihre Schritte, das Gemurmel ihrer Stimmen, das Rascheln ihrer Kleider. Irgendwie hatte ich auch herausgefunden, dass Jesus an mir vorbeikommen musste. Ich hatte schon davon gehört, dass er Menschen von ihrer Krankheit geheilt hatte. Warum nicht auch ich? Sehen können. All die schönen Dinge. Dann müsste ich auch nicht mehr am Straßenrand betteln. Ich könnte einem Beruf nachgehen, arbeiten, eigenes Geld verdienen. Ich brauchte nicht mehr am Rand der Gesellschaft sitzen, sondern dürfte auch zu den anderen gehören. Bisher hatte ich meine eigenen Wünsche immer verdrängt und ignoriert. Immer hatte ich gekuscht, mich geduckt, mich angepasst und gefügt. Jetzt setzte ich alles auf eine Karte. Ich wurde aggressiv und schrie aus voller Kehle: „Jesus, Sohn Davids, erbarme dich meiner! Du kannst doch nicht einfach vorübergehen! Du kannst mich doch nicht hier sitzen lassen! Sohn Davids, hab Erbarmen mit mir!"

Du hast Jesus mit dem Messias-Titel Sohn Davids ange-sprochen. Durch diese Tatsache warst du als Blinder mehr sehend als all die übrigen Leute, die in Jesus eher einen politischen Retter sahen.

Ich schrie an gegen Ungerechtigkeit: „Sohn Davids, erbarme dich meiner!" Denn wer leidet, hat ein Recht, dies auch offen sagen zu dürfen. Außerdem wusste ich jetzt genau: das ist die Chance meines Lebens. Zu keinem anderen Zeitpunkt. Die einzigartige Gelegenheit, dass meine Existenz am Straßenrand ein Ende fand. Eine Existenz, die ich mir nicht selbst gewählt hatte. Ich war nicht schon immer blind. Ich war als Kind an einem Augenleiden erkrankt. Meine Eltern hatten kein Geld für eine ärztliche Behandlung. So erblindete ich allmählich.

Und was passierte, als du nach Jesus schriest?

Es passierte, was passieren musste. Die Leute ärgerten sich über mich: Was fiel dieser Randfigur der Gesellschaft ein, die ganze Aufmerksamkeit auf sich zu lenken? Und wer gab diesem Bettler das Recht, den Nazaräer Jesus lautstark als Sohn Davids zu proklamieren? Ausgerechnet diejenigen, die mit ihm zogen und dem Tross vorangingen, fuhren mir in die Parade. Doch ich glaubte daran, dass ich durch ihn das Erbarmen Gottes erfahren konnte. Die Leute aber versuchten, mir den Mund zu verbieten. Als sei es verboten, meine Stimme hilferufend zu erheben. Mein Geschrei gingen ihnen total gegen den Strich. Sie bedrohten mich sogar: „Halts Maul! Wenn du nicht augenblicklich die Klappe hältst, werden wir sie dir mit Gewalt stopfen. Wir müssen Jesus vor solchen Randalierern und Ruhestörern wie du einer bist, schützen." Den Mund sollte ich halten. Still dasitzen. Mein Leid erdulden. Das wurde von mir erwartet. Aber das half mir nicht weiter. Das kannte ich schon lange genug. Jetzt galt es. Und die Umgebung schaffte es nicht, mich mundtot zu machen. Ich blieb hartnäckig dran. Wollte nicht mehr mitspielen mit den anderen. Ich überwand meinen Widerstand. Den äußeren und auch den inneren. Ich schrie meine Not heraus. Nicht höflich und leise um Hilfe bittend, sondern auffallend mit dem Mut der Verzweiflung. Je mehr sie mir drohten, zu schweigen, umso lauter schrie ich aus Leibeskräften.

Eine hochdramatische Szene! Und was tat Jesus?

Er hörte mein Rufen im Gedränge, im Gewirr der Stimmen. Mitten im Strom der großen Menge blieb Jesus stehen. Ich war voller Erwartung. Vielleicht würde er sich gleich über mich beugen, der ich da blind im Straßengraben saß, mir die Hände auflegen und meine Augen heilen. Doch weit gefehlt! Es kam ganz anders. Jesus rief den Menschen zu: „Holt ihn her! Wimmelt ihn nicht mit Worten ab, sondern wendet euch ihm zu. Jesus schimpfte sie nicht aus. Er sprach seine Worte in einem freundlichen Ton. Und das veränderte ihr Verhalten. Vorher hatten sie mich in den Graben gestoßen. Nun holten sie mich von dort heraus. Die gleichen Menschen, die mich vorher los werden wollten, halfen mir jetzt und sprachen mir Mut zu: „Sei getrost! Steh auf! Er ruft dich!" Da stand ich nun. Mitten drin unter all den anderen. Im Mittelpunkt.

Was geschah dann?

Als ich Jesus sagen hörte: „Ruft ihn her", legte ich mein Oberkleid nicht in Ruhe beiseite oder verstaute es sorgfältig, um es später wieder gut finden zu können. Nein, ich warf es entschlossen ab. Den bergenden, schützenden Mantel ließ ich hinter mir, obwohl dieser zum unantastbaren Existenzminimum eines Armen gehörte. Mit dem Loslassen verzichtete ich auf jegliche Absicherung. Ich sprang auf und stürmte blindlings los auf Jesus zu, ohne mich von bereitstehenden Helfern führen zu lassen. Ganz allein. Mit meinem vor mir ausgestreckten Stock. Mir war, als würde ein Engel mich leiten. So rasch und sicher ging ich. Nun stand ich vor Jesus. Und er stellte mir eine vollkommen unmögliche Frage: „Was willst du denn? Was soll ich Dir denn tun!" Das war wie eine eiskalte Dusche. Also dümmer konnte man ja nicht fragen. Alle Welt wusste doch, was ich als blinder Bettler wollte. Ich wollte genauso sein, wie all die anderen. Ich wollte gesund und glücklich sein. Auch meinen Teil von den schönen Seiten des Lebens mitbekommen. In Frieden und ohne Sorgen leben zu können. Wie konnte mir Jesus da nur so eine dämliche Frage stellen?

Vielleicht musste er sie stellen, um dir die richtige Antwort zu geben.

Auf jeden Fall stand ich jetzt hilflos und verdattert da. Ganz kleinlaut sagte ich: „Rabbuni, mein Herr, ich will wiedersehen können! Mit geöffneten Augen durchs Leben gehen." Es war keine Wunschliste für irgendein Schlaraffenland. Es war das Verlangen nach Heilung, mit dem meine Existenz stand und fiel.

Ich denke, für Jesus war es wichtig, dass du diese Bitte ausgesprochen hast, um deine Abhängigkeit und Hilflosigkeit noch tiefer zu empfinden. Auch die Umstehenden sollten dadurch erkennen, dass du Glauben hattest, geheilt zu werden, und dass du nicht wegen eines Almosens gekommen warst. Und was antwortete Jesus dir?

Er sagte: „Bartimäus, du hast deinen Teil schon getan. Schau, du hast dich gefragt, was du selber tun kannst. Und du hast angefangen, loszuschreien. Hast dich gegen alle Widerstände mit deinem fast unverschämten Glauben bis zu mir her durchgeschlagen. Jetzt lege ich noch drauf, was du zu leisten nicht imstande bist. Geh, dein Handeln aus dem Glauben heraus hat dir schon geholfen."

Ich denke, mit den Worten „dein Glaube hat dir geholfen", lobte Jesus auch deinen Kampfgeist, weil du dagegen gekämpft hast, an den Rand gedrückt zu werden. Kein Mensch hat es verdient, ausgestoßen zu sein. Du durftest bei ihm zu Wort kommen. Jesus nahm dich ernst.

In diesem Augenblick begriff ich erst, dass ich bereits ja wiedersehen konnte. Da stand ich da mit meinen geöffneten Augen. Vorher konnte ich nur mit ihnen weinen. Jetzt aber konnte ich mit ihnen sehen. Das Erste, was ich sah, waren die gütigen Augen meines Retters. Was für eine Freude hat mein Herz durchzogen! Ich konnte nicht anderes tun als Gott dafür zu loben.

Das ist normal und verständlich. Aber da steht im Evangelium noch etwas Erstaunliches: „Und das ganze Volk, das es sah, gab Gott Lob." Alle sollten erkennen: Der Blinde wurde nicht geheilt, weil er etwas getan, sondern weil er geglaubt hatte. Die Menschen kamen vom Drohen zum Loben. Das ist für mich das zweite Wunder in deiner Geschichte.

Sobald ich geheilt war, ging Jesus sofort weiter. Er überließ es mir, meinen weiteren Weg zu wählen. Doch unaufgefordert trat ich in seine Fußstapfen. Mit meinem Augenlicht war auch in mir das Herzenslicht angezündet worden. Jesus, meinen Messias, wollte ich nicht mehr aus den Augen verlieren. Ich schloss mich als Geheilter nicht nur dem Pilgerzug an, der hinauf zum Gottesdienst im Jerusalemer Tempel unterwegs war, sondern folgte auch Jesus auf seinem Lebensweg.

Die Schwiegermutter des Petrus – von einer bettlägrigen Frau zu einer freundlichen Gastgeberin

Als die Schwiegermutter des Simon Petrus lebtest du in Kafarnaum. Da Jesus dort oft verkehrte, bezeichneten die Leute den Ort als „seine Stadt". Kannst du uns etwas Näheres darüber sagen?

Unser Städtchen hatte damals ungefähr 1000 Einwohner. Uns ging es dort in der Nähe des Sees Genezareth recht gut. Die Erde war fruchtbar und erlaubte jede Art von Bepflanzung. Wir bauten tatsächlich die verschiedensten Gewächssorten an. Der Nussbaum, der mehr als alle Pflanzen eine kühle Witterung brauchte, gedieh dort herrlich. Neben ihm wuchs die Palme, die der Hitze bedurfte, ebenso der Feigenbaum und der Ölbaum, denen das mildere Klima zuträglich war. Manchmal hatte ich den Eindruck, die Natur trage in unserer Gegend einen Wettstreit aus, um mit aller Mühe sämtliche denkbaren Gegensätze an einem einzigen Platz zu konzentrieren. Hier lebte auch Simon mit seiner Familie und der ganzen Verwandtschaft.

Wie sah euer Haus in Kafarnaum aus?

Es lag nahe am See. Nur durch eine Böschung aus Felsgestein vom Wasser getrennt. Bei Sturm schlugen manchmal die Wellen gegen die Mauern des Hauses. Es war niedrig gebaut, aber sehr breit und bot Platz für mehrere Personen. Im Garten davor, dem See zugewandt, stand ein alter, knorriger Weinstock, der sich über eine roh gezimmerte Pergola ausbreitete. Davor befand sich ein niedriger Brunnen mit einer grünbemoosten Mauer. Daneben wuchs ein Feigenbaum. Seine zerzauste Krone berührte die Hauswand und schlug, wenn es windig war, gegen die Fensterläden. Meist waren sie geschlossen, um die pralle Sonne abzuhalten. Unser Haus hatte zwei Innenhöfe mit einem Haupteingang. Der südliche Innenhof wurde für die Tiere und als Arbeitsplatz benutzt. Der runde Ofen war der zentrale Familienplatz. Dort trafen sich jeden Morgen die Frauen und bereiteten frisches Fladenbrot, das eine köstlichen Duft verbreitete. Mehrere Häuser bildeten eine „Insel", sozusagen ein kleiner Gebäudekomplex mit mehreren Wohnbereichen. Die Behausungen waren einstöckig, bis zu drei Meter hoch und hatten ein Flachdach aus Holz, Schilf und Lehm. Bei den meisten führte eine Außentreppe aus Stein hinauf. Simon und sein Bruder Andreas stammten ja ursprünglich aus Bethsaida. Jetzt aber lebte Simon, der von Jesus den Beinamen Petrus, der Felsenmann, erhalten hatte, mit den Seinen bei uns in Kafarnaum. Wir waren eine richtige Großfamilie der Generationen: Schwiegermutter, Schwiegervater, Eltern, Kinder, Onkels und Tanten. Allerdings hatte Simon, nachdem er Jesus kennen gelernt hatte, alles verlassen. Seine Familie und seinen wohlhabenden Status, nur um diesem Jesus zu folgen. Ich hatte schon ein wenig damit zu knappern.

Hat dich Jesus nicht eines Tages geheilt, als du mit hohem Fieber im Bett lagst?

Damals kam er wieder einmal nach Kafarnaum. Es war an einem Sabbat. Jesus begab sich in unsere Synagoge, der Mittelpunkt unserer Stadt. Seine Worte und Taten hatten wie immer große Aufmerksamkeit erregt. Was mein Schwiegersohn an diesem Tag dort gehört und gesehen hatte, musste ihn fasziniert und beschäftigt haben, zumal Jesus dort einen Mann von einem bösen Geist befreit hatte.

Ich denke, Dämonen hat etwas mit unreinen Geistern zu tun, die das Denken und Fühlen trüben. Er sind Zwänge und Lebensmuster, die den Menschen im Griff haben. Fixe Ideen, die sich in krankhaften Grübeleien äußern. Krankmachende Selbstbilder und Götterbilder. Jesus hatte diesen Menschen von allem befreit, was sein Leben behinderte. Endlich verließ er die Synagoge. So konnte er sich nun die verdiente Sabbat-Ruhe gönnen.

Nein, ganz im Gegenteil. In seinem Quartier bei uns ging es weiter; denn ich war schwer krank. Simon schilderte seinem Meister den Fall und bat ihn um Hilfe. Also ging Jesus umgehend mit ihm. Andreas, Johannes und Jakobus waren auch dabei. Diese hatten wie mein Schwiegersohn auch kurze Zeit vorher ihren Fischerberuf aufgegeben, um Jesus nachzufolgen.

Nun durften die Vier vielleicht zum ersten Mal ihren Meister im Rahmen eurer häuslichen Vertrautheit erleben.
Vertrautheit ist vielleicht zu viel gesagt. Lag ich doch mit hohem Fieber im Bett. Fieber war damals ein Rätsel. Man wusste nicht genau, wie man es behandeln sollte. Viele Menschen starben einfach daran. Deshalb ging es auch bei mir um Leben und Tod. Das Fieber wirkte von innen heraus und belastete den ganzen Organismus. Ich fühlte mich kraftlos, innerlich unruhig. Dabei erlebte ich schmerzlich mein Defizit, dass ich für meinen Mann, die Kinder und Enkel nicht mehr alles leisten konnte, wie ich es wollte und ihnen viel schuldig blieb. Das Fieber stieg ständig. Wir hatten den Arzt gerufen. Doch er sagte, ich sei zu alt, um gesund werden zu können. Wenn das Übel von den Knochen zum Herz ziehe und das Fieber noch mehr steige, dann führe das, besonders in meinem Alter, zum Tod. Ich war unruhig, schrie, weinte, klagte und lästerte manchmal sogar.

Und was tat jetzt Jesus?
Ich hörte, wie er leise zu Simon und meiner Tochter sagte: „Habt Geduld mit ihr. Sie ist eure Mutter. Gott wird es euch lohnen! Bringt mich zu ihr. Als sie sich meinem Krankenlager näherten, versuchte mich Petrus aufzumuntern: „Nun bringe ich dir den Rabbi." Jesus lächelte, ohne

die Ruhe zu verlieren. Das flößte mir Mut und Vertrauen ein. „So willst du mich heilen?", fragte ich ihn. Ich werde noch nicht sterben?" Jesus sah mich mit Augen an, in denen eine große Barmherzigkeit lag. „Jetzt wirst du nicht sterben. Kannst du an mich glauben?" Standhaft erwiderte ich seinem Blick. „Ich glaube, dass du der Messias, der Sohn des Allerhöchsten, bist!" Jesus lächelte wieder. Er musste nicht umfangreiche Untersuchungen vornehmen oder langwierige Therapien verordnen, wie ein Arzt es gewöhnlich tut. Er ergriff meine Hand. Sie war voller Runzeln und geschwollenen Adern. Nun sagte er voller Autorität: „Sei geheilt! Ich will es! Erhebe dich!" Dann ließ er meine Hand los. Eine kurze Weile des Schweigens. Die hohe Temperatur sank nicht langsam, sondern verließ mich sofort. Mit dem Fieber verschwand auch jede Schwäche meines Körpers. Von einem Augenblick zum anderen war die Krankheit besiegt. Ich konnte es nicht fassen und rief voller Freude: „O Gott der Väter! Ich habe nichts mehr! Ich bin geheilt! Kommt, kommt!" Die Schwiegertöchter eilten herbei. „Seht!" betonte ich. „Ich kann mich ohne Schmerzen bewegen. Ich habe kein Fieber mehr. Schaut, wie ich frisch ich bin. Und mein Herz schlägt nicht mehr wie der Hammer eines Schmiedes. Oh, ich muss jetzt noch nicht sterben!" Es tat mir wirklich leid, dass ich manchmal Groll in mir hatte aufkommen lassen, weil Jesus meiner Tochter ihren Mann und mir den fürsorglichen Schwiegersohn weggenommen hatte. Während ich noch darüber nachgrübelte, gab Jesus meiner Tochter einen Wink. „Kleide sie an! Sie soll aufstehen! Sie kann es."

Simon wandte sich ganz beschämt an mich. „Der Meister hat dich geheilt. Sagst du ihm nichts?" Ich griff mir an die Stirn. „Natürlich, ich habe es vor lauter Begeisterung vergessen! Danke, danke Meister! Was kann ich tun, um dir meine Dankbarkeit konkret zu bezeugen?" Er blickte mich wieder voller Güte an. „Gut sein! Sehr gut sein; denn mein himmlischer Vater war gut zu dir. Und wenn es dir nichts ausmacht, dann lasse mich heute in deinem Hause etwas ausruhen. Ich habe während der Woche viele Ortschaften in der Umgebung besucht. Ich bin müde." – „Natürlich, natürlich! war meine überschäumende Reaktion. „Bleibe nur, solange du willst!" Ich war jetzt wieder der Mensch, der gerne für andere da war. Also kümmerte ich mich sofort um die jungen, hungrigen Mäuler, die mit Jesus unterwegs waren. Ich holte Mehl und Wasser und bereitete für alle frisches Fladenbrot mit Olivenöl und Thymian darauf. Das Zeichen, das Jesus an mir gewirkt hatte, blieb nicht ohne Folgen. Viele Menschen hatten ja auch gesehen, wie er in der Synagoge den Mann von einem bösen Geist befreit hatte. Neuigkeiten wurden schnell von Haus zu Haus getragen. Wie ein Lauffeuer verbreitete sich die Kunde von meiner Heilung in Kafarnaum. Es war Sabbat und die Menschen durften nicht arbeiten. Sie sollten auch keine schweren Lasten tragen oder weite Strecken zurücklegen. Aber sie durften sich unterhalten. So reifte in vielen der Plan, ihre Kranken und leidenden Familienmitglieder zu Jesus zu bringen. Sie warteten bis die Sonne unterging. Dann war ja der Sabbat zu Ende. Eine Prozession des Elends setzte sich in Bewegung. Menschen, die gezeichnet waren von ihren Leiden, wurden auf Tragen zu Jesus gebracht oder sie schleppten sich selbst vor den Eingang unseres Hauses. Voller Spannung warteten sie darauf, was nun passierte. Und dann öffnete sich die Tür und Jesus begann wirklich, sich um diese Menschen zu kümmern. Er legte einem jeden die Hände auf und machte ihn gesund. Er holte sie aus ihrer Isolation ins Leben zurück. Von vielen fuhren auch die bösen Geister aus und schrien: „Du bist der Sohn Gottes!" Er brachte sie zum Schweigen und machte sie kampfunfähig mit seinem Wort. Er nannte sie beim Namen, durchschaute ihre Tricks und beraubte sie ihrer Macht gegen alle Besetzungen und Besatzungen. Er wies die deformierenden Kräfte, die sich anmaßten, das Leben der Menschen zu lenken und zu steuern, in die Schranken.

Es musste beeindruckend gewesen sein, was damals geschah. Menschen wurden von ihren Lasten befreit, die ihnen sonst niemand abnehmen konnte.

Ich werde diesen Abend niemals vergessen. Während Jesus den Notleidenden die Hand auflegte und ihren kranken Körper heilte, schenkte er ihnen gleichzeitig Zuspruch und Segnung.

Wie lange blieb Jesus in eurem Haus?

Nur eine Nacht. Als ich ihm am nächsten Morgen das Frühstück vorbereiten wollte, war er schon verschwunden. Wie ich dann von Simon Petrus erfuhr, stand er schon vor Tagesanbruch auf und zog sich nach seinem „Heilungsmarathon" an eine einsam gelegene Stelle zum Gebet zurück.

Kranke heilen war sicher gut und wichtig. Aber Jesus spürte wohl auch, dass sein Auftrag noch größer war. Er holte sich Vergewisserung bei seinem himmlischen Vater. Die anderen suchten ihn. Das „Wartezimmer" war noch voll. Kafarnaum hätte zum Wallfahrtsort werden können, zu dem man von überall herkäme, um sich von Jesus heilen zu lassen. Aber Gottes Plan sah anders aus. Simon und seine Begleiter eilten ihm nach. Als sie ihn fanden, sagten sie zu ihm: „Alle suchen dich", wie uns Markus 1,37 berichtet. Er gab ihnen zur Antwort: „Lasst uns anderswohin gehen, in die benachbarten Dörfer, damit ich auch dort die gute Nachricht verkünde; denn dazu bin ich gekommen."

Ich denke, alle Menschen sind auf der Suche nach Glück, Erfüllung und Sinn in ihrem Leben. Auch mir ging es so. In Jesus fand ich nicht nur den Heiler, der mich körperlich wieder gesundgemacht hatte, er hatte auch meine Sehnsucht nach dem Göttlichen geweckt und gestillt.

Der Hauptmann von Kafarnaum – vom römischen Haudegen zum Vorbild des Glaubens

Lieber Hauptmann von Kafarnaum, wir kennen zwar deine Namen nicht, aber eines wissen wir: dass du in Kafarnaum eine Zeitlang gelebt hast. Warum gerade in dieser Stadt?

Kafarnaum galt als Grenzstadt an einer wichtigen Handelsroute, der „Via Maris". Deshalb war dort meine Einheit von etwa 100 Soldaten stationiert. Ich verfügte über Macht, Ansehen und Besitz. Wenn ich etwas sagte, gehorchten meine Leute aufs Wort. Ich hatte Diener und Knechte, die mein Domizil in Schuss hielten. Wenn ich nach Hause kam, stand das Essen auf dem Tisch. Ich war in einer Position, in der man andere für sich arbeiten ließ und es sich auf ihre Kosten gut gehen lassen konnte.

Als einer deiner Diener krank wurde, hättest du dir einfach einen anderen suchen können. Das war dein gutes Recht. Niemand konnte dir zumuten, mit einem Siechenden unter einem Dach zu leben.

Natürlich. Trotzdem dachte ich nicht daran, meinen Diener einfach abzuschreiben. Im Gegenteil: Ich habe die Qualen des Mannes gesehen. Ich wollte alles dafür tun, dass er wieder gesund wird. Ich war zwar mächtig. Aber dieser Krankheit stand ich ohnmächtig gegenüber. Mein Verstand sagte: damit musst du dich abfinden. Aber mein Herz sagte: damit kannst du dich nicht abfinden. Als römischer Zenturio lebte und dachte ich zwar voll und ganz in den Strukturen des Militärs. Befehl und Gehorsam standen an erster Stelle. Vor allem, was meine Untergebenen anging. Sagte ich zu einem: „Geh hin!" So ging er. Und zu einem andern: „Komm her!" So kam er. Und zu meinem Knecht: „Tu das!" So tat er's." Gleichzeitig versuchte ich auch ein fürsorglicher Vorgesetzter zu sein. Es trieb mich um, dass mein Diener gelähmt war. Als ich merkte, wie seine eigene Kraft zu Ende ging, suchte ich nach Hilfe. Doch in unserem eigenen römischen Umfeld war ich mit meinen Möglichkeiten am Ende. Mir wurde wieder einmal neu bewusst, dass sich das Entscheidende niemals mit militärischen Mitteln erreichen lässt. Nun hatte ich von Jesus, diesem jüdischen Wanderprediger, den viele als den Retter der Welt ansahen, schon einiges gehört. Das machte mir Hoffnung. Also kam ich zu dem Entschluss, dass er meinem Diener sicher helfen konnte. Ich hätte nun mit einem Tross auffahren können. War ich doch nicht irgendwer, sondern ein hoher römischer Offizier. Mein Anliegen hätte im Vergleich zum „gewöhnlichen Volk" höchste Priorität haben können. Ich hätte Jesus zwingen und ihn zumindest mit vielen Worten bedrängen können, in mein Haus zu kommen. Aber das alles wollte ich nicht.

Was du da Jesus zugetraut hast, lässt einen schon ins Staunen geraten: ein römischer Offizier bittet einen jüdischen Rabbi, einen seinen Untergebenen zu heilen. Du gehörtest zur Besatzungsmacht und warst sicherlich nicht besonders gerne gesehen. Außerdem galtet ihr Römer als Heiden. Das heißt, die Juden mieden möglichst jeden Umgang mit euch. Schon gar nicht betrat man das Haus eines solchen Menschen. Das machte ja unrein. Nun kamst du trotz all dieser Hemmschwellen auf Jesus zu.

Einige meiner Mitoffiziere wollten mich zwar davon abbringen. Weil sie überzeugt waren, dass Jesus doch nicht mit so einem wie mir reden würde. Trotzdem wollte ich total voreingenommen auf ihn zugehen. Natürlich war ich mir der Unmöglichkeit meines Ansinnens voll bewusst: ein vollkommen fremder Mensch, der auch noch zu einer Gruppe gehörte, die Jesus eher feindlich gegenüberstand, wollte etwas von ihm. Ich galt als heidnisch ausgegrenzt und war als Unterdrücker gehasst. Eigentlich hätte ich Abwehr, Ablehnung erwarten müssen. Vielleicht würde Jesus denken: „Wie werde ich den wieder los?" Solche zweiflerischen Gedanken, die in mir aufkommen wollten, verscheuchte ich wie eine lästige Fliege. Gleichzeitig lag es mir fern, mich meinen Waffen anzuvertrauen. Völlig abgerüstet, ohne das römisches Kurzschwert an meiner Seite, näherte ich mich Jesus. Nicht mächtig. Nicht stark. In dem Moment, in dem ich ihn ansprach, bekannte ich nichts anderes als meine Hilflosigkeit. Ich gestand in aller Öffentlichkeit, dass ich mit meinen Mitteln und Möglichkeiten am Ende war. Also schilderte ich ihm die Situation: „Ich habe einen kranken Diener, Herr. Er liegt in meinem Haus auf seinem Lager, gelähmt infolge einer Knochenkrankheit, und leidet schreckliche Qualen. Unsere Ärzte können ihn nicht heilen, und eure Heilkundigen, die ich darum gebeten habe, weigern sich zu kommen. Es ist ein Leiden, das man sich in der ungesunden, feuchten Luft dieser Gegend zuzieht. Es schmerzt mich sehr, denn er ist mir ein treuer Untergebener. Bitte, hilf mir!" Ich glaubte, wenn Jesus etwas tun wollte, würde er es tun. Und es würde das Richtige sein. Schon seine Gegenwart flößte mir dermaßen Vertrauen ein, sodass ich vor Grenzen und Mauern nicht mehr zurückschreckte. Ich fand die Kraft, hinüber zu springen.

Wie nun stellte sich Jesus dieser Situation?

Er hörte mich an und sagte etwas, was ich absolut nicht erwartet hätte: „Ich will zu dir in dein Haus kommen, und ihn gesund machen" (Mt 8,7). Vorbehalte über mögliche Beziehungen zu fremden Menschen schienen bei ihm überhaupt nicht aufzutauchen. Ich spürte: er sah in mir nicht den heidnischen, römischen Soldaten, sondern einfach einen Menschen, der voller Vertrauen auf ihn zuging und jetzt seine Zuwendung brauchte.

Eigentlich war die Sache damit erledigt. Jesus zeigte sich bereit, in dein Haus zu gehen. Die Verantwortung lag jetzt bei ihm. Er würde den Knecht gesundmachen. Da hättest höchsten noch Halleluja und Amen zu sagen brauchen. Und wie hast du darauf geantwortet?

„Herr, ich bin nicht wert, dass du unter mein Dach gehst." Ich war dem jüdischen Glauben sehr verbunden. Hatte ich doch in Kafarnaum die Synagoge bauen lassen, weil die Juden mir am Herzen lagen. Trotzdem: Ich war kein Jude und blieb damit von ihrem religiösen Leben ausgeschlossen. Jeder Jude, der mein Haus betrat, wurde dem Gesetz nach unrein. Ich dachte nicht bloß an mich und mein Anliegen. Ich dachte auch an Jesus und an seine Position. Ich wollte ihn nicht in Verlegenheit bringen, indem er wieder einmal seine Gegner auf die Palme brachte, weil er das Haus eines verhassten Vertreters der Militärdiktatur betrat. Deshalb sagte ich: „Nein Herr, so viel verlange ich nicht. Ich bin kein Jude und somit unrein für euch. Die hebräischen Ärzte fürchteten, sich zu verunreinigen, sobald sie ihren Fuß in mein Haus setzen würden. Gilt das nicht auch für dich? Ich bin nicht würdig, dass du unter mein Dach eingehst. Doch wenn du von hier aus ein einziges Wort sprichst, dann wird mein Diener gesund." Lächelnd wandte sich Jesus mir zu und sagt: „Geh voraus, ich werde nachkommen." Doch ich wiederholte noch einmal: „Nein, Herr! Ich habe es dir schon gesagt, es wäre eine große Ehre für mich, dich unter meinem Dach zu haben. Doch ich bin dessen nicht würdig. Sprich nur ein Wort, und mein Diener wird gesund!" Jesus schaute mich sehr verwundert an, als er fortfuhr: „So sei es denn! Geh und habe Vertrauen! In diesem Augenblick wird ihn das Fieber verlassen und das Leben in seine Glieder zurückkehren. Dir geschehe, wie du geglaubt hast. Geh nun!" In diesen seinen Worten lag himmlischer Segen. Ich spürte, wie ich mitten im Kraftfeld der Gnade Gottes stand. Ich grüßte militärisch, verneigte mich vor Jesus und ging. Als ich mich nochmals umwandte, sah ich, wie er mir nachblickte. Ich verlangsamte meine Schritte. Da hörte ich, wie er zu den Anwesenden sagte: „Wahrlich, ich sage euch, einen solchen Glauben habe ich in Israel nicht gefunden. Oh, wie wahr ist es doch: Das Volk, das in der Finsternis wandelte, schaute ein großes Licht. Über den Bewohnern des Landes, das in Todesschatten lag, ist das Licht aufgegangen. Unter seinem aufgerichteten Banner wird der Messias die Völker vereinigen."

Deine Erkenntnis blieb also nicht in deinem Kopf stecken, sondern mündete in deinem Herzen in einen unbeirrbaren Glauben: „Herr, sprich nur ein Wort, so wird mein Diener gesund." Es gab ja viele Leute, die Jesus testen wollten, ob und wenn ja, wie er Wunder vollbringen konnte.

Aber das kam für mich nicht in Frage. Ich zweifelte nicht an seiner göttlichen Macht. Für mich war klar: Wenn Jesus Menschen heilen und sogar vom Tod wieder lebendig machen konnte, wie die Tochter des Synagogenvorstehers Jairus bei uns in Kafarnaum, dann konnte er es genauso wie nur mit einem Wort aus der Ferne. Ich hatte verstanden, dass alle Dinge seinem Befehl gehorchen mussten, weil er die höchste Autorität als der Herr über Leben und Tod besaß. Deshalb bestand für mich kein Zweifel daran, dass mein Diener unabhängig von Ort und Zeit durch sein Wort geheilt werden konnte.

Ich denke, was Jesus so beeindruckt hatte, war deine Demut. Dass du aus eigener Kraft nichts vermochtest, so sehr du dich auch bemühtest. Dass du alle Hoffnung auf ihn gesetzt hattest. Dabei liegt die Pointe in deiner Geschichte gar nicht so sehr in der Heilung des Gelähmten, sondern in der Tatsache, dass der Diener eines heidnischen Ausländers geheilt wurde und dass dieser römische Heide die Angehörigen des Gottesvolkes auch noch an Glauben übertraf. Als römischer Soldat warst du eigentlich keiner, von dem jemand geistliche Inspiration erwartet hätte. Und doch sagte Jesus über dich: „Solchen Glauben habe ich in Israel bei keinem gefunden!" (Mt 8,10). Wer hätte das gedacht? Ein heidnischer Fremder wurde erhört und als ein Vorbild des Glaubens hingestellt, wobei in noch weiterer Ferne einer gesund wurde. Damit stellte Jesus fest, dass der Glaube nicht auf eine bestimmte ethnische Gruppierung oder auf eine bestimmte Form der Religiosität und Gottesverehrung begrenzt sein muss.

Das war auch meine umwerfende Entdeckung. Der Glaube an Jesus war nichts Exklusives. Der Glaube, den er verkündete, hatte eine universale Dimension. Deshalb konnte potentiell jeder Mensch, also auch ich, ein Glaubender sein. Er musste keinem auserwählten Volk angehören, um erhört zu werden.

DER TAUBSTUMME AUS DEKAPOLIS – VOM ISOLIERTEN KRANKEN ZUM VERKÜNDER DER GROSSTATEN GOTTES

Guter Mann, wie wir vom Evangelisten Markus erfahren, kam Jesus von Tyrus in Syrien und ging über Sidon zum See Genezareth in das Gebiet der Zehn Städte. Alexander der Große und seine Nachfolger, die Seleukiden, hatten diese Siedlungen als typisch griechische Städte aufgebaut. Ein Jude, der etwas auf sich hielt, reiste nicht freiwillig in dieses Gebiet. Hier lebten viele Griechen, Heiden. Hier war die Schweinezucht verbreitet. Schweine galten für einen rechtgläubigen Juden als unreine Tiere. Jesus entfernte sich also aus seinem jüdischen Kulturkreis. Abseits der „frommen Heimat" wagte er sich auf „heidnisches Gebiet". Die Einheimischen waren also keine Juden und wussten wohl wenig vom Gott Israels. Trotzdem hatten sie einen großen Glauben und brachten dich zu Jesus, weil du taub warst und einen Sprachfehler hattest. Sie baten ihn, dir die Hände aufzulegen.

Wie gut, dass es in unserem Dorf Menschen gab, die nicht nur an sich dachten! Denen mein Schicksal am Herzen lag. Die nicht vorübergingen nach dem Motto: Nichts hören, nichts sehen, nichts sprechen. Es tat ihnen vielmehr weh, dass mir etwas Wichtiges zum Leben fehlte. Sie machten sich zum Sprachrohr für einen Stummen. Sie hatten von Jesus gehört und waren davon überzeugt, dass er mich gesundmachen könnte. Also brachten sie mich zu ihm. Ohne fremde Hilfe war ich sowieso total aufgeschmissen. Wie könnte ich als Taubstummer sagen, was mich quälte? So taten sie das für mich. Meine Eltern hatten viele Kinder. Alle mussten schon früh mit anpacken, um die Familie über Wasser zu halten. Die Arbeit war hart, der Verdienst gering. Da ich taub und stumm war, wurde ich zum Betteln geschickt. Mein Leben lang lebte ich in Abhängigkeit. Immer auf das Erbarmen meiner Mitmenschen angewiesen. Ich war vom Leben ausgeschlossen. Vom religiösen, gesellschaftlichen und sozialen Leben. Ich fühlte mich wie ein lebendiger Tote. Ohne jede Hoffnung. Ich hatte nie die Stimme meiner Mutter, meines Vaters gehört, nie den Gesang der Vögel, nie das Rauschen der Blätter im Wind, nie den Klang von Musik. Ich besaß keine Schulbildung. Ich konnte nur stammeln. Manche hielten mich nicht nur für taub, sondern auch für blöd. Meine Zeichensprache verstand niemand. Ich galt als Dorftrottel, als Schwachsinniger. Ich durfte nicht heiraten, weil man meinte, meine Sprachlosigkeit sei vererbbar. Worte, Sprache, Rufe erreichten mich nicht. Alle anderen konnten sich austauschen, sich mühelos mitteilen. Sie erfuhren, was die Leute sagten, was sie dachten, was sie bewegte und was für sie wichtig war. Nichts von alledem kam in mein Leben hinein. Ich kreiste nur um mich selbst und blieb stumm. Niemand konnte mit mir etwas anfangen. Keinem konnte ich sagen, was ich wirklich fühlte. Ich war von allem ausgeschlossen. Allein in meiner eigenen Welt. Mir war Zugang zur Welt der Töne versperrt. Ohne Sprache keine Welt.

Warum hatte Jesus dich eigentlich ein Stück von der Menge weggeführt?

Du musst wissen, taube Menschen reden oftmals komisch. Weil sie sich selbst nicht hören. Auch ich habe gestottert, gelispelt und konnte manche Wörter gar nicht richtig artikulieren. Deshalb gab ich nur undeutliche Laute von mir. Jesus wollte mich sicherlich nicht vor den ganzen Leuten bloßstellen. Bevor er handelte, verschaffte er sich und mir Abstand zur Volksmenge. Weg von der Bühne der Gaffer. Alle wollten es sehen, was er jetzt tat. Alle wollten hören, was er sagte. Auch Helfer sind neugierig. Natürlich. Jesus schützte mich vor Neugier und Sensationslust. Er führte mich ihnen nicht vor. Ich sollte nicht zum Tagesthema werden. Dass alle über mich redeten, alles über mich wissen und weitererzählen konnten. Jetzt, abseits des Lärms und jeglicher Unsicherheit kam er mir ganz nahe. Näher als eine Armlänge entfernt. Für sich allein. So stand ich einfach nur vor Jesus. Es waren Augenblicke, in denen ich mich ihm ganz anvertrauen durfte. Ich wurde von ihm ernstgenommen und angeschaut. Obwohl meine Ohren verschlossen waren, durfte ich mein Herz öffnen.

Was geschah dann? Wie kommunizierte Jesus mit dir?

Nicht mit Worten. Das ging ja nicht. Jesus erklärte mir durch zärtliche Gesten, was er vorhatte. Dann stieß er seine Finger regelrecht in meine Ohren, als wollte er eine Mauer durchbrechen. Er nahm Spucke und gab sie auf meine gefesselte Zunge. Vielleicht hatten die Leute, die mich zu ihm brachten, erwartet, er würde mir die Hände auflegen. Doch nichts dergleichen. Vielmehr machte er noch etwas, was andere Heiler und Ärzte nicht taten: Er blickte auf in den Himmel und verband meine Eigen-Art mit Gott. Wiederum nicht mit Worten.

Im allgemeinen Volksglauben wird dem Speichel eine heilende Wirkung zugeschrieben. Speichel als das „Pflaster der Bauern". Hunde lecken ihre Wunden. Eine Mutter spuckt ins Taschentuch, um ihrem Kind einen Fleck aus dem Gesicht abzuwischen. Mit einem Kind kann man das machen. Und du warst ein Erwachsener. Aber du hast es an dir geschehen lassen.

Weil ich Vertrauen zu Jesus hatte. Er berührte das, was niemand berühren wollte. Er war von der Krankheit nicht angewidert. In dieser liebevollen Begegnung im Schutzraum der Zweisamkeit wurde es mir möglich, mich zu öffnen: Ich hielt meine Ohren und Zunge Jesus hin. Ich spürte, da ist einer, der keine Berührungsängste hat. Dabei berührte er die Punkte, wo es mir weh tat, wo die Ursachen aller meiner Schmerzen lagen. Das tat mir schon mal gut. Das war meine Baustelle. Doch dann passierte nicht Knall auf Fall ein Wunder. Vielmehr tat Jesus etwas, etwas mich sehr verwunderte. Er rief nicht laut Halleluja, klatschte auch nicht in die Hände. Nein, er seufzte.

Seufzen ist sowas wie ein Gefühlsstoß: tief einatmen und schnell ausatmen.

Seufzen tut jemand, wenn ihn etwas belastet und anstrengt. Dann fühlt er sich erleichtert und freier. Seufzen kann man aber auch, wenn man sich freut oder innerlich berührt ist.

Ich glaube, der Seufzer, den Jesus in dieser Situation losließ, war eher eine Mischung aus Frustration und Traurigkeit. Dieser Seufzer lag irgendwo in der Mitte zwischen einem Wutanfall und bitteren Tränen.

Wie kommst du denn auf so etwas?

Ich denke, in diesem Moment erkannte Jesus mein Elend und die ganze Misere der Menschheit. Da seufzte er. Er litt mit. Er verspürte Trauer, weil es all das Leid hier auf der Erde gab. Vielleicht lag in dem Seufzer auch eine Hoffnung darin, die sich bald erfüllen sollte. Spürte doch auch ich, dass ich durch meine Taubheit nicht dafür geschaffen war, gehörlos, von Gott und den Menschen getrennt zu leben. Diese Isolation nicht hören und sprechen zu können, war auch für mich zum Seufzen. Wie oft hatte auch ich vor Sehnsucht nach Kommunikation geseufzt. Meine Zunge sollte ganz normal sprechen können. Als Jesus mich berührt hatte, sprach er einen Satz in seiner aramäischen Umgangssprache: „Effata! Öffne Dich! Tu dich auf! Komme zu dir selbst! Ich stehe zu dir! Gott nimmt dich wie du bist!" (Mk 7,34–35). Und da geschah das Wunder! Es war das allererste Wort, das ich in meinem Leben hörte: „Effata! Öffne deine Ohren! Öffne deinen Mund! Du kannst es jetzt! Öffne deine Hände! Geh los mit deinen Füßen! Sag, was dir auf dem Herzen liegt!" Bei dieser Heilung gingen mir auch zugleich die Augen auf: Jesus war nicht nur der Messias Israels. Weil er über alle Grenzen hinausging. Er ging zu Menschen, zu denen sonst kein frommer Jude gegangen wäre, da sie als Heiden galten. Und er ließ sich von solchen Heiden bitten. Er heilte mich, einen von ihnen. Diese Begegnung mit Jesus, in dem ich die Gegenwart des Allmächtigen erkannte, schenkte mir nicht nur körperliche Heilung, sie ließ mich auch im ganzheitlichen Sinn gesundwerden. Ich konnte nichts anderes tun als die Taten und Worte Jesu weiterzuerzählen. Obwohl er es ausdrücklich verboten hatte. Aber ich konnte nicht anders. Wovon mein Herz voller Dankbarkeit voll war, davon floss mein Mund über: „Er hat alles wohl gemacht. Die Tauben macht er hörend und die Sprachlosen redend."

Die Leute in der Synagoge von Nazareth — von frommen Gottesdienstbesuchern zum mordlustigen Mob

Ihr frommen Leute aus der Synagoge von Nazareth, eines Tages kam Jesus zu euch in seine Heimatstadt zurück. Er hatte sich einen gewissen Ruf erworben, der ihm vorauszueilen schien. Als Mitglied eurer Gemeinde ging er am Sabbat in die Synagoge, um am Gottesdienst aktiv teilzunehmen. Dort las er aus der Buchrolle des Propheten Jesaja vor und gab seinen Kommentar dazu ab. Wie habt ihr darauf reagiert?

Wir kannten Jesus nicht nur von ferne. Er war uns richtig vertraut. Und jetzt kam er nach einiger Zeit der Abwesenheit wieder zu uns. Wir waren neugierig, was dieser Mann uns nun zu sagen hatte. Dass er in der Synagoge das Wort ergriff, war nicht ungewöhnlich. Das war Recht eines jeden Mannes der Gemeinde. Außerdem war der Synagogenbesuch vom Dialog geprägt. Man las die Schriften und unterhielt sich darüber. Jesus folgte zunächst der üblichen Liturgie. Nach der Thora-Lesung und dem Gebet zitierte er den Propheten Jesaja: „Der Geist des Herrn ruht auf mir, denn der Herr hat mich gesalbt. Er hat mich gesandt mit dem Auftrag, den Armen gute Botschaft zu bringen, den Gefangenen zu verkünden, dass sie frei sein sollen, und den Blinden, dass sie sehen werden, den Unterdrückten die Freiheit zu bringen, und ein Jahr der Gnade des Herrn auszurufen" (Lk 4,18–19). Mit diesem Trostwort für die gedemütigten Israeliten konnten wir uns in dem von den Römern besetzten Land identifizieren. Wurde uns doch damit der Messias verheißen, der umfassende Befreiung und Würdigung unseres Lebens bewirken wird. Als Jesus nach der Lesung zu lehren begann, rieben wir uns verwundert die Augen und spitzten die Ohren. Jedem war er bekannt von Kindesbeinen an. Wir hatten ihn hier aufwachsen sehen. Er hatte an unseren Häusern mitgebaut. Er war ein Teil unserer Gemeinde. Der Sohn von Joseph. Oder? Wir kannten die Familie doch! Wo, um alles in der Welt, hatte der so gelernt zu lehren? Und die Menschen waren begeistert von ihm.

Das bedeutet, von eurer Seite schlug zunächst nicht nur Erstaunen, sondern auch Bewunderung Jesus entgegen?

Der wusste ja echt was zu sagen! So hatten wir noch von niemanden über diese Bibelstellen reden hören. Das war neu – aber gut! Wir staunten. Die Überzeugungskraft seiner Worte war schon beeindruckend. Aber konnten wir ihm auch glauben? Wir bekamen das Bild, das wir von diesem Sohn Josephs in unseren Köpfen hatten, nicht überein mit diesem Mann, der jetzt gerade vor uns stand und das Wort Gottes vollmächtig auslegte. Deshalb drängte sich uns die Frage auf: Wer um alles in der Welt ist dieser Jesus? Was fangen wir mit ihm an? Wie ordnen wir ihn ein? Ein Gemurmel ging durch die Synagoge. Jesus schaute umher. Er schien auf unseren Gesichtern und in unseren Herzen zu lesen, als er fortfuhr: „Ich sage euch: Es bleibt eine Tatsache, kein Prophet gilt etwas in seiner Vaterstadt. Andere Orte haben mich mit Freuden aufgenommen. Ich konnte ihre Kranken heilen, während ich hier, in meiner Heimat, nichts tun kann; denn ihr seid verschlossen und mir feindlich gesinnt."

Warum konntet ihr in Jesus nicht den Boten Gottes erkennen?

Weil wir ganz genau wussten, wie das wäre, wenn der wahre Prophet käme. Wenn Gott einmal zu uns sprechen würde, dann nicht in einer Synagoge, sondern im Tempel der Hauptstadt. Auch nicht durch einen Mann aus unserem so armseligen Kaff wie Nazareth, von dem die Leute rund herum abschätzig meinten: „Was kann aus Nazareth schon Gutes kommen?" Wenn Gott uns etwas zu sagen hatte, dann nicht durch einen, der 30 Jahre lang keinem von uns aufgefallen war. Wenn der Heilige – gepriesen sei er – einmal endgültig sprechen würde, dann müssten die Sünder wehklagen, dann würde ganz Israel erschüttert sein, dann würden Zeichen am Himmel geschehen, dann hielte die Welt den Atem an. Wenn am Ende der Verheißene, der lang Ersehnte für Israel käme, dann würde alles ganz anders sein. Und jetzt begann dieser Jesus uns vorzuwerfen: „Ihr seid mit eurem Anspruchsdenken die wirklich Ungläubigen! Ihr habt Gott keineswegs für euch gepachtet! Da gibt es keinen Exklusiv-Vertrag!" Was zu viel ist, ist zu viel. Da war man fromm, ging jede Woche brav in den Gottesdienst, bemühte sich um die Einhaltung der Gebote – und dann solch ein Verhalten von diesem Jesus!

Also heizte sich die Stimmung immer mehr auf.

Wir Juden hatten ein außergewöhnlich starkes Selbstbewusstsein, was unsere Erwählung anging. Jahwe war unser Gott. Wir galten als das auserwählte Volk. Deshalb dankten wir dem Allmächtigen, dass wir keine Heiden waren. Es war uns klar, Gott würde für sein Volk Heil schaffen. Die Heiden hatten Pech gehabt, mochte sich die römische Besatzungsmacht noch so überlegen präsentieren. Und an diesem Selbstverständnis rüttelte Jesus jetzt. Anhand zweier Geschichten aus unserer Bibel – der hungernden Witwe bei Elia und beim heidnischen Hauptmann Naaman – wollte er uns weismachen, dass Gott sehr wohl die Heiden in Blick hätte. Dazu betonte er noch, Gott habe sich in diesen Geschichten ausschließlich um Nichtjuden gekümmert; denn von allen Witwen in Israel, die unter der Dürre zu leiden hatten, wurde nur diese eine heidnische versorgt. Von allen frommen, gottesfürchtigen Juden mit Aussatz wurde nur dieser heidnische Krieger rein (Lk 4,25–27).

Das alles wusstet ihr doch, da ihr ja eure heiligen Schriften kannten. Trotzdem brachte das euch so sehr in Rage.

Aber Jesaja so auf diese Art und Weise ausgelegt zu bekommen, das konnten wir kaum aushalten. Der Messias kam für uns Juden. Für niemanden sonst. Und jetzt legte dieser Jesus eine messianische Bibelstelle so schrecklich auf die Heiden aus. Undenkbar. Empörend!

Ihr hab euch also gar nicht hinterfragt: Könnte Jesus vielleicht doch recht haben?

Warum auch nur? Denn sofort schlug die Bombe ein, als er behauptete: „Heute hat sich dieses Schriftwort erfüllt!" Damit outete er sich als der versprochene Messias. Die Vorhersage Jesajas sei nun heute vor unseren Augen und Ohren an ihm in Erfüllung gegangen: Ich bin der Messias. Der Gesandte Gottes. Der, der die Welt verändern, retten und richten wird. Das war der Hammer! Er hatte uns damit nicht die Wahl gelassen, ihn als normalen Rabbi zu sehen. Er polarisierte. Letztlich machte er die Aussage: Ich bin Gott! Damit hatte er ganz Nazareth gewaltig gegen sich aufgebracht.

Dann erinnerte er euch an das Sprichwort: „Arzt, heile dich selbst!"

Damit hatte er ja den Nagel auf den Kopf getroffen. „Arzt, heile uns! Zeige, was du kannst!" riefen wir ihm entgegen. Dass er dann mit seinem Hinweis auf Elia und Elischa auch uns noch vor die Nase hielt, dass gerade die ein Wunder Gottes erfahren hatten, die nicht einmal auf den Gedanken gekommen wären, darauf einen Anspruch zu haben – und dass uns, die eigentlich das Recht auf ein Wunder hätten, jedoch das Wunderbare verschlossen bleiben sollte, das brachte das Fass zu Überlaufen. Von einem Augenblick schlug unser anfänglicher Beifall in blinde Wut gegen ihn um.

So wurde also aus einer frommen Gemeinde ein aufgebrachter Mob, der Jesus am liebsten lynchen wollte.

Schließlich nahmen wir Gott und sein Wort ernst. Auf Gotteslästerung stand die Todesstrafe. Wir wollten nach seinen Geboten leben, die Gesetze des Moses beachten. Und nun kam dieser Jesus daher und versuchte unseren Horizont in einer unangenehmen Art zu erweitern. Eine unverschämte Anmaßung! Wir wussten, was möglich war und was nicht sein konnte. Jetzt wollte dieser junge Schnösel, der noch keine 40 Jahre alt war, uns zumuten, es anders zu sehen. Wie konnten wir als gläubige Juden akzeptieren, dass der Sohn eines kleinen Bauunternehmers, den wir alle schon seit vielen Jahren kannten, der versprochene Retter sein sollte? Was da bei Jesaja 42,7 stand, wäre auf ihn anzuwenden. Da musste es doch notwendigerweise bei uns zu einer massiven Ablehnung kommen.

So wurdet ihr als Zuhörer seine Ankläger, weil ihr nicht anerkennen wolltet, was er sagte.

Wärst du einer von uns gewesen, hättest du anders reagiert? Auf seinen Anspruch hin, dass das Jesaja-Wort sich heute an ihm erfüllt hätte, bekam er natürlich den blanken Zorn der gesamten Synagogenbesucher zu spüren. Auch diese seine uneingeschränkte Zusage der Gnade Gottes für alle bedeutete ein völliger Bruch mit unserem Gottesbild, der die Feinde unseres Volkes richtet und dessen vernichtender Zorn sie hinwegraffen wird. Außerdem verlangten wir von Jesus, er solle seinen Anspruch durch entsprechende Taten rechtfertigen. Wenn er schon als Kind Wunder getan und geheilt hätte, hätte niemand in Nazareth Anstoß an ihm genommen. Aber er lehnte ein Wunder als Beweis seiner göttlichen Sendung ab. Auf jeden Fall empfanden wir seine Worte als Gotteslästerung, auf die nach jüdischem Gesetz die Steinigung stand. Alle in der Synagoge gerieten wir in Rage. Mit einer Wut im Bauch sprangen wir von unseren Plätzen auf. Wir stiegen über Tische und Bänke. Wir schämten uns regelrecht vor Enttäuschung über Jesus. In dieser Stimmung heizten wir uns gegenseitig weiter an. Wir müssen zugeben, dass aus uns gesitteten Gottesdienstbesuchern im Nu ein rasender, aggressiver Pöbel wurde. Wozu dem Einzelnen doch noch der Mut fehlte, stürzte sich eine wütende Meute auf Jesus. Er flüchtete vor uns aus dem Gebetshaus und alle liefen wir schreiend und schimpfend hinter ihm her. So trieben wir ihn hinaus bis zu einem Abhang vor unserer Stadt. Wir waren fest entschlossen, ihn hinabzustürzen. Wir glaubten, diesen religiösen Ruhestörer endlich aus dem Weg räumen zu müssen. Dort schupsten wir ihn immer weiter. Wir hatten ihn mit seinen verrückten Behauptungen an den Rand getrieben. Zum Schweigen gebracht. Als Todeswürdiger wollten wir ihn den steilen Felsen hinunterstürzen und ihm dann, wenn er nicht schon tot war, mit schweren Steinen die Brust zerschmettern. Doch dann passierte etwas, mit dem wir nicht gerechnet hatten. Es geschah so etwas wie ein Wunder. Mit einer fast göttlichen Autorität schaut uns Jesus an. In seinen Augen lag kein Hass, auch spiegelt er sich nicht als der Beleidigte auf. Er droht nicht. Nur Trauer lag in seinem Blick. Souverän schritt er auf fast geheimnisvolle Weise durch die Menge hindurch, die ihn umringte. Der grölende Mob verstummte. Niemand wagt es, ihn anzufassen und er verschwand auf einem Bergpfad. Damit verließ Jesus Nazareth für immer. Er ging nach Kafarnaum ans Nordwestufer des Sees von Galiläa, wie wir später erfuhren. Viele von uns stellten sich im Nachhinein die Frage: Wie kommt ein Mensch zu einer solchen, in sich selbst ruhenden Sicherheit? Wir hatten nicht den Eindruck, Jesus habe an seinem Auftrag gezweifelt, weil er von uns abgelehnt wurde. Er ging seinen Weg unabhängig vom Beifall oder von den Buh-Rufen der Menschen. Von woher hatte er nur seinen Rückhalt? Hatten wir eventuell unsere Chance verspielt? Diese Frage verfolgt uns bis heute.

Der Bräutigam auf der Hochzeit in Kana – vom geschockten Gastheber zum erstaunten Messias-Erkenner

Lieber Freund, bei deiner Hochzeit in Kana standst du mit deiner Braut im Mittelpunkt des Geschehens. Warum habt ihr eigentlich euer Fest am dritten Tag der Woche, also an einem Dienstag, gefeiert?

Weil der Dienstag für unsere jüdischen Gelehrten als ein ganz besonderer Tag galt. Im Buch Genesis werden am dritten Schöpfungstag die Worte „und Gott sah, dass es gut war" nochmals wiederholt. Und da die Ehe in den Augen Gottes etwas Gutes ist, schaut er in besonderer Weise wohlwollend darauf.

Wer kam alles zu eurer Hochzeit

Wir hatten Verwandte, Freunde und Nachbarn eingeladen. Da kamen locker einige hundert Festgäste zusammen, um das große Ereignis gebührend mit uns zu feiern. Auch Jesus, seine Mutter und seine Jünger waren darunter. Galt doch unsere Eheschließung als der krönende Abschluss einer Wartezeit und der Beginn eines Bundes, der nicht aufgelöst werden sollte, da nach der Erschaffung des Menschen der Allmächtige in Bezug auf Mann und

Frau sagte: „Darum wird ein Mann seinen Vater und seine Mutter verlassen und seiner Frau anhangen, und sie werden ein Fleisch sein" (Gen 2,24). An einem solchen Festtag sollten sich alle von ganzem Herzen freuen. Die Temperaturen waren angenehm, die Vegetation mit Korn, Olivenbäumen und Weinreben üppig. Da in unserem Haus nicht genug Platz vorhanden war, stand oder saß die Hochzeitsgesellschaft unter einem Olivenhain auf kleinen Hockern. Die Feier dauerte sieben Tage und bei Fackellicht in die warmen Nächte hinein. Die Musik spielte auf, die Trommel wirbelten. Wir Brautleute luden ein zum Tanz. Gesänge gehörten dazu. Natürlich gab es Speis und Trank in reichlichem Masse. Jeden Tag kamen neue Gäste hinzu. Es war ein ständiges Kommen und Gehen.

Das bedeutet, du konntest deshalb gar nicht genau wissen, wie viele Gäste zu eurer „Traumhochzeit" kamen.

Das ist richtig. Von daher war es schwer kalkulierbar, wie viel gegessen und getrunken würde. Tatsächlich hatten wir uns verkalkuliert. Die Hochzeitsgesellschaft wurde immer größer. Ich wunderte mich darüber, wer hier alles auftauchte. Doch langsam kam in mir die Sorge hoch, zu wenig Wein vorrätig zu haben. Die Gastfreundschaft bedeutete für uns ein ganz hohes Gut. Ich hätte mein Letztes geopfert, damit ein Gast nicht hungrig oder durstig unser Haus verlassen musste. Der Wein stand nicht nur für fröhliche Geselligkeit, fern aller Sorgen des Alltags, er stand auch für die Leichtigkeit und Beschwingtheit eines Festes überhaupt. Ohne Wein wäre eine Hochzeit einfach undenkbar gewesen. Damit die ganze Veranstaltung aber auch „wie geschmiert" lief, war ich als der Bräutigam für die Organisation verantwortlich. Um aber selbst entspannt feiern zu können, übertrug ich diese Aufgabe an einen guten Freund, der sich um alles zu kümmern hatte. Wir nannten ihn den Speisemeister. Heute würdet ihr ihn vielleicht als Event-Manager bezeichnen. Er sorgte sich wirklich rührend um alles. Aber eines hatte er an diesem speziellen Abend noch nicht mitgekriegt. Dass der absolute Notfall eingetreten war. Hinten in der Küche standen sie händeringend. Ich wurde informiert. In meinem Gesicht verschwand die Freude. Sorgenfalten machten sich darin Platz. Es waren mehr Gäste gekommen, als wir dachten. Und diese hatten tüchtig gebechert. Die Weinkrüge waren leer bis auf den letzten Tropfen. Der Alptraum für eine Feier schlechthin. Maria, die Mutter Jesu, schien das geahnt zu haben. Vielleicht hatte sie eine gewisse Nervosität bei den Kellnern beobachtet. Sie wusste: Die Blamage für uns als Brautpaar würde riesengroß sein. Die Festgäste säßen auf dem Trockenen. Die Festfreude würde jämmerlich ersticken und die Stimmung auf den Nullpunkt sinken. Da konnte man auch gleich nach Hause gehen. „Von wegen „Traumhochzeit". Wir würden sicher noch für die nächsten zehn Jahre Gesprächsthema im Dorf sein. Einfach superpeinlich das Ganze! Maria musste meine Gedanken erraten haben. Da sie selbst eine gute und pflichtbewusste Gastgeberin war, half sie bei unserer Hochzeit mit, wo gerade eine Hand gebraucht wurde. In ihrer Nähe hatte man das Gefühl, als könnte sie durch ihre große Empathie jede Kälte der Gefühlslosigkeit erwärmen und jede Dunkelheit der Gleichgültigkeit erhellen. Also fackelte sie nicht lange herum. Sie wollte nicht länger mitansehen, wie der schönste Tag unseres Lebens ruiniert wurde. Ich sah, wie sie auf Jesus zuging. Offenbar überlegte sie sich gut, was sie ihm sagen wollte. Dann flüsterte sie ihm etwas ins Ohr. Ich las es von ihren Lippen ab: „Sie haben keinen Wein mehr!

Damit wollte sicherlich Maria indirekt auch sagen: „Ohne Wein keine Hochzeitsfreude mehr!"

Ganz bestimmt. Eines beeindruckte mich dabei ganz besonders: Die Mutter Jesu sagte nicht laut und für alle hörbar zu ihm: „Tu doch ein Wunder und zeig mal, was du kannst." Nein, ganz bescheiden machte sie ihren Sohn auf die konkrete Notlage aufmerksam, ohne ihm irgendwelche Vorschriften machen zu wollen. Zugleich erwartete sie im Stillen, dass er jetzt irgendwie helfend eingreifen würde.

Aber seine Reaktion klang doch eigentlich eher verärgert, wie uns der Evangelist Johannes im zweiten Kapitel, Vers 4, berichtet: „ Was willst du von mir, Frau? Meine Stunde ist noch nicht gekommen." Das hört sich für unsere heutigen Ohren wie eine patzige Bemerkung an. So wie etwa: „Geh mir nicht auf die Nerven!"

Ich habe in diesem Moment die beiden intensiv beobachtet. Dabei bemerkte ich, wie ein Lächeln über ihr Gesicht huschte, als hüteten sie ein gemeinsames Geheimnis.

Was für ein Geheimnis?

Das kann ich dir auch nicht sagen. Geheimnis bleibt Geheimnis. Aber ich denke, Jesus gab Maria mit der Bezeichnung „Frau" den alten Titel aus der Urzeit der Schöpfung. Im Buch Genesis 3,15 habe ich schon als Kind in der Beit Midrasch, der Thoraschule neben unserer Synagoge, die Stelle auswendig gelernt, wo der Allmächtige die Feindin der hinterlistigen Schlange als „Frau" voraussagt: „Feindschaft setze ich zwischen dir und der ‚Frau', zwischen deinen Nachwuchs und ihren Nachwuchs. Er trifft dich am Kopf und du triffst ihn an der Ferse." Vielleicht wollte uns Jesus in diesem Moment deutlich machen, wer seine Mutter wirklich war: die neue Eva, die ihn begleitete. Auch auf unserer Hochzeit. Ehrlich gesagt, ich sah schon meine Hoffnungen schwinden, als ich anschließend Jesus sagen hörte: „Meine Stunde ist noch nicht gekommen!" Sofort drängte sich mir die Frage auf: „Wann ist dann seine Stunde gekommen? Also sicherlich nicht heute."

Maria aber schien zu wissen, was ihre Aufgabe war. Sie durfte Jesus um etwas bitten. Und er erfüllte gerne ihren Wunsch, indem sie die Zeit beschleunigte, auch wenn seine Stunde des eigentlichen Weinwunders beim letzten Abendmahl, das bis heute andauert, noch nicht gekommen war.

Sie begab sich unverzüglich zu den Wasserträgern und sagte ihnen nur: „Was er euch sagt, das tut!" Ich glaube, sie wollte den Dienern damit ans Herz legen, jetzt nicht zu oberschlauen Klugschwätzern zu werden, sondern einfach nur kommentarlos das zu tun, was ihnen von Jesus aufgetragen wurde. Sie hatten ja schon bei zahlreichen Festen als Dienstpersonal mitgeholfen und wussten als Party-Profis wie der Hase läuft.

Und was tat Jesus jetzt?

Er ließ nicht lange auf sich warten und kam tatsächlich zu ihnen. Er hielt weder eine große Rede noch gab irgendwelche Erklärungen ab, sondern wie nebenbei sagte er nur: „Füllt die Krüge mit Wasser!" Das war allerdings noch ein schönes Stück Arbeit, 600 Liter Wasser in der Dunkelheit vom Dorfbrunnen in kleineren Krügen herbeizuschaffen! Das Wasser war nach unseren Reinigungsvorschriften für die Gäste bestimmt, die sich vor und nach dem Essen je zweimal die Hände abspülten. Deshalb waren 600 Liter durchaus nicht zu viel.

Hatten denn die Wasserträger überhaupt kapiert, was Jesus vorhatte?

Ich denke, sie wurden nicht schlau daraus. Vielleicht dachten sie: „Wenn schon kein Wein mehr da ist, dann haben wir wenigstens genug Wasser zum Trinken. Mir drängte sich noch eine andere Frage auf: „Was hat Jesus jetzt vor?" Erwartete er noch mehr Gäste, damit sie sich waschen konnten? Das Dienstpersonal erledigte inzwischen seine Arbeit ohne Murren. Und zwar so gewissenhaft, dass sie die großen Krüge sogar bis zum Rand auffüllten. Jesus wartete ab. Dann erhielten sie einen zweiten Auftrag von ihm: „Nehmt nun eine Kelle daraus und geht damit zum zu eurem Speisemeister, damit er das Getränk koste." Bevor Neues an die Gäste ging, sollte der „Chef de Service" die Sache vorkosten. Als er von dem Wein genippt hatte, flippte er fast aus. Nun musste ich herhalten und erhielt von meinem Freund, der hier als Oberkellner fungierte, eine Art Standpauke: „Der beste Wein wird zuerst ausgegeben. Wenn die Leute schon viel getrunken haben und der Geschmacksinn getrübt ist, dann kannst du den Fusel nachreichen. Die mindere Qualität merkt dann niemand mehr. Hier aber wird der beste Wein, der ‚Grande Riserva di Galiläa', erst jetzt ausgeschenkt. Unglaublich!" Mein Freund hatte ja keine Ahnung, woher der Wein stammte. Vielleicht meinte er, ich hätte diese guten Tropfen im Keller für mich zurückbehalten und müsste ihn jetzt herausrücken, da die Gäste immer mehr wurden. Erst nachdem er mit einem Kopfschütteln mich nochmals darauf aufmerksam machte, dass ich erst jetzt am späten Abend mit einem so hervorragenden Wein ankam, begann auch ich mit gläubigem Erstaunen zu reagieren. Jesus hatte also tatsächlich auf wundersame Weise tatkräftig eingegriffen und so das Fest nicht nur gerettet, sondern mit einer Riesenmenge besten Weines uns geradezu überschwemmt, damit die Hochzeitsfeier noch Tage andauern konnte. Jesus war unser Freudenmeister geworden. Als ich mich bei ihm mit überschwänglichen Worten bedanken wollte, erhob er seine Hand wie zur Abwehr und sagte mit einem Lächeln: „Bedanke dich bei meiner Mutter!"

Jetzt könnte natürlich die Frage auftauchen: was soll man zu diesem üppigen Weinwunder sagen? Hätte sich Jesus nicht besser um Blinde, Hungrige, Notleidende gekümmert, statt hier solch ein Festgelage auch noch zu fördern, bei dem sicher auch einige betrunken unter die Tische gesunken waren? Und er saß mit seinen Jüngern mitten drin. Und so etwas bei seiner Premiere, wo doch der erste Eindruck so entscheidend war.

So war eben Jesus! Er ließ sich nicht in vorgefertigten Schubladen und Schablonen pressen. Als erstes Zeichen seines Amtsantritts schenkte er uns verschwenderisch viel Wein und verschwenderisch viel Freude! Jesus war kein weltfremder Asket, keine Spaßbremse, keiner, der zum Lachen in den Keller ging. Die verärgerten Schriftgelehrten haben ihn deshalb als „Fresser und Säufer" betitelt.

Vielleicht wollte euch Jesus bei eurem Hochzeitsfest mit der fast himmlischen Fülle des geschenkten Weines auf das kommende himmlische Hochzeitsmahl aufmerksam machen, auf den Hochzeitsbund Gottes mit uns Menschen. Der Evangelist Johannes spricht von einem besonderen Zeichen, und dass seine Jünger an Jesus glaubten (Joh 2,1). Konntest du auch in dem Weinwunder ein Zeichen erkennen?

Natürlich. Die damaligen Schriftgelehrten hatten uns in der Schule beigebracht, dass Gott bei der Erschaffung der Welt einige Dinge für das Kommen des Messias zurückgehalten hat. Dazu gehörte auch der Wein der Freude für das Festmahl mit ihm. Jetzt gingen mir die Augen auf, als ich mich daran erinnerte: Jesus war wahrhaftig der Messias, der Retter der Menschheit, der in die Welt gekommen war. Mit dem Weinwunder auf unserer Hochzeit hatte er sich als der Messias legitimiert. Ich erkannte: Bei Jesus war alles möglich! Er konnte Fluch in Segen und Wasser der Drangsale in Wein der Freude verwandeln. In seiner Gegenwart wurde alles Leid und alles Niedergeschlagene in Fröhlichkeit aufgerichtet! Auch wenn in Kana das Leben nach unserer Hochzeit schnell wieder seinen gewohnten Gang ging, so blieb meiner Frau und mir die Großzügigkeit Gottes durch Jesus, seinen Sohn, in steter Erinnerung und ermunterte uns zur Hoffnung, Glaube und Liebe.

Die Witwe von Nain – von der hoffnungslos Trauernden zur Verkünderin des Sieges über den Tod

Liebe Frau, wir kennen deinen Namen nicht. Aber eines wissen wir vom Evangelisten Lukas 7,11–17: Du hattest als Witwe deinen einzigen Sohn verloren. Aus Mitleid begleiteten dich viele Leute aus Nain bei deinem Weg zu seiner Beerdigung. Zur gleichen Zeit kam Jesus in die Stadt. Was geschah dann?

Die ganze Straße war voller Menschen. Überall hörte man Stimmen. Es wurde geredet und gelacht. Alle waren sie auf dem Weg nach unserem Städtchen Nain, knapp 20 km vom See Genezareth und 7 km vom Berge Tabor entfernt. Die Ortschaft war nicht sehr groß, aber gut angelegt und von einer Mauer umgeben. Auf einem Hügel im Vorgebirge des „Kleinen Hermon" gelegen beherrschte Nain die fruchtbare Jesreel-Ebene, die sich in nordwestlicher Richtung ausdehnte.

Die Leute erzählten sich, Jesus habe vor ein paar Tagen in Kapernaum den Knecht eines römischen Hauptmanns geheilt. Nur durch sein Wort. Ohne, dass er das Haus betreten hätte. Die Menschen staunten immer noch darüber. Vielleicht würde er bei uns in Nain wieder ein Wunder tun.

Jesus musste ja in dem kleinen Städtchen auf euren Trauerzug gestoßen sein.

Natürlich. Aber unsere Stimmung war alles andere als bei den begeisterten und gut gelaunten Menschen, die Jesus begleiteten. Langsam zogen wir aus der Stadt zum Friedhof hinaus. Vor dem Zug her gingen ein paar Männer mit der Totenbahre. Darauf lag mein Sohn mit seinen 22 Jahren. Eine galoppierende Krankheit hatte ihn mir hinweggerafft. Er war alles, was ich noch hatte. Ich schleppte mich hinter der Bahre meines Kindes dahin. Benommen. Von Tränen verzehrt und verzerrt. Ich schluchzte und klagte laut, so dass alle es hören konnten. Ich wollte lieber stürzen als stehen, lieber schreien als schweigen. Mit mir gingen viele Leute aus der Stadt. Freunde und Nachbarn, die von meinem Leid gehört hatten. Sie wollten mich begleiten und trösten. Viele weinten. Manche nur ganz leise. Da gab es keinen Trost. Etwas Furchtbareres als den Tod des eigenen Kindes miterleben zu müssen, konnte ich mir nicht vorstellen.

Ich verstehe. Als Witwe warst du ja dringend auf deinen Sohn angewiesen.

Zwei Jahre zuvor war mein Mann gestorben. Mein Sohn war seitdem mein Beschützer, mein Rechtsbeistand, mein Ernährer. Ohne ihn galt ich als mittellos und rechtlos; denn Frauen waren damals vor Gericht nicht einmal als Zeuginnen zugelassen. Ohne Familienoberhaupt, das für mich eintreten konnte, war ich schutzlos der Welt ausgeliefert. Ohne Versicherung und ohne Rente, wie ihr heute sagen würdet. Wenn bei uns jemand alt wurde, waren die Kinder „dran". Mein Unglück konnte ich nicht in Worte fassen. Nun musste ich den schwersten Gang meines Lebens antreten, indem ich mein eigenes Kind zu Grabe trug. Allein. Ohne Hoffnung.

Am Stadttor traf nun der „Zug des Lebens" mit Jesus auf euren „Leichenzug des Todes". Was tat Jesus, als er dich sah?

Er blieb stehen und schaute mich liebevoll an. Mitleid sprach aus seinem Blick. „Weine nicht!", sagte er zu mir. „Weine nicht! Das klingt ja wie ein Hohn?", wollte sich mir der Gedanke aufdrängen. „Natürlich weine ich um meinen Sohn. Er ist tot. Ein für allemal tot." Ich hätte mir eher erwartet, dass er sagte: „Lass dich von deinem Leid nicht überwältigen! Achte auch auf das Leben jenseits deiner Trauer! Verlier nicht deinen ganzen Lebensmut!" – „Ich hab' doch allen Grund zu weinen", antwortete ich unter Tränen. „Was soll ich denn bloß tun? Mein Mann ist gestorben und jetzt auch noch mein Sohn. Jetzt bin ich ganz allein auf der Welt. Der Tod hat mir alles weggenommen. Und da sagst du: „Weine nicht!"

Wie reagierte Jesus auf deine Antwort?

Er nahm meine Hand fest in seine Linke, während seine Rechte die Bahre berührte. Dann sagte er zu den Trägern: „Bleibt stehen!" Die Männer gehorchten und stellten die Bahre mit den vier hölzernen Füßen auf den Boden.

Ich glaubte, es stockte ihnen das Herz. Bangten sie doch um die Verunreinigung, die von der Toten-Berührung ausging. Die Menschen um mich herum hielten den Atem an. Niemand von ihnen hätte gewagt, so etwas zu tun. Wenn ein Jude einen Toten anrührte, dann galt er sieben Tage lang als unrein. Das wollte niemand. Aber Jesus tat es einfach. Während er die Bahre anrührte, tat er noch etwas Ungewöhnliches. Er ergriff das Leinentuch, mit dem mein totes Kind bedeckt war, und schlug es zurück. Da schrie ich mit dem Namen meines Sohnes meinen ganzen Schmerz hinaus: „Daniel!" Jesus, der immer noch meine Hand in der seinen hielt, nahm eine feierliche Haltung voller Würde ein. Mit funkelnden Augen sagte er: „Junger Mann, ich sage dir, steh auf!" Er redete mein totes Kind im Befehlston an: „Junger Mann, steh auf!" Aber er war doch tot. Das hatten alle gesehen. Daran bestand kein Zweifel. Deshalb konnte er doch gar nicht hören. Aber Jesus sagte trotzdem: „Junge, steh auf! Erhebe dich aus den Fesseln des Todes!"

Was war die Reaktion der Leute, die den Trauerzug begleiteten und derer, die um Jesus sich scharten?

Sie schüttelten verständnislos den Kopf. Ein großes Schweigen trat ein. Gefolgt von einer knisterten Erwartung. Alle blickten auf Jesus. Ein Wort. Eine Berührung. Nicht mehr. 20 Sekunden.

**Jesus schaute mich zärtlich an. „Er gehört dir, Frau! Ich
gebe ihn dir im Namen Gottes zurück.**

Mein mit Binden umwickeltes totes Kind richtete sich
plötzlich auf seiner Bahre auf und rief: „Mutter!" Er rief
nach mir mit der stammelnden, ängstlichen Stimme eines
erschrockenen Kindes. Hilf ihm, sich vom Schweißtuch
zu befreien. Seid glücklich miteinander!" Ich hatte mich in
die Binden verwickelt, weil ich meinen Sohn rasch daraus
befreien wollte. Endlich war das Schweißtuch gelöst und
wir konnten uns umarmen. Ohne auf den Balsam von der
Totensalbung zu achten, der an uns kleben blieb. Da ich
nichts Anderes hatte, um meinen Sohn zu kleiden, nahm
ich meinen Mantel und hüllte ihn darin ein. Jesus betrachtete uns beide, von denen alle Trauer gewichen war und
die sich innig umarmten und vor Freude weinten. Auch
ihm standen Tränen in den Augen. Ich konnte es fast
nicht glauben. Mein toter Junge stand wieder lebendig vor
mir. Alle, die das mit angesehen hatten, waren zutiefst bestürzt. Ich drückte immer wieder mein Kind fest an mich.
Meine Hoffnung war doch nicht gestorben. Ich war nicht
mehr allein. Ich warf mich Jesus vor die Füße und fing an,
Gott zu loben. Auch all die anderen Menschen, die bei mir
waren, konnten nicht anders, als Gott für dieses Wunder
zu preisen und ihn anzubeten. Die Traurigkeit war wie
weggeblasen. „Es ist ein großer Prophet unter uns aufge-
standen, und Gott hat sein Volk besucht!" riefen die Leute
spontan aus. Sie kannten ja die Geschichte von Elisa, dem
Schüler des Propheten Elias und sein Nachfolger, der auch
einer Mutter ihren verstorbenen Sohn lebendig wieder zu-

rückgab. Und das war ganz in der Nähe, in Sunem, passiert. Aber für mich war Jesus mehr als ein Prophet mit besonderen Fähigkeiten. Ich erkannte, dass in ihm Gott selbst zu uns gekommen war. Der Herr über Leben und Tod. In seinem Blick hatte ich die Liebe des Allmächtigen erfahren. In den folgenden Tagen erzählte ich jedem davon. Einer sagte es dem anderen weiter. Nicht nur bei uns in Nain, dessen Wortbedeutung soviel wie bezaubernd hieß. In der Tat hatte Jesus durch seine Macht über den Tod uns alle bezaubert. Alle sollte erfahren, dass Jesus der sehnlichst erwartete Messias war, der nicht nur bei meinem Sohn den Tod besiegt hatte, sondern in den Herzen der Menschen sein Reich des Friedens und der Versöhnung zwischen Gott und den Menschen aufrichten wollte. Obwohl uns noch das Dunkel in dieser Welt umgab, so war schon jetzt die Macht des Lebens gegenwärtig, dessen zarte Berührung mein ganzes Leben und das meines Sohnes verändert hatte.

DER BESESSENE VON GERASA – VOM MONSTER ZUM HOFFNUNGSTRÄGER DER GUTEN NACHRICHT

Guter Mann, was uns da die Evangelisten Markus 5,1–20 und Lukas 8,26–39 von dir erzählen, ist schon eine schräge Geschichte. Eigentlich passt sie gar nicht mehr so richtig hinein in unser aufgeklärtes Weltbild: Dämonen und Menschen, die von dunklen Mächten beherrscht werden. Und doch gibt es sie nach wie vor.

In meiner Situation war sehr deutlich klar, dass ich keine Fehlfunktion im Gehirn hatte, sondern dass teuflische Mächte mich quälten. Kein Vertrauen trug mich mehr. Das war schon höllisch genug. Die normalen Menschen mieden mich. Aus Angst vor Gewalt. Auch vor Beschimpfung oder angespuckt zu werden.

Da ist von Schweinen die Rede. Aber Juden aßen doch kein Schweinefleisch.

Bei uns in Gerasa am gegenüberliegenden Ufer von Kafarnaum, das zum 10-Städte-Verband der Dekapolis gehörte, wohnten seit Alexander dem Großen Griechen, die in ihrer Lebensweise vieles anders machten, als die Juden. So standen Schweine auf der Speisekarte, die in großen Herden gezüchtet wurden.

Da Jesus keinen Unterschied zwischen Juden und Nichtjuden machte, kam er auch ins Land der Gerasener. Was geschah damals?

An einer felsigen Bucht hatte Jesus mit seinen Jüngern das Ufer des Sees von Genezareth erreicht. Plötzlich fanden sie sich auf einem Friedhof wieder. In Grotten, die man in Felsen gehauen hatte, bestatteten die Bewohner unserer Stadt ihre Toten. Dort hauste ich. Als ich Jesus erblickte, rannte ich nackt wie ein Zombie aus einer der Grabhöhlen, brüllte wie ein wildes Tier, schlug mit einem Stein auf mich ein als wollte ich mich selbst zerstören. Vielleicht war es auch ein hoffnungsloser Versuch, mich aus der Macht der Dämonen zu befreien. Schaum trat mir vor den Mund. Meine Verwandten hatten versucht, mich mit Gewalt zur Vernunft zu bringen. Mit Fesseln an Händen und Füßen wollten sie mich vor mir selbst und anderen schützen. Aber es half nichts. Die Fesseln sprengte ich und geisterte nachts über den Friedhof. Am Tag verkroch ich mich in den Höhlen. Die meisten Leute machten einen großen Bogen um mich. Wer wollte es ihnen auch verdenken? Sie konnten mir nicht helfen. Sie fühlten sich bedroht und belästigt. Ich lebte eigentlich nicht mehr. Ich wurde gelebt. Von bösen Geistern besessen. Außen gesteuert. Nicht mehr Herr meiner eigenen Entscheidungen. Ich lebte mit den Toten. Selbst die Kleider riss ich mir vom Leib.

Bei seiner Antrittspredigt, die wir in bei Lukas im 4. Kapitel lesen können, hatte Jesus gesagt, dass er gekommen sei, die Gefangenen zu befreien. Von Süchten, Abhängigkeiten, Krankheiten. Aber auch aus unsichtbaren Gefängnissen von Angst, Schuld und nicht zuletzt von dämonischen Bindungen.

Das galt sicherlich auch für mich, der ich von einer Legion Dämonen gequält wurde. Dabei musst du wissen, dass eine Legion der römischen Armee aus 3000–6000 Soldaten bestand.

Vielleicht hat die Verbindung des Namens „Legion" hier einen antiimperialistischen, gegen Rom gerichteten befreiungstheologischen Akzent. Die Legio X Fretensis der römischen Besatzungsmacht führte einen Eber im Feldzeichen. Das unterdrückte Volk träumte davon, dass die „römischen Schweine" im Meer ertranken.

Da ist schon möglich. Auf jeden Fall kannst du dir ausmalen, welche Auswirkung diese dämonischen Mächte auf mein Leben hatten. Nun kam es vor den Augen und Ohren seiner Jünger zu einem Gespräch auf höherer Ebene zwischen Jesus und den bösen Geistern.

Wer redete hier eigentlich? Der Dämon oder der Mensch?
Ich konnte das auch nicht genau unterscheiden. Der Dämon und ich waren nicht identisch. Dennoch schienen wir fast unzertrennbar zu sein. Wohl war es mein Mund, der sich bewegte und die Worte formte. Aber nicht wirklich ich sprach, sondern die bösen Geister, von denen ich besessen war. Ich war ja nicht mehr Herr meiner selbst.

Jesus trat nicht mit einer mächtigen Beschwörungsformel auf, sondern der oberste der Dämonen beschwörte ihn: „Was willst du von mir, Jesus, du Sohn Gottes des Allerhöchsten? Ich bitte dich: Quäle mich nicht!" Damit machte er sich vollends zum Gespött, indem er auch noch Gott bemühte, ihn bei der Abwehr Jesu zur Seite zu stehen.

Bereits dieses Bekenntnis des Dämon kam einer Kapitulation gleich. Jesus fragt direkt den Legion nach seinem Namen. Es ist ja wichtig den Namen seines Feindes zu kennen. Namen sind nicht nur Schall und Rauch. Für unser antikes Denken waren Name und Person identisch. Tatsächlich musste der Dämon nichts mehr fürchten, als seinen Namen preiszugeben. Damit wurde er zum machtlosen Nichts, buchstäblich in die Knie gezwungen, auf die Matte gestreckt.

Da fällt mir die Erzählung der Brüder Grimm vom Rumpelstilzchen ein, das enttarnt ist, sobald die Müllerstochter seinen Namen nennt. Das Männchen zerreißt sich vor Wut mit den Worten: „Das hat dir der Teufel gesagt!" So war auch bei dir der böse Geist erledigt, indem er seinen Namen preisgeben musste.

Die Spannung steigerte sich bei mir noch, als die bösen Legionen einen schlauen, teuflischen Kompromiss vorschlugen, nicht schon vor der Zeit in die für sie bereitete Feuersbrunst geschickt zu werden: "Lasse uns doch in die Schweine hineinfahren!"

Sie hielten wohl die Schweine für eine bessere Alternative als die Hölle.

Vielleicht auch deshalb, weil sie so in der Gegend bleiben konnten, um sich andere menschliche Wohnungen zu suchen, sobald Jesus weitergezogen war. Tatsächlich erlaubte es ihnen Jesus. Seine Stimme glich dem Grollen des Donners, und seine Augen funkelten. Mit einem bestialischen Geschrei verließen die Dämonen mich. Inmitten eines plötzlich aufkommenden Wirbelsturmes, der die Eichen schüttelte als wären sie Grashalme, stürzten sie sich in die Schweineherde, die oben auf dem Berg weidete. Die Säue brachen in ein fürchterliches Gegrunze und Gequieke aus und begannen wie von der Tarantel gestochen zwischen den Eichen herumzurasen. Sie stießen und bissen sich gegenseitig, bis sie schließlich an den Rand des Abgrunds gelangten, sich ins Wasser des untenliegenden Sees stürzten und ertranken. In diesem

Moment glätteten sich meine Gesichtszüge, die vorher denen eines Monsters glichen. Alles Angst Einflößende wich von mir. Ich stand auf. Ich war wieder ein Mensch.

Jesus hatte Befreiung versprochen. Nun hatte er den Beweis angetreten, dass er die Vollmacht besaß, es selbst mit einer Legion Dämonen aufzunehmen. Wie haben seine Jünger und die Leute aus Gerasa darauf reagiert?

Ich hörte, wie einer seiner Jünger, die das schreckliche Schauspiel mit angesehen hatten, zu ihrem Meister sagte: „Kein einziges Tier hat sich retten können. Du hast den Hirten einen schlechten Dienst erwiesen." Jesus antwortete ruhig darauf: „Es ist besser, dass zweitausend Schweine zugrunde gehen als ein einziger Mensch." Die Hirten waren bestürzt, liefen in die nahe Stadt und die umliegenden Dörfer und berichteten den Besitzern der Tiere, was geschehen war. Ihre Worte riefen Bestürzung hervor. Die Leute kamen, um mit eigenen Augen zu sehen, was sich da abgespielt hatte. Im See trieben ihre toten Schweine. Ihre Kadaver mit den aufgeblähten Bäuchen kamen immer zahlreicher an die Wasseroberfläche. Das erfüllte die Menschen mit großer Furcht und Schrecken. Ich saß bekleidet still am Ufer. Bei einem jüdischen Mann und seinen Schülern. Die Bewohner von Gerasa feierten jedoch kein Dankesfest über meine Heilung. Sie dachten nur an ihren Schaden. Gleichzeitig baten sie Jesus, doch von weiteren kostspieligen Heilungen in ihrer Gegend Abstand zu nehmen. Voller Scheu und Bestürzung näherten sie sich ihm mit der Bitte, von ihnen fortzugehen. Er war ihnen unheimlich. Hatte er ihnen doch einen großen Schaden zugefügt. 2000 Schweine bedeutete für die Besitzer nicht nur ein ansehnliches Vermögen, sondern auch Wohlstand und Nahrung. Das alles wurde nun im See Genezareth versenkt. Was sollten sie von einem Mann erwarten, der ihnen so etwas antat? Aber letztlich war ihnen der Verlust ihre Schweine wichtiger als meine Heilung. Einer der Schweinehirten drückte es ganz deutlich so aus: „Herr, du bist mächtig. Wir erkennen es an. Doch zu viel Schaden hast du uns zugefügt. Einen Schaden von vielen Talenten. Geh fort! Wir bitten dich, damit deine Macht nicht noch den Berg in den See stürzen lässt!" Ohne ein Wort zu verlieren, ging Jesus mit seinen Jüngern auf dem Weg zurück, auf dem er gekommen war. In einiger Entfernung folgte ich ihm. Als er das Boot bestieg, bettelte ich ihn an: „Nimm mich mit, Herr!" – „Nein, geh nach Hause", war seine Antwort. „Die Deinen haben ein Recht auf dich. Erzähle ihnen, was der Herr Großes an dir getan und wie er sich deiner erbarmt hat. Leb wohl!"

Mit Dämonen und Schweinen konnten sich offensichtlich die Leute aus Gerasa arrangieren, aber nicht mit dem Sohn Gottes. Sie hatten seine Macht erlebt und sandten ihn dennoch weg. Das einzige Mal im Evangelium, wo Menschen Jesus baten, sie zu verlassen.

Doch Jesus ging nicht einfach weg. Er ließ den Gerasenern etwas zurück.

Ja was denn?

Mich nämlich. Er gab mir einen Auftrag und machte mich damit zu seinem Gesandten. Ich hatte nie eine Bibelschule besucht, war nicht, so wie seine Jünger, Tag und Nacht mit ihm zusammen, um von ihm zu lernen. Jesus verlangte keinen Beweis von mir, dass sich mein Leben auch nachhaltig geändert hatte. Er schickte mich sofort zu meinen eigenen Leuten. Vor meiner Haustür konnte ich ihm wohl mehr nützen und meinen Dank besser zum Ausdruck bringen, als wenn ich mich unter die Schar seiner Anhänger gemischt hätte, die mit ihm zogen. Also tat ich, was Jesus mir aufgetragen hatte. Ich ging heim und erzählte überall, was mir an Gutem widerfahren war. Und die Leute nahmen mein Zeugnis an: dass Jesus als die Ikone des Himmlischen Vaters mir nicht nur seine Liebe gezeigt, sondern mir auch den Glauben an ihn als den Messias geschenkt hatte. Dazu Hoffnung und neuen Lebensmut. Als Jesus nämlich später wieder in die Gegend der Dekapolis kam, hatten bereits viele Menschen Vertrauen zu ihm gewonnen (Mk 7,31–37).

Der kleine Jonathan – vom grosszügigen Kind zum Versorger von 5000 Menschen

Kleiner Jonathan, „Gott hat gegeben" wie dein Name schon sagt, so nennen wir dich spontan, wenn wir in einem Lied deine Großzügigkeit beim Wunder der Brotvermehrung besingen, wie es uns der Evangelist Johannes 6,1–15 schildert. Wie kam es eigentlich, dass deine fünf Brote und zwei Fische zu einem Gottesgeschenk für 5000 hungrigen Leute wurden?

Alles begann mit einer Ohrfeige. „Immer ich!" schrie ich, als meine Mutter mich an diesem Nachmittag auf den Markt schicken wollte. Nach einer „Watschn" konnte ich mir die Sache gut merken: fünf Brote und zwei Fische. Einfache Gerstenbrote und gepökelter Fisch aus Magdala gehörten zu den Grundnahrungsmitteln für unsere bescheidene Familie, die wir dort am See von Tiberias lebten. Der Einkauf war rasch erledigt. Ich wollte schnell wieder heim, als am Ufer ein riesiger Menschenauflauf zu sehen war. Dabei ging es ziemlich laut zu. Das musste ich sehen! Von einem Mann namens Jesus, der die Leute mitriss, hatte ich schon mal gehört. Es hieß, er könne Kranke heilen und tue andere wunderbare Zeichen. Ich konnte mir aber keinen rechten Reim darauf machen. Zunächst sah ich nicht viel. Aber als ich mich etwas vorgedrängelt hatte, war zum Glück Jesus auf einen kleinen Hügel gestiegen. So konnte ich ihn trotz der vielen Menschen gut sehen. Dort stand er zusammen mit seinen Freunden in der Mitte eines großen Kreises, der sich um ihn gebildet hatte. Er erzählte von Gott und seiner Liebe zu den Menschen. Ich vergaß total, dass meine Mutter mich eigentlich zum Einkaufen weggeschickt hatte und daheim auf mich wartete. Wahrscheinlich würde ich mir wieder eine Ohrfeige einhandeln. Doch nicht im Geringsten dachte ich daran, nach Hause zu gehen. Jesus redete lange. Ich hörte ihm fasziniert zu. Als es bald Abend wurde, kam eine Unruhe unter seinen Jüngern auf. Ich hatte den Eindruck, dass sie die Leute gerne weggeschickt hätten. Vor lauter Begeisterung hatten die Menschen wohl nicht an ihr Essen gedacht. Oder sie merkten gar nicht, dass ihre Mägen knurrten. Weil sie auf eine ganz andere Art hungrig waren: nach den Worten Jesu und nach seinen Taten. Sie wollten Gleichnisse hören, mit denen er vom Reich Gottes erzählte. Trotzdem musste bei den vielen Menschen über kurz oder lang ein Versorgungsproblem eintreten. Einer drückte es dann auch klar aus: „Meister, der Abend nähert sich. Der Ort ist einsam. Dunkel und feucht. Entfernt von Gehöften und Dörfern. Bald wird man hier nicht mehr gut sehen können. Der Mond geht spät auf. Entlasse die Menschen!"

Und was tat Jesus?

Er schickte sie nicht weg. Einige seiner engsten Vertrauten begannen mit ihm zu diskutieren. Manche schüttelten den Kopf. Einer hatte schon einen Vorschlag parat, wie Jesus das Problem lösen konnte, als ich ihn sagen hörte: „Ich schätze, es müssen etwa 5000 Männer sein. Ohne die Frauen und Kinder mitgezählt. Sie werden Hunger haben. Sage doch den Leuten, dass sie nach Magdala oder in die Dörfer am Jordan gehen, um sich Nahrung zu kaufen und ein Obdach zu suchen." Doch Jesus gab ihnen eine ganz andere Antwort als sie erwarteten: „Gebt ihr ihnen etwas zu essen!" – „Ja wie denn!?" meinte einer. „Ich habe mich schon umgeschaut. Keiner hat Proviant mitgenommen." Immer mehr Menschen strömten zusammen. Sie saßen im Gras, standen in Gruppen beisammen und redeten darüber, was sie von Jesus gehört hatten. Jetzt wurde auch ich hellhörig. „Nun bin ich mal gespannt, wie das Essensproblem gelöst werden soll!" dachte ich mir. Einer von seinen Freunden sprach schließlich aus, was alle dachten: „Hör mal, Jesus, selbst wenn wir für 200 Silbermünzen Brot kaufen, würde das nie für so viele Menschen reichen. Wem soll man denn da von dieser winzigen Menge etwas geben und wem nicht? Das gibt doch nur Neid und Streit!" Ich sah, wie er vor dieser Herausforderung kapitulierte und deprimiert aufgeben wollte. Da waren zu viele hungrige Mäuler. Plötzlich sah ich, wie sich 12 Männer auf der Suche nach was-weiß-ich machten. Auf einmal stand eine bärtige Gestalt vor mir. „Kannst du mir mal zeigen, was Du da in Deinem Korb hast!" fragte er freundlich. Ich war darauf nicht gefasst und reagierte schon etwas verdutzt. Trotzdem zeigte ich ihm die fünf Brote und zwei Fische. Also fünf belegte Brote. Fisch war damals unser Brotbelag. „Tu mir einen Gefallen und bringe es zu Jesus", forderte der Mann mich weiterhin freundlich auf. „Vielleicht kann er damit etwas anfangen." Hatte ich richtig gehört? Und was war mit meinem Hunger? Ehrlich gesagt: Ich wollte meinen Einkauf nicht so ohne weiteres abgeben. Was konnte ich schon dafür, dass die anderen Leute nicht vorgesorgt hatten? Hatten sie gedacht, nur kurz bei Jesus zu bleiben? Oder einfach gar nichts gedacht? Das hatten sie eben jetzt davon! Knurrende Mägen. War das mein Problem? Ich hatte ja Fisch und Brot bei mir. Was interessierten mich die anderen? Es waren auf jeden Fall sehr viele. Ich konnte das schlecht einschätzen. Jemand hatte von Fünftausend gesprochen. Vom Gras am Seeufer war jedenfalls vor lauter Leuten nicht mehr viel zu sehen. Aber irgendwie hatte ich das Gefühl, dass hier etwas ganz Besonderes ablief. Was blieb mir also anders übrig als loszugehen. Ich gebe zu, es ist mir wirklich schwergefallen. Ich drängte mich nach vorne durch und kam zu einem der engsten Mitarbeiter von Jesus. „Was möchtest du?", fragte er mich. „Das hier soll ich deinem Meister bringen", antwortete ich schlecht gelaunt und zeigte ihm den Korb. „Na, dann komm mal mit", erwiderte der Mann mit einem Lächeln und fügte hinzu: „Ich heiße übrigens Andreas. Und wer bist du?" – „Ich heiße Jonathan." So unterhielten wir uns eine kleine Weile, bis wir bei Jesus ankamen. Er saß ganz ruhig da und sah nicht so aus, als würde er sich wegen des

Essenproblems Sorgen machen. Jetzt zeigte Andreas auf mich: „Hier ist ein kleiner Junge. Der hat fünf Brote und zwei Fische." Ich merkte, dass auch er sich Sorgen machte und nicht so entspannt war wie Jesus. Dann fügte er hinzu: „Aber was ist das für so viele?" Das sah ich allerdings auch so! Der Proviant war ja eigentlich nur für unsere Familie gedacht. Da schaute Jesus mich an. In diesem Moment veränderte sich alles. Seine Augen waren voller Liebe und Dankbarkeit. Als hätte ich etwas Großartiges getan. Aber das hatte ich ja gar nicht. Nicht einmal den Korb hatte ich ihm bisher gegeben. Ich hielt ihn immer noch in den Händen. Sollte ich ihm wirklich meinen kompletten Lebensmittel-Vorrat überlassen? Trotzdem sah er mich voller Anerkennung an. Ich spürte, dass er es wirklich ernst meinte. So guckten mich sonst nur meine Eltern an, wenn ich ihnen eine Freude bereitet hatte. Da hielt ich ihm meinen Korb hin: „Hier, Jesus, ich bringe dir Brote und Fische." – „Danke, mein Junge", war die Antwort. „Das ist eine große Hilfe." Ein schönes Gefühl breitete sich in mir aus. Es war stärker als mein Hunger. Es war – wie soll ich dir das sagen?

Jesus konnte mich brauchen. Ich kleiner Junge konnte diesem Mann, der voller Liebe war, eine Hilfe sein. Wie genau ihm allerdings meine paar Ess-Sachen helfen konnten, blieb mir trotzdem schleierhaft. Statt zu sagen: „Das ist zu wenig!", sagte Jesus zu den Jüngern: „Die Leute sollen sich setzen!" Da setzten sich alle ins Gras. Jesus stand so, dass alle ihn sehen konnten. Dann nahm er meine Brote und die Fische. Er hielt sie hoch und dankte Gott für die Mahlzeit. Fast aus nichts ließ er eine unfassbare Menge an Brot und Fisch entstehen. Wie bei einem Fest war das Angebot so übergroß, dass die Leute bekamen, so viel sie wollten. Da wurde nichts eingeteilt, nichts rationiert. Da konnte man sich so richtig sattessen. Jeder konnte so viel Essen nachfassen, wie er schaffte. Jesus war eben nicht kleinlich. Er rechnete nicht. So spendabel wie er konnte keiner sein. Immer wieder reichte er die belegten Brote an seine Jünger weiter, damit sie diese an die Menschen verteilen konnten. An die riesige Menge: Junge, Alte, Männer, Frauen und Kinder, Vornehme, Diener, Sklaven, Einheimische. Und 12 Männer brachten ihnen Essen: von meinem Brot und Fisch. Ab und zu wandten sie sich erstaunt um und blickten auf Jesus, der mit verschränkten Armen an einem Baum lehnte und über ihr Erstaunen lächelte. Sie verteilten lange und reichlich. Jeder gab davon an die Menschen in seiner Nähe weiter. Keiner kam zu kurz. Ich konnte es zwar nicht begreifen, aber meine Augen sahen es: All die vielen Menschen saßen auf dem Boden in kleinen Gruppen und aßen! Es war wie ein Volksfest. Lachen und Singen. Jeder hatte genug zum Schnabulieren. Und wie es allen schmeckte! Stell dir das vor: fünf Brote und zwei Fische für über 5000 Menschen. Mir gingen vor lauter Staunen die Augen über. Als der Festschmaus zu Ende war, wurden die Reste eingesammelt. 12 volle Körbe. Da dachte ich wieder an meinen Einkauf. Ich ging zu den Körben. Da lag auch mein Weidenkörbchen mit fünf Broten und zwei Fischen dabei.

Ich wundere mich, woher nach dem Essen auf einmal die 12 Körbe kamen, in denen die Brotreste eingesammelt wurden.

Dabei handelte es sich nicht um eure heute üblichen großen Körbe, beispielsweise für die Obsternte, sondern um unsere „kophinos". Das waren schmalere Körbe, die man gerne für unterwegs mitnahm, um die religiösen Speisevorschriften für koscheres Essen überall erfüllen zu können. Wahrscheinlich gab es bei den Zuhörern Jesu einige wenige Glückliche, die gerade noch eine Kleinigkeit dabeihatten, aber sich hüteten, sie auszupacken. An diesem Tag hatte ich auf jeden Fall etwas Wichtiges gelernt: Wer teilt, der gewinnt.

Die vielen Leute waren also von dem Brotwunder total hingerissen. Sie sahen mit diesem Wundertäter Jesus goldene Zeiten auf sich zukommen.

Die verlockende Aussicht auf einen immer vollen Magen beflügelte ihre Phantasie. „Auf diesen großen Propheten haben wir sehnsüchtig gewartet!" rief einer. Die Menschenmenge stimmte in Sprechchören mit ein: „Jesus soll unser König sein! Jesus soll unser König sein! Dann können wir glücklich leben! Bald ohne die verhassten Römer!"

Die Menge wollte also Jesus vor ihren Karren spannen: Er wird's schon richten. Durch ihn, den Brotkönig, könnten wir endlich sorgenfrei leben. Irgendwie kann ich die Leute schon verstehen. Genug Leid und Kummer hatten viele erfahren müssen. Zur Abwechslung würde jetzt ein garantiertes und andauerndes Verwöhnprogramm mal guttun.

Auf solche Träume ließ sich Jesus jedoch nicht ein. Plötzlich war er verschwunden. Wahrscheinlich hatte er sich alleine auf einen nahegelegenen Berg zurückgezogen. Ich jedenfalls hatte eines verstanden: Wenn wir Jesus nur zum persönlichen Wünsch-dir-was-Erfüller machen wollen, zieht er sich zurück. Er wollte unser Freund sein, der uns half, wenn wir Hilfe brauchten. Aber kein Brotkönig. Ich vermute, dass er dort auf dem Berg zu Gott betete, den er seinen Vater genannt hatte. Und noch etwas wurde mir klar, warum Jesus wirklich auf die Erde gekommen war. Nicht in erster Linie, um den Menschen ihren Bauch zu füllen, sondern ihren Durst nach dem lebendigen Gott zu stillen.

Die Samariterin am Jakobsbrunnen – vom stadtbekannten „Flittchen" zur Verkünderin des „lebendigen Wassers"

Liebe Frau, der Evangelist Johannes erzählt uns in seinem Kapitel 4, 1–41 von deiner Begegnung mit Jesus am Jakobsbrunnen, als du gegen Mittag dort Wasser schöpfen wolltest. Warum gerade um diese Zeit, wo die Sonne am stärksten runterbrannte?

Deine Frage ist berechtigt. Normalerweise holten die Frauen bei uns in den kühleren Morgen- oder Abendstunden Wasser, aber nicht, wenn die Sonne ihren höchsten Stand erreicht hatte. Da hielt man Siesta, würdest du heute sagen und döste vor sich hin, um ja bei der Hitze keinen Kreislaufkollaps zu provozieren. Wenn ich um 12 Uhr mittags zum Brunnen ging, wollte ich nicht gesehen werden und mit keinem anderen zusammentreffen. Ich hatte die Nase gestrichen voll von schrägen Blicken und blöden Nachfragen. Ich war ja eine mehrfach Geschiedene, also „eine Frau mit Vergangenheit", wie die gut bürgerliche Schicht zungenschnalzend von sich gab: von den Männern begafft, von den Ehefrauen beargwöhnt, von den Müttern bemitleidet und von den Moralaposteln verachtet. „Ein Flittchen" von der Straße. Jetzt lebte ich in „wilder Ehe", was damals eine nicht zu überbietende Schande war. Morgens hätten mir die Frauen zu verstehen gegeben, dass sie mich nicht leiden konnten. Wegen meiner Techtelmechtel mit den Männern hatten sie sich schon lange den Mund fusselig geredet. Ich konnte das nicht mehr ertragen. Also mied ich die geschwätzigen Weiber. Nicht nur aus Scham, sondern auch als Selbstschutz. So ersparte ich mir das Getuschel, auch wenn mir die große Mittagshitze schon gewaltig den Schweiß aus den Poren trieb. Es war wirklich ein heißer Sommertag. Seit Monaten war kein Tropfen Regen mehr gefallen. Die Mittagstemperaturen überstiegen 30 Grad im Schatten. Staubig war der Weg zum Brunnen am Dorfrand. Aber was sah ich da? Dort saß jemand auf einem kleinen, sonnenbeschienenen Mäuerchen, das sich in der Nähe des breiten, niedrigen Randes des Brunnens befand. Dazu noch ein Mann. Was tat er wohl dort? Ich erkannte an seiner Kleidung, dass er ein Jude sein musste. Aber ich wusste doch, dass Juden und Samaritaner nicht sonderlich gut aufeinander zu sprechen waren. Sie galten vielmehr als verfeindet. Nicht selten flogen Steine auf jüdische Festpilger, wenn sie durch unser Gebiet zogen.

Wie seid ihr Samariter eigentlich entstanden?

Es begann mit dem Tod von König Salomon. Da wurde das Land in ein Nordreich und ein Südreich getrennt. Im Südreich, also in Jerusalem, stand der Tempel. „Nur hier kann man Gott recht anbeten", behaupteten die Juden dort. Wir Israeliten des Nordreichs sahen das natürlich anders und bauten zusätzliche Heiligtümer. Etwa 300 Jahre später ging unser Nordreich unter. Assyrische Eroberer vermischten sich mit uns. So wurden wir zu den Samaritern. Als im Südreich der Tempel von Jerusalem 200 Jahre später zerstört und nach der Rückkehr aus der babylonischen Gefangenschaft wiedererrichtet wurde, haben die Judäer uns verboten, am Aufbau mit zu helfen. Obwohl wir auch Israeliten waren, wurden wir durch unsere Völkervermischung von den anderen Juden nicht mehr als vollwertig anerkannt. Wir galten für sie schon als zu sehr vom Heidentum beeinflusst. So bauten wir uns selbst ein Heiligtum bei Sichem auf dem Berg Garizim. Aber das alles interessierte mich herzlich wenig. Ich wollte ja nur kurz Wasser holen. Als ich den fremden, jüdischen Mann beim Brunnen sitzen sah, schlug ich die Augen nieder und tat so, als wäre er gar nicht da. Er schien in seine Gedanken vertieft. Die Ellbogen auf die Knie gestützt, den Oberkörper leicht gebeugt und das Haupt zur Erde geneigt. Den Mantel hatte er vom Kopf und den Schultern gleiten lassen und hielt ihn zusammengefaltet auf seinem Schoß. Dann sah ich, wie er das Haupt erhob und einer Schar rauflustiger Spatzen zulächelte, die sich um eine am Brunnen verlorene Brotkrume stritten. Doch die Spatzen wurden durch mein Erscheinen aufgeschreckt und flogen davon. Ich hielt mit der linken Hand einen leeren Krug am Henkel, während ich mit der rechten überrascht den Schleier zur Seite schob, um besser zu sehen, wer der Mann war. Nun lächelte er mir auch noch zu. „Der Friede sei mit dir,

Frau!" sprach er mich an. Willst du mir zu trinken geben? Ich habe einen weiten Weg hinter mir und bin durstig." Ich erschrak und wusste nicht, was ich davon halten sollte. Noch nie in meinem Leben war ich von einem jüdischen Mann angesprochen worden. Von klein auf hatte man mir vom Hochmut der Juden erzählt, die mit uns Samaritern nichts zu tun haben wollten. War das eine Falle? Wollte der Fremde mich verspotten oder schlimmeres? Oder hatte er wirklich so großen Durst, dass er sich über alle Vorbehalte hinwegsetzte? Normalerweise beobachteten mich Männer aus den Augenwinkeln oder sie sprachen über mich. Aber dieser Mann suchte ein Gespräch mit mir. Sofort kam mir der Gedanke: „Was sollte das? Wer bin ich den schon? Bin ich überhaupt noch jemandem wichtig?" Ich war doch eine Samariterin, die außerdem niemand leiden konnte. Ein Mann sprach doch keine Frau an. Das war unanständig und zweideutig. Erst recht nicht eine Samariterin. Eher hätte ein Mann sich lieber die Zunge abgebissen. „Wieso redest du mit mir?" fragte ich ganz verwundert. Gleichzeitig spürte ich: Dieser war nicht wie die anderen Männer. Er tat nicht von oben herab: Ach du arme, verdorbene Samariterin. Nein, er zeigte mir meine Würde: Du bedeutest mir etwas. Du kannst mir das Wasser reichen. Wir sind auf Augenhöhe. Trotzdem wusste ich nicht so recht, was ich von ihm halten sollte.

Ich denke, das ist ganz typisch für Jesus, dass er am liebsten Menschen wie dich suchte, die bereit waren zuzuhören, die nachfragten, wenn sie etwas nicht verstanden, und die wussten, dass mit ihrem Leben etwas nicht in Ordnung war, dass dort eine Lücke klaffte, sich eine Leere auftat.

Auf meine Frage hin, redete er davon, dass er mir „lebendiges Wasser" schenken wollte. Da kapierte ich überhaupt nichts mehr. „Aber Mann," sagte ich, „du hast ja nichts, womit du Wasser schöpfen kannst und der Brunnen, an dem wir hier stehen, ist über 40 Meter tief. Wo willst du denn dein Wunderwasser für mich hernehmen? Bist du denn größer als unser Vater Jakob, der uns den Brunnen gegeben und selbst daraus getrunken hatte?"

Hat dir Jesus dann zu verstehen gegeben, um was es ihm eigentlich ging?

Seine Rede blieb für mich weiterhin rätselhaft: „Wer von diesem Wasser trinkt, wird wieder Durst bekommen; wer aber von dem Wasser trinkt, das ich ihm geben werde, wird niemals mehr Durst haben; vielmehr wird das Wasser, das ich ihm gebe, in ihm zur sprudelnden Quelle werden, deren Wasser ewiges Leben schenkt." Wollte er denn in mir eine Quelle installieren? Das sollte mir nur recht sein. Wenn ich nicht mehr zum Brunnen hier raus müsste mit all den Unannehmlichkeiten, dann wollte ich das gerne haben. „Oder meinte er am Ende meinen unstillbaren Lebensdurst", begann es mir zu dämmern. Ich hatte mich mit allen Sinnen, Begierden und Sehnsüchten auszuleben versucht. Aber mir fehlte etwas. Ein Zuhause. Ich war noch nicht angekommen. All meine Beziehungen hatten nicht die erwartete Erfüllung gebracht. Es war immer mal ganz nett. Es gab auch schöne Momente. Aber wenn ich ganz ehrlich mit mir war, musste ich zugeben, dass viele meiner Aktionen bisher das Gegenteil bewirkt hatten. Ich war immer mehr an den Rand gedrängt worden. An den Rand unserer Gesellschaft. Das war ja auch der Grund, warum ich hier in der größten Mittagshitze Wasser holen ging. Ich wollte unbedingt dieses lebendige Wasser kosten, das der Fremde mir da anbot. Aber wie ging das? Anstatt mir das weiter zu erklären, verwies er mich zunächst auf die Wunde meines Lebens, auf meine Schuld. Ich lebte ja in ungeordneten familiären Verhältnissen. Deshalb sagte er: „Hol deinen Mann!"

Wie hast du darauf reagiert?

Ich bekannte frei heraus: „Ich habe keinen Mann." Der Fremde legt nun den Finger auf den wunden Punkt in meinem Leben und sagt mir einfach auf den Kopf zu: „Du hast richtig gesagt: Ich habe keinen Mann. Denn fünf Männer hast du gehabt und der, den du jetzt hast, ist nicht dein Mann. Damit hast du die Wahrheit gesagt." Ich begann Bauklötze zu staunen. Indem der Fremde meine Sündhaftigkeit aufdeckte, sie beim Namen nannte, ermöglichte er mir einen Neuanfang. Ich hatte den verzweifelten Versuch unternommen, Sex und Liebe voneinander zu trennen. Dabei erlebte ich, dass Lust wie Salzwasser für den Durstigen war. Je mehr ich davon trank, um so durstiger wurde ich. Bis zur innerlichen Zerrissenheit. Sechsmal hatte ich versucht, meine Lebensumstände zu ändern. Bei der Durstlöschung aber nur den Salzwasser-Effekt erzielt. Ich erkannte, dass dieser Fremde wirklich ein Prophet war. Kein selbsternannter Gerechter oder religiöser Fanatiker. Er meinte es wirklich ernst mit mir und eröffnete mir eine neue Perspektive in meinem perspektivenlos gewordenen Leben. Schon durch seine bloße Gegenwart erfuhr ich Heilung und Vergebung. Es war mir, als würde mir eine schwere Last von der Seele fallen. Gleichzeitig nutzte ich diese Chance, um von ihm eine Antwort auf die große Frage zu bekommen, die zwischen Juden und Samaritern stand: „Wo und wie wird Gott in rechter Weise verehrt? So wie wir Samariter es sagen oder so wie ihr Juden es behauptet?" Nun kam der Clou. Dieser Prophet machte mir deutlich, dass es letztlich um eine geistliche Anbetung geht, die total orts- und formunabhängig ist. Jetzt klangen seine Worte für mich sehr einleuchtend: „Gottes Geist ist das lebendige Wasser, das durch den Messias ausgeteilt wird. Dieses Wasser schenkt den wahren und rechten Gottesdienst." – „Auch wir Samaritaner erwarten den Messias", gab ich ihm zu bedenken. „Er würde uns die richtige Weisung geben." Kaum hatte ich meine Worte ausgesprochen, da offenbarte sich mir der Fremde: „Du redest gerade mit ihm. Ich bin es!" Das musst du dir einmal vorstellen! Ein Jude sagte einer Samariterin, dass er der Messias ist: „Ich bin es!" Das war wie ein Anklang an die alttestamentliche Offenbarungsformel Gottes: „Ich bin der ich bin." Also war in Jesus Gott, der mit mir redete. Ich brauchte nicht mehr zu fragen, ob ich den Allmächtigen hier auf dem Berg Garizim oder auf dem Tempelberg in Jerusalem anbeten sollte. Gott war jetzt und hier bei mir. Er würde im Geist und in der Wahrheit immer bei mir bleiben. In diesem Moment hatte sich alles in mir verändert. Meine Selbstachtung war wieder da. Mein Lebensdurst und mein Liebeshunger waren gestillt. Ich wollte mich Jesus vor Dankbarkeit zu Füssen werfen, da kamen in diesem Moment seine Jünger zurück. Sie waren wohl in der Stadt gegangen, um Reiseproviant einzukaufen. Auch sie schienen nicht auf Anhieb zu kapieren, was da alles vor sich ging und schauten ziemlich ratlos drein. Ihr Meister redete mit einer fremden Frau. Noch dazu mit einer Samariterin. Sie hatten ja nicht mitbekommen, was geschehen war: den „Höhenflug", den ich gerade mit Jesus erlebt hatte. Stattdessen wollten sie nur, dass Jesus mit ihnen eine ordentliche Brotzeit einnahm statt himmlische Speise und lebendiges Wasser.

Meine Menschenwürde als Frau war wiederhergestellt. Mein Männerbild hatte sich durch die Begegnung mit Jesus geändert.

Wie ging es dann mit dir weiter?

Mir war es von nun an völlig egal, ob die Leute mich mobbten oder nicht. Jetzt zählte nur noch die sprudelnde Quelle von Jesus. Während die Jünger ihn drängten „Rabbi, iss!", ließ ich den Krug für das gewöhnliche Wasser zurück! Prioritäten mussten jetzt gesetzt werden. Gott war mir ganz nahegekommen. In meinem Alltag. In einem müden Wanderer, der zunächst um einen Schluck Wasser bat. So nah hatte ich ihn nie vermutet. Das musste ich den Leuten mitteilen. Die Mittagshitze war jetzt nicht geringer als vorher. Auch das konnte mich nicht aufhalten. Meine Scheu vor den Menschen – was werden sie denken, werden sie mir überhaupt zuhören...? – All diese „Wenn und Aber" hatten keinen Platz mehr. Mein Herz war voll und meine Beine liefen mir davon. Ich spürte in mir eine Quelle lebendigen Wassers. Ich musste die Worte Gottes weitergeben von Mensch zu Mensch: „Kommt mit zum Brunnen! Kommt und seht! Ich habe es erlebt. Kommt! Seht es selbst!" Und das außergewöhnliche Wunder geschah: Die meisten Einwohner des Ortes folgten mir zum Brunnen, um Jesus zu sehen. In Scharen eilten sie aus den Olivenhainen. Aus dem Schatten, wo sie sich geruhsam eingerichtet hatten. Aus allen Winkeln. Zu einer Zeit, wo man nicht hinaus in die Hitze geht. Sie kamen herbei zum Jakobsbrunnen. Alte Gewohnheiten wurden durchbrochen, Traditionen abgelegt, Vorurteile verloren ihre Macht. Da gab es kein Zögern, kein langes Überlegen! Die Leute glaubten an Jesus. Nicht nur, weil er mich auf meine Schuld hin angesprochen und damit konfrontiert hatte, nicht nur, weil er alles von mir wusste und weil ich jetzt offen zu meinem Vergehen stand. Sie hörten Jesus von den Geheimnissen des Glaubens sprechen und erkannten: „Das ist der Messias. Das ist Gottes Retter für alle Menschen." Sie wollten mehr und baten ihn: „Bleibe bei uns!" Und Jesus, der nur auf der Durchreise war, blieb zwei Tage bei uns in Sychar.

Es ist doch erstaunlich: Gerade dir, von der Jesus wusste, dass etwas mit dir nicht stimmte, traut er zu, dass du mit deiner Art, mit deiner Offenheit für andere zu einer Quelle des ewigen Lebens werden solltest.

Auch ich kann bis heute nur noch darüber staunen.

Salome – von der ehrgeizigen Karrierefrau zur Einsicht gekommene Mutter der Zebedäussöhne

Liebe Salome, als Mutter der Zebedäussöhne besaßt du den Ehrgeiz, nicht weniger zu erreichen, als dass deine Söhne Johannes und Jakobus die Ehrenplätze an der Seite Jesu im Himmel bekämen. Grundsätzlich ist ja Ehrgeiz nicht zu verachten, wenn er begründet ist. Gute Talente sollten bei einem Menschen aus missverstandener Bescheidenheit oder fehlendem Ehrgeiz nicht verkümmern. Bei dir scheint mir doch eine Spur von Überheblichkeit mitgeschwungen zu haben, da du ohne einen angemessenen Grund Macht und Einfluss für deine Söhne zu gewinnen suchtest, um sie in den Mittelpunkt zu stellen.

Eigentlich solltest du meine Reaktion ganz gut verstehen. Als vernünftige Mutter hatte ich einfach das Gefühl, dass meine beiden jungen Söhne fast drei Jahre damit vergeudet hatten, hinter dem armen Straßenprediger Jesus von Nazareth herzulaufen. Ich erinnere mich noch gut daran, wie er in unsere Gegend kam und Menschen an sich zog. Keine zehn Pferde hätten damals Jakobus und Johannes aufhalten können. Sie gingen einfach fort, ließen alles hinter sich und folgten Jesus. Ich hatte gehofft, dass sie bald Vernunft annehmen und wieder nach Hause kommen würden. Aber inzwischen waren jetzt fast drei Lenze vergangen. So musste ich einsehen, dass meine Buben nicht nur alle ihre guten Pläne und Aussichten für die Zukunft aufgegeben hatten, sondern auch – was noch schlimmer war – ich fürchtete, dass ich und mein Mann Zebedäus auf das geborgene Alter, auf das wir uns gefreut hatten, wohl würden verzichten müssen. Hatten wir doch damit gerechnet, von unseren Söhnen versorgt zu werden. Wie stolz waren wir auf sie, wenn die Leute sagten: „Die zwei werden es noch zu etwas bringen!" Aber jetzt mussten wir befürchten, dass es wohl nicht dazu kommen würde.

Ich verstehe, du warst also um deiner Söhne willen besorgt und wütend auf Jesus, weil sie in ihm ihren Herrn und Meister erkannt hatten und mit ihm zogen.

Genau. Jetzt war ich ihnen nachgereist und hatte Jesus und seine Jünger auf dem Wege nach Jerusalem gefunden. „Na gut," dachte ich zuerst. „Wenn es tatsächlich etwas auf sich hat mit ihm, wenn er der Prophet ist, von dem alle redeten, der Messias, den alle erwarteten, dann wird er jetzt in Jerusalem Ernst machen mit dem Kommen des Reiches Gottes, das er ja angekündigt hatte." Was er aber dann tat, hat mich zutiefst erschreckt. Jesus sammelte seine Schar um sich und sagte: „Seht, wir ziehen hinauf nach Jerusalem, und dort werde ich zum Tode verurteilt, gegeißelt und gekreuzigt werden. Aber am dritten Tag wieder auferstehen!" (Mk 10,33). Die letzten Worte über die Auferstehung verstand ich überhaupt nicht. Aber das Erste, was er gesagt hatte, war ja deutlich genug. Nur allzu deutlich. So würde es also mit ihm enden. Mit Tod und Niederlage. Nicht damit, dass Jesus die Macht ergreifen, König werden und das Reich Gottes auf Erden errichten würde. Das war alles nicht mehr als nur Worte und Gerede! Hier hatte ich nun den Beweis, wie gründlich mein Jakobus und mein Johannes an der Nase herumgeführt worden waren. Wie gründlich sie drei gute Jahre ihrer Jugend an einen solchen Scharlatan vergeudet hatten, der nicht imstande war, seinen großspurigen Worten Taten folgen zu lassen.

Aber wie kamst du auf den Gedanken, dass es ja noch eine Möglichkeit der Rehabilitierung für deine Söhne geben könnte?

Ich überlegte: „Sollten sie schon aus ihrem Einsatz hier auf Erden keinen Gewinn ziehen, gab es da nicht noch eine Möglichkeit in der künftigen Welt? Denn wenn das Leben nach dem Tode dem ähnlich sein wird, was wir hier auf Erden erleben, dann muss es doch auch dort so etwas wie Ehrenplätze geben." Irgendwie hatte ich ja mitgekriegt, dass Jesus nur meinen Johannes und meinen Jakobus und auch den Simon Petrus bei bestimmten Gelegenheiten mitnahm. Diese Sonderrolle gefiel mir. Ich dachte, dass Jesus sie damit besonders ehrte. Nun wollte ich diese Ehrenstellung für das Leben im Jenseits absichern.

Auf jeden Fall hatten meine tüchtigen Söhne schließlich ihren festen Wohnsitz gegen ein ständiges Umherziehen mit Jesus eingetauscht, wo sie morgens nicht wussten, wo sie am Abend übernachten würden, statt an der eigenen Berufskarriere zu basteln. Außerdem mussten sie doch schon bald gemerkt haben, dass sie sich als Jünger Jesu eine Menge Feinde schafften und Konflikte mit der religiösen Führungsschicht einhandelten. Sie hatten also eine Menge von sich und ihrer Zukunft in das Unternehmen „Jesus Christus" investiert. Da müsste doch etwas dabei herausspringen. Aufwand und Ertrag sollten da doch mindestens in einem ausgewogenen Verhältnis zueinanderstehen! Warum sollte ich da noch lange nach dem „Lohn der Nachfolge" für meine Jungs fragen? Also gab ich Jesus gleich eine Weisung: „Lass diese meine beiden Söhne sitzen in deinem Himmelreich, einen zu deiner Rechten und den andern zu deiner Linken." Eine klare Ansage an ihn. Sie sollten dort eine Top-Positionen bekommen. Zur Rechten und zur Linken des Throns saßen damals die beiden wichtigsten Personen. Gleich nach dem König.

Wie reagierte Jesus darauf?

„Ihr ahnt nicht, worum ihr bittet!" war seine Reaktion mit einem Seitenblick auf Johannes und Jakobus. „Könnt ihr den Kelch trinken, den ich trinken werde?" (Mt 20,22).

Das hieße also: Könnt ihr das durchmachen, was ich durchmachen werde? All die Demütigungen und Leiden, die mir in Jerusalem bevorstehen?

„Ja!" antworteten meine beiden Buben freimütig. Ich war stolz auf sie und wollte sie schon beglückwünschen, als Jesus weiterfuhr: „Ja, aber auch wenn ihr das könnt, so gibt es nur einen, der bestimmt, wer im Himmel Ehrengast sein wird. Das ist Gott." Und er wies sie zurecht. Ich beobachtete, wie die zehn übrigen Jünger wütend auf meine Söhne waren. Meinen berechtigten Ehrgeiz bezeichneten sie als Ellenbogen-Politik. Ich beobachtete etwas abseits, wie dann Jesus eindringlich seine Jünger belehrte: „Fürsten und Herrscher haben Macht. Aber sie missbrauchen sie. So soll es unter euch nicht sein. Wer unter euch groß sein will, soll euer Diener sein, und wer unter euch der Erste sein will, soll euer Knecht und Sklave sein. Ganz wie ich, der ich gekommen bin, zu dienen und mein Leben zu geben zur Erlösung für viele" (Mt 20, 24–28). Diese Pointe war auch für mich unmissverständlich.

Damit hast du ja indirekt eine Antwort bekommen. Aber warst du damit auch zufrieden?

Ich hatte schon etwas damit zu kauen. Dass es nicht darum gehe, selbst nach oben zu kommen und Macht zu erwerben, sondern den anderen Menschen zu dienen. Ein nicht gerade sehr populärer Gedanke. Bleiben dann nicht Selbstentfaltung auf der Strecke? Was ist schon daran zu tadeln, dass jeder nach einem guten Platz strebt? Weil doch jeder einen Platz braucht! Einen sicheren und geachteten

Platz. Brauchen wir nicht alle zumindest ein gewisses Maß an Anerkennung im Leben? Benötigt nicht jedermann zumindest ein kleines Erfolgserlebnis? Muss nicht jeder ein Stückchen Größe haben und behalten dürfen? Trotz aller Defizite und Beulen?

Das sind sicherlich berechtigte Fragen. Aber hast du bei Jesus darauf nicht Antworten gefunden?

Ich habe bei Jesus die Beobachtung gemacht, dass er grundsätzlich die Bitte um gute Plätze nicht abwehrt oder sogar abschmettert. Im Gegenteil. Bestand nicht ein guter Teil seines Wirkens darin, Plätze anzuweisen? Hat er nicht Platz in seiner unmittelbaren Nähe denen gegeben, die sonst keinen hatten, die gemieden und ausgestoßen waren? Hat er nicht Aussätzige, wenn er sie geheilt hatte, wieder ihren Platz im Tempel hergestellt, so dass sie wieder ganz am Gottesdienst teilnehmen konnten? Hat er nicht der Ehebrecherin in bedingungsloser Güte einen neuen Platz zugewiesen, so dass sie nicht verworfen blieb, sondern ihr Leben neu in die Hand nehmen konnte?

Was also wäre daran zu tadeln, dass meine beiden Söhne ganz dicht neben ihrem Meister sitzen möchten. Dass sie nicht nur einen „Platz an der Sonne" begehrten, sondern an der Christus-Sonne. Dort, wo sein Licht das Dunkel des Irrtums und des Zweifels vertrieben hat. Wo die Wärme der Gottes-Liebe die Kälte des menschlichen Herzens endgültig überwunden hat. Wo Krankheit, Krieg,

Not, Elend ein Ende haben und alle Tränen getrocknet sein werden. Und doch wurden mein Wunsch und meine Bitte als tadelnswert empfunden.

Ich denke, Jesus wies deine Bitte als Mutter nicht so mir nichts dir nichts zurück. Er nahm sie auf. Zusammen mit deinem Wunsch nahm er auch die Peinlichkeit auf, die an ihm haftete: Zwei seiner Männer, die kleinlich auf Posten, Anerkennung, Karriere und Ehrenplätze schielten. Die übrigen Jünger waren schließlich stinksauer auf Jakobus und Johannes, die sich da durch dich versuchten, „beim Chef" einzuschmeicheln, um sich die scheinbar lukrativsten Posten unter den Nagel zu reißen. Jesus war sicherlich auch traurig darüber, wie eifersüchtig und neidisch die anderen Jünger auf das Ansinnen deiner Zebedäussöhne reagierten. Traurig darüber, dass eigentlich keiner seiner Jünger tatsächlich begriffen hatte, worum es ihm ging.

Es tat mir tief in der Seele weh, als ich beobachtete, wie die Zehn sich hämisch freuten, dass Jesus meinen beiden Söhnen eine Abfuhr erteilt hatte. So fühlten sie sich im Recht mit ihrer Entrüstung. Vielleicht erwarteten sie sogar, dass Jesus sie darin bestärkte und sagte: Ich bin auch ganz schockiert von dem Ansinnen der beiden und ihrer Mutter. Es ist nur gut, dass ihr anders denkt.

Aber lobte er wirklich die Zehn?

Nein. Ganz im Gegenteil. Auch sie bekamen ihr Fett weg. Jesus machte ihnen deutlich, dass sie in ihrer Empörung nicht besser waren als meine Söhne. Weil sie sich ihnen moralisch überlegen fühlten und sozusagen damit den Ehrenplatz der „besseren" Jünger beanspruchten.

Und wie machte er das?

In seiner liebevollen Art nahm Jesus den Unmut, das Misstrauen, die Eifersucht auf, die sich im Jüngerkreis ausbreiteten und rückte meine Bitte um gute Plätze leise und taktvoll deutlich zurecht mit seinem Hinweis, der nur der wirklich groß ist, des es versteht, sich klein zu machen.

Zum Chefsein taugt offenbar nur, wer das Geben im Sinn hat und nicht zuerst das Nehmen. Sich hingeben, das ist Chef-Art à la Jesus, und nicht rausziehen, rausholen, abzweigen und absahnen. Der Chef, das ist der Erste, der das Licht anmacht und der Letzte, der es ausmacht. Der Chef, das ist der, der im Kopf und im Herzen alle trägt, die von seinem Entscheiden und Handeln betroffen sind.

Mit dieser Haltung beantwortete Jesus schließlich auch meine Frage nach den oberen Rängen in der Königsherrschaft Gottes: Ich verteile gar keine Plätze im Gottesreich. Die Zuständigkeit für endgültige Rangfolgen, für „Plätze an der Sonne" für Ehr-Abstufungen, Sitz- und Tischordnungen nehme ich nicht für mich in Anspruch. Sie bleibt dem vorbehalten, dem auch „der Sohn untertan" ist. Meinem himmlischen Vater nämlich.

Mit dieser Art von Rangordnung haben nicht jene das Recht auf ihrer Seite, die die Macht in ihren Händen halten. Da haben nicht die einen das Sagen, und die anderen müssen kuschen. Dort heißt die Rangordnung vielmehr: Dein Platz ist ganz oben, wenn du ganz unten dienst.

Das würde also bedeuten: wer dient, der herrscht. Jetzt beginne ich langsam zu begreifen. Wahres Herr sein meint: geben, hüten, bewahren. Ich verliere meinen Platz, wenn ich von oben herab herrschen, aber nicht, wenn ich von unten hinaufdienen will.

Da können dann auch Tricks und List nicht zum Zuge kommen, indem sich einer unter einer Demuts-Maske ins Licht setzen will. Oder die Chef-Rolle zu spielen in einem Leben zwischen Leichtigkeit und finanzieller Potenz. Oder einen Titel zu tragen, der anderen Respekt, devotes Benehmen und Ehrerbietung abfordert. Oder eine Position unbedingt einmal erreichen zu müssen, koste es, was es wolle, um dem eigenen Selbstbild endlich zu entsprechen und daraus innere Genugtuung zu ziehen. Den ersten Platz einnehmen heißt bei Jesus immer: mich zu riskieren, wach zu bleiben für andere; da zu sein für solche, die allein sind; die zu stützen, die müde sind; die zu verbinden, die wundgeschlagen und wundgerieben sind. Aber auch da zu sein für die, die bösartig geworden sind in Ent-

täuschungen und Rückschlägen. In einer Kultur des Dienens Brücken zu bauen, wo Herrschende Mauern hoch-
ziehen und sich abgrenzen.

Solche ersten Plätze des Dienstes begann ich meine
beiden Söhnen Johannes und Jakobus von ganzem Herzen zu wünschen. In dieser Haltung des Dienens ent-
deckte ich die für mich zunächst abweisend klingenden
Worte Jesu ganz neu. Deshalb betete ich für meinen beiden Jungs um Augen, die geschärft sind und sehen, wo
Not am Mann ist. Nicht stechende Augen, sondern Augen,
die Schwächen erkennen und entdecken, wie ihnen abzu-
helfen ist, die Stärken erkennen, und sehen, wie sie dienst-
bar zu machen sind. Einen barmherzigen Blick, der heim-
liche Schmerzen, unausgesprochene Sehnsüchte, unbe-
wusste Ängste und leise Leiden entdeckt und sie heilt.

DER AUTOR

Karl-Heinz Fleckenstein, geboren in Krombach bei Aschaffenburg (Deutschland), studierte katholisch Theologie in Würzburg und München und arbeitete als Chefredakteur der deutschsprachigen Ausgabe der internationalen Monatszeitschrift NEUE STADT.

Im Jahre 1981 übersiedelte er nach Jerusalem. Er ist mit Louisa Fleckenstein, geb. Hazboun, verheiratet. Sie haben drei Kinder.

Fleckenstein absolvierte eine Fachausbildung am Institut STUDIUM BIBLICUM FRANCISCANUM in Jerusalem in Biblischer Theologie und Christliche Archäologie mit dem Erwerb des Masters.

Nach seiner Dissertation in Biblischer Theologie an der Lateran-Universität in Rom arbeitet er aktuell als freier Schriftsteller, Journalist und zusammen mit seiner Frau Louisa als Reiseleiter für Pilgergruppen im Heiligen Land.

Von 2001–2005 war er ebenfalls mit Louisa Gesamtkoordinator und Ausgräber für das archäologische Ausgrabungsprojekt Emmaus-Nicopolis tätig.